밀레니엄맨

칭기스칸

밀레니엄맨 **칭기스칸**

초판 1쇄 | 1998년 12월 10일
개정판 1쇄 | 2005년 9월 1일
개정판 10쇄 | 2010년 10월 25일

지은이 | 김종래
펴낸이 | 이승철
편집 | 이덕완 박일구 이동철
디자인 | 임수영

펴낸곳 | 꿈엔들
등록 | 2002년 8월 1일 제 10-2423호
주소 | 경기도 부천시 원미구 상동 백송 2726-1603호
전화 | 032-327-4860
팩스 | 0303-0335-4860
이메일 | nomadism@hanmail.net

ISBN | 978-89-90534-10-0 03900

*정성을 다해 만들었습니다만 간혹 잘못된 책이 있습니다.
 연락 주시면 바꾸어 드리겠습니다.

밀레니엄맨

칭기스칸

김종래 지음

꿈엔들

해가 뜨는 곳에서 해가 지는 곳까지
칸께서 통치하시도록 하늘이 명했다

칭기스칸 약전(略傳)

칭기스칸은 몽골제국의 창시자로 1162년에 태어났다.

아명은 테무진. '칭기스'는 1206년 몽골제국의 칸으로 추대되면서 받은 칭호다. 칭기스라는 말의 뜻은 여러 설이 있으나 샤머니즘적 관점에서 '광명의 신' 또는 '대양(大洋)'이라고 보는 견해가 많다. 출생 연도에 대해서는 1155년, 1167년 등의 다른 학설도 있다.

아버지 예수게이는 부족장이었으나 칭기스칸이 어렸을 때 타타르 부족에게 독살됐다. 그는 이후 갖은 고난을 겪으며 자랐다. 후에 케레이트 부족에 의지해 세력을 키운 뒤 13세기 초 타이치오트족, 타타르족, 케레이트족을 잇달아 무찔러 몽골고원 동부를 평정했다. 1204년에는 몽골고원 서부의 부국인 나이만 부족을 멸망시켜 전 몽골고원을 통일했다.

1206년 몽골제국의 칸에 오르면서 씨족 공동체를 해체하고 십호(十戶)·백호(百戶)·천호(千戶)의 단위로 군사·사회 조직을 재편했다. 또 케식텐이라고 부르는 친위대를 조직해 천호장·백호장 등의 자제들을 불러들이고 특권을 주어 최정예부대를 구성했다.

1207년 서하(西夏)를 복속시키고, 1215년 중국 금나라의 수도인 중도(오늘의 베이징)에 입성했으며, 1218년에는 나이만의 왕자 쿠출루크가 망명해 지배하던 서요(西遼)를 병합했다.

1219년 서아시아 이슬람 지역의 콰레즘 왕조에 교역을 청하기 위해 파견한 사절단이 잇달아 학살되자 이슬람 정벌에 나섰다. 콰레즘의 오트라르와 부하라 등 여러 도시는 폐허가 되었고, 술탄 무하마드는 도주했다. 당시 술탄을 추격하는 칭기스칸의 친위대에 의해 전 유럽이 혼란에 빠지기도 했다. 이후 러시아와 헝가리를 비롯한 유럽은 칭기스칸의 장남에 의해 정복된다.

칭기스칸은 이어 이슬람 정벌에 참가하기를 거부한 서하를 다시 정벌하기 위해 출정했으나 1227년 8월, 현재 중국 간쑤성(省) 칭수이현(縣)에서 말에서 떨어진 내상으로 병사했다.

차례

제 1부 태풍의 제국

제 2부 천년의 인간 칭기스칸

제 3부 칸의 나라에 가다

한국의 젊은이들에게

한국의 젊은이들아! 한국의 미래를 짊어질 푸른 군대의 병사들아!

집안이 나쁘다고 탓하지 말라.
나는 어려서 아버지를 잃고 고향에서 쫓겨났다. 어려서는 이복형제
와 싸우면서 자랐고, 커서는 사촌과 육촌의 배신 속에서 두려워했다.

가난하다고 말하지 말라.

　나는 들쥐를 잡아먹으며 연명했다. 내가 잘던 땅에서는 시든 나무마다 비린내, 마른 나무마다 누린내만 났다. 천신만고 끝에 부족장이 된 뒤에도 가난한 백성들을 위해 적진을 누비면서 먹을 것을 찾아다녔다. 나는 먹을 것을 훔치고 빼앗기 위해 수많은 전쟁을 벌였다. 목숨을 건 전쟁이 내 직업이고, 유일한 일이었다.

　작은 나라에서 태어났다고 말하지 말라.

　나는 그림자 말고는 친구도 없고, 꼬리 말고는 채찍도 없는 데서 자랐다. 내가 세계를 정복하는 데 동원한 몽골인은 병사로는 고작 10만, 백성으로는 어린애·노인까지 합쳐 2백만도 되지 않았다. 내가 말을 타고 달리기에 세상이 너무 좁았다고 말할 수는 있어도 결코 내가 큰 것은 아니었다.

배운 게 없다고, 힘이 약하다고 탓하지 말라.

나는 글이라고는 내 이름도 쓸 줄 몰랐고, 지혜로는 안다 자모카를 당할 수 없었으며, 힘으로는 내 동생 카사르한테도 졌다. 그 대신 나는 남의 말에 항상 귀를 기울였고, 그런 내 귀는 나를 현명하게 가르쳤다. 나는 힘이 없기 때문에 평생 친구와 동지들을 많이 사귀었다. 그들은 나를 위해 목숨을 바치고, 나를 위해 비가 오는 들판에서 밤새도록 비를 막아주고, 나를 위해 끼니를 굶었다. 나도 그들을 위해 목숨을 걸고 전쟁터를 누볐고, 그들을 위해 의리를 지켰다.

나는 내 동지와 처자식들이 부드러운 비단옷을 입고, 빛나는 보석으로 치장하고, 진귀한 음식을 실컷 먹는 것을 꿈꾸었다. 나는 죽을 때까지 쉬지 않고 달린 끝에 그 꿈을 이루었다. 아니, 그 꿈을 향해 달렸을 뿐이다.

너무 막막하다고, 그래서 포기해야겠다고 말하지 말라.

나는 목에 칼을 쓰고도 탈출했고, 땡볕이 내리쬐는 더운 여름날 양털 속에 하루 종일 숨어 땀을 비 오듯이 흘렸다. 뺨에 화살을 맞고 죽었다 살아나기도 했고, 가슴에 화살을 맞고 꼬리가 빠져라 도망친 적도 있었다. 적에게 포위되어 빗발치는 화살을 칼로 쳐내며, 어떤 것은 미처 막지 못해 내 부하들이 대신 몸으로 맞으면서 탈출한 적도 있었다. 나는 전쟁을 할 때면 언제나 죽음을 무릅쓰고 싸웠고, 그래서 마지막에는 반드시 이겼다.

무슨 말이 더 필요한가. 극도의 절망감과 죽음의 공포가 얼마나 큰 힘을 발휘하는지 아는가? 나는 사랑하는 아내가 납치됐을 때도, 아내가 남의 자식을 낳았을 때도 눈을 감지 않았다. 숨죽이는 분노가 더 무섭다는 것을 적들은 알지 못했다.

나는 전쟁에 져서 내 자식과 부하들이 뿔뿔이 흩어져 돌아오지 못하는 참담한 현실 속에서도 절망하지 않고 더 큰 복수를 결심했다. 군사 1백 명으로 적군 1만 명과 마주쳤을 때에도 바위처럼 꿈쩍하지 않았다. 숨이 끊어지기 전에는 어떤 악조건 속에서도 포기하지 않았다. 나는 죽기도 전에 먼저 죽는 사람을 경멸했다. 숨을 쉴 수 있는 한 희망을 버리지 않았다. 나는 흘러가 버린 과거에 매달리지 않고 아직 결정되지 않은 미래를 향해 걸어갔다.

알고 보니 적은 밖에 있는 것이 아니라 내 안에 있었다. 그래서 나는 그 거추장스러운 내 안의 적들을 깡그리 쓸어버렸다. 나 자신을 극복하자 나는 칭기스칸이 되었다.

프롤로그 2 | 밀레니엄맨을 위한 모티브

1. 반신반수(半神半獸)의 인간

　서기 1001년에서 2000년까지의 지난 천년 동안 지구상에 살다간 무수한 사람들 중에 이 세계에 가장 큰 영향을 끼친 사람은 누구일까? 이 세계의 형상을 완전히 바꾸어버린 그런 사람이 있었을까? 그래서 가장 중요한 한 사람을 뽑는다고 할 때 사람들은 흔히 이런 이름들을 떠올린다.

　18세기에서 19세기 사이에 나폴레옹이라는 사람이 살다 갔다. 그는 115만 평방킬로미터의 땅을 정복했다. 그보다 한 세기 뒤에는 히틀러라는 인간이 살았다. 히틀러는 나폴레옹의 땅보다 두 배 가까이 넓은 무려 219만 평방킬로미터의 땅을 지배했다. 그러나 그는 겨우 3년 만에 몰락했다. 그들의 생애는 두고두고 후대에 영향을 끼쳤다. 그들의 삶이 선이었건 악이었건 그들은 남은 인류에게 삶 자체를 불멸의 텍스트로 제공하고 간 것이다. 그러나 기원전 323년에 이미 두 사람의 정복 면적을 합한 것보다 더 넓은 땅을 차지했던 사나이가 있었다. 알렉산더였다.

물론 정복 면적의 크기가 한 인간을 중요하게 만드는 근거는 아닐 것이다. 대부분의 인간은 팔을 벌려 닿을 수 있는 만큼의 세계밖에 껴안을 수 없다. 그러므로 문제는 그가 정복한 면적의 크기가 아니라 그가 껴안은 세계의 크기이며, 그가 껴안은 세계가 내적으로 어떻게 변화했는가 하는 것이다.

그런 뜻에서 방금 거명한 이름들보다 양적으로나 질적으로 훨씬 더 크고 넓은 세계를 껴안았던 이가 있다. 바로 칭기스칸이다. 그는 정복 면적에서조차 나폴레옹과 히틀러, 그리고 알렉산더가 차지했던 땅을 모두 합한 것보다 더 넓은 777만 평방킬로미터를 차지했다. 그의 손자 쿠빌라이가 세운 원나라까지 합치면 면적은 두 배 이상으로 늘어난다. 또한 칭기스칸의 제국은 그 이전의 어떤 제국과도 다른 방식으로 경영되었다. 그 어떤 시대보다 많은 정보가 소통되었고 많은 물량이 유통되었다. 대륙의 동쪽 끝에서 서유럽의 끝까지 정보와 물자가, 사람과 기술이 오고 갔다. 문명이 탄생한 이래로 그렇게 많은 물량과 정보가, 그렇게 빠른 속도로 또한 그렇게 안정적으로 소통되었던 적은 단 한번도 없었다. 칭기스칸은 세계의 형상을 바꾸었다. 그래서 그는 지난 1천 년사에서 가장 중요한 인물이 되었다. 이제부터 그 이야기를 하자.

칭기스칸의 삶이 처음 시작된 곳은 유라시아의 광활한 초원 지대였다. 때는 12~13세기. 그가 속한 부족은 나무도 없는 황무지를 떠돌아다니는 유목민이었다. 그래서 그는 글을 몰랐다. 쉬운 말로, 그는 야만인이었다. 기약할 수 없는 이동과 끊임없는 전쟁, 잔인한 약탈이 그가 배울 수 있는 세상일의 전부였다. 열세 살 때 아버지가 피살되고, 열네 살 때는 포로가 된다. 가까스로 탈출에 성공해 목숨을 건지나 그에게는 끝없는 시련과 고난이 파도처럼 밀려왔다.

그런 유년기의 체험이 인류사에 가져온 파란과 격동들에 대해서 세상은 오랫동안 잘 이해하지 못했다. 칭기스칸이 단지 싸움을 잘했다는 것으로 말하면 이야기는 간단하다. 그는 전쟁을 잘했다. 강하고 사나워서 싸우면 늘 이겼다. 그리하여 불과 10만 명의 기마 군단으로 중국 문명과 이슬람 문명, 동양과 서양을 다 차지해 버렸다. 그러나 세상일을 그렇게 순진하게만 취급해도 된다고 믿는 사람은 많지 않을 것이다.

칭기스칸의 힘이 얼마나 강했던지 그가 죽은 후에도 지배력이 150여 년에 이르렀다. 생각해 보라. 사후 150여 년 간의 지배, 육신을 잃고 난 이후의 지배.

이것은 그가 전쟁을 하면서 싸움질 말고도 다른 무엇인가를 생산해 남겼다는 것을 의미한다. 사회 구조라든지, 지배 체제라든지, 아니면 다른 어떤 시스템을 완비해 두었음을 뜻하는 것이다.

자, 이것은 도대체 어떻게 설명되어야 옳을까? 그런 삶을 우리는 무엇이라고 명명해야 좋을까?

2. 태풍의 눈

책장을 넘기다가 우연히 흥미로운 그림 한 장을 발견했다. 태풍의 생애를 펼치는 분해도라고나 할까? 태풍의 생성과 발전과 소멸을 관장하는 소위 태풍의 삶을 한눈에 볼 수 있었다. 고맙게도 나는 '천년의 인간'을 위한 모티브를 여기서 얻었다.

바람 한 점 없는 어느 날 밤이었다. 사람들은 맑고 푸른 저녁별을 머리맡에 두고, 평화롭게 잠자리에 들어 있었다. 밤이 깊어, 숨소리보다 작은 지음(低音)이 문틈으로 스며들기 시작했는데, 그 소리를 들은 사람은 없었다. 바다 속 깊은 데서 흐르는 듯한 그 낮은 소리를 들은 건 늑대나 들개, 우리 안에서 서성이던 가축뿐이었다.

낮은 바람 소리는 점점 대지를 두드리는 둔탁한 음으로 변해갔다. 놀란 말이 발굽으로 땅을 차는 듯한 소리가 들리면서 나뭇가지가 가느다랗게 울기 시작했다. 별빛이 빛나던 하늘에는 어느새 먹구름이 자욱했고, 잔잔하던 바람은 해일처럼 밀려들었다. 이윽고 칠흑 같은 어둠 속에서 시속 2백 킬로미터의 폭풍이 몰아닥쳤다.

폭풍은 나무를 뿌리째 뽑아 던지고, 지붕을 들어내어 멀리 아스팔트 길에 내팽개쳤다. 짐승들은 이리 쓰러지고 저리 쓰러지면서 땅바닥에 붙어 있으려고 안간힘을 썼다. 무엇인지 알 수 없는 파편이 비산(飛散)하고, 여자들의 비명 소리 같은 날카로운 폭풍이 집 안에까지 들이닥쳐 살림살이를 마구 흐트러뜨렸다. 광풍은 무려 대여섯 시간이나 계속됐다.

지옥 같은 밤이 지나고 미명이 구름을 뚫고 비쳐들자, 사람들은 밤새 무슨 일이 일어났는지 똑똑히 볼 수 있었다. 수많은 집이 쓰러지고, 키 큰 나무들은 밑동이 뽑히거나 큰 가지가 꺾여 있었다. 가지런히 서 있던 주차장의 차량도 마구 흩어져 뒤엉켜 있었고, 부상당한 사람을 실어 나르는 앰뷸런스가 분주하게 달렸다. 모든 전기, 전화가 끊긴 폐허에서 사람들이 울부짖는 소리가 요란했다. 그것이 그날 갑작스럽게 찾아든 폭풍의 마지막 소리였다.

이 불가사의한 에너지 현상을 우리는 태풍이라고 부른다. 태풍의 파괴력은 일본 히로시마에 투하된 원자폭탄 10만 개와 맞먹는다. 하지만 격렬한 회전 운동을 하는 '태풍의 벽' 안에 숨어 있는 '태풍의 눈'에서의 풍속은 0에 가깝다. 그곳은 고요와 정적이 깃들인 정점(靜點)이다. 가벼운 산들바람만이 느껴질 뿐이다.

태풍을 생각할 때마다 나는 세상을 격변시키는 어떤 무서운 힘에 대해서 말하고 싶어진다. 그 강렬한 힘에 짓밟힌 모든 연약한 것들, 그로부터 상처를 입었다고 아우성치는 모든 수동적인 것들에게 그들이 미처 이해하지 못한 어떤 진실에 대해 말하고 싶어지는 것이다.

태풍에게 당하고 나서 그것을 살육이라고 부르는 것은 얼마나 허탈한 진단인가? 그것을 폭력이라고 말하는 것은 얼마나 무망한 일인가? 그런 현상은 사람의 역사에서도 자주 일어나는 것인데, 우리는 그 무소불위의 에너지가 파생되는 지점에 대해 충분히 각성하지 않으면 안 된다.

오직 평화로울 뿐인 자연조차도 사실은 전혀 온순한 것이 아니다. 자연은 흔히 순리를 따르는 것으로 인식되지만 어느 순간 바로 그 순리의 힘으로, 우리의 긴장을 무너뜨리고 안일을 획책했던 모든 관습적 사유를 일거에 뒤엎어버린다.

매번 태풍이 그랬다. 예컨대 1970년 방글라데시에 불어닥친 태풍은 초속 54미터(시속 194킬로미터)의 맹렬한 속도로 가옥 수만 채를 파괴하고, 잠자던 사람 30만 명을 주검으로 만들었다. 사원의 고층 탑, 높은 건물, 수십 미터의 키를 자랑하던 포플러나무가 흔적도 없이 사라졌다. 태풍이 몰고 온 수만 톤의 토사(土砂)와 엄청난 양의 강수(降水)가 폐허의 잔해를 덮어버렸다.

그러나 그런 현상이 아무런 근거도 없이, 또 예비 동작도 없이 찾아오는 것은 아니다. 그것은 태풍의 발생에서 소멸까지를 도해(圖解)한 분해도를 생각해 보면 알 수 있다. 태풍 분해도는 우리에게 그 가공할 힘의 근원이 어디에 있는가를 가르친다. 자고로 근원이 없는 것은 없는 법이다.

3. 천년이 지나 다시 천년이 열리고

인류가 받은 '칭기스칸 충격'을 이해하는데 이 태풍의 모티브만큼 잘 어울리는 것은 없을 것 같다. 태풍! 이 단어야말로 12~13세기의 세계를 휘몰아쳤던 그를 이해하기에 가장 적절한 말이다.

홀어머니 아래에서 자란 소년, 개만 보면 벌벌 떠는 겁쟁이, 교활한 사기꾼, 냉혈한, 살인마, 무자비한 정복자 ……. 그의 삶에는 거의 그칠 새 없이 터지는 격렬한 화산 폭발과도 같은 진동이 있었다. 사람들은 그래서 그 이름을 앞에 놓고 오랫동안 편견과 칭송과 먹칠을 병행하는, 온갖 평가를 쏟아냈다.

그러나 칭기스칸은 역사의 지평에서 세상에 대한 모든 예측과 통념을 한꺼번에 뒤엎어버린 파란과 신명의 이름이었음이 분명하다. 그는 한마디로 지난 1천 년 이래의 사람들 중 가장 설명하기 어려운, 학살자라고도 정복자라고도 메시아라고도 할 수 없는, 오직 태풍처럼 무서운 가공할 에너지 현상이었던 것이다. 천지사방에 있으면서도 없고, 없으면서도 있으며, 범인으로서는 그 풍향과 풍속과 풍상을 한눈에 요약할 수 없는 …….

하지만 지내놓고 보면, 아무리 사나운 태풍도 그 가공할 힘의 탄생과 행적 및 소멸을 관장하는 마인드가 분석되고 이해되면서 이전과는 다른 취급을 받게 된다. 칭기스칸도 마찬가지다. 그의 삶을 추적해 보면 그가 자기 시대의 통념들과 전혀 다른 또 하나의 마인드를 가졌던 사실을 알 수 있다.

우리는 교과서에서 1천 년 전 지구를 지배한 두 문명은 이슬람 문명과 중국 문명이라고 배웠다. 그러나 그 무렵에 이미 지상에는 그들 정착 문명과 다른 유목 이동 문명의 마인드가 있었다.

칭기스칸은 수많은 사지(死地)를 넘나들며 오로지 자기 자신을 이김으로써 남들이 못 본 세계, 남들이 알고 있는 것보다 더 크고 넓은 세계를 보았다. 그것은 현실 공간에 대비한 사이버 공간처럼 당시로서는 전혀 새로운 대지, 즉 이동 마인드의 세상, 유목 마인드의 세계였다.

그는 그곳에 닿기 위해 자신을 따라다니던 무겁고 질긴 운명을 칼로 쳐내버렸다. 종족도 버리고, 종교도 버리고, 정치도 버렸다. 나중에는 원한도 버렸다. 심지어는 그 자신마저 버렸다. 그리고 이동 마인드와 유목 마인드를 원리로 하는 새로운 문명으로, 자신을 오랑캐라 업신여기며 울타리를 치고 떵떵거리며 살던 정착민들의 문명 세계를 무너뜨렸다. 동양과 서양을 아우르는 새로운 1천 년의 세계는 그래서 열렸다.

「워싱턴포스트」는 서기 1001년에서 2000년까지의 인물들 중 가장 중요한 인물로 칭기스칸을 꼽으면서 그 이유를 다음과 같이 적고 있다.

> 지나간 1천 년에서 가장 거대한 사건은 몽골이라는 한 단일 종족이 전 세계에 자신의 의지를 완벽하게 발휘한 것이다. …… 그와 그의 후손들은 유라시아 대륙에 광대한 자유 무역 지대를 만들어냈고, 동서양 문명의 연결을 강화했다. 이는

중세의 GATT 체제라 할 수 있다. …… 그들은 인터넷이 발명되기 이미 7세기 전에 전 세계적 커뮤니케이션을 개척해 놓았다. 그는 사람과 기술을 이동시켜 세계를 좁게 만든 인물이다 …….

이쯤 되면 칭기스칸은 이미 불가사의에 가까운 역사적 업적을 남긴 자에 속한다. 하지만 인류가 체험하지 못한 '칭기스칸 충격'이 그런 유의 업적에 국한되는 것은 아니다. 「워싱턴포스트」 기사는 바로 그 점을 놓치지 않는다.

몽골인들은 유럽에 흑사병(페스트)을 가져왔다. 페스트균은 동양에서 몽골 유목민들을 거쳐 유럽으로 퍼져 들어왔다. 흑사병으로 유럽 인구의 3분의 1이 사라지자 개인 노동력의 가치가 높아졌고, 이는 봉건 체제의 기반을 무너뜨려 자본주의가 등장할 수 있도록 해주었다.

정복 전쟁이 역사적 선(善)이라고 말할 수는 없지만, 전쟁을 통해 발생한 엄청난 에너지가 오늘의 역사에 결정적 역할, 즉 유럽에 자본주의를 등장시키는 역할을 했다는 것이 「워싱턴포스트」의 시각인 것이다. 어쩌면 그렇게 보는 것이 옳은 견해인지도 모른다. 왜냐하면 유럽을 공포에 빠뜨린 페스트균의 출현이야말로 유목 이동 문명과 농경 정착 문명의 충돌에 의한 결과이기 때문이다.

때는 1347년이었다. 몽골제국의 일원인 킵차크칸국(칭기스칸이 장남 조치에게 내려준 몽골제국의 서방 영지)의 칸인 자니 벡이 사망할 무렵 킵차크칸국의 지배 계층 사이에 큰 혼란이 일어났다. 이를 틈타 러시아의 각 공국을 비롯한 동유럽이 일제히 반기를 들었다. 킵차크칸국의 권위는 일시에 무너져 내렸다.

그 틈바구니에서 조치(이 인물이 바로 칭기스칸이 받아들인 적장의 아들이다)의 큰아들계 후예에서 톡타미시라는 인물이 나타났다. 그는 군대를 몰아 칸에 즉위하고, 이어서 킵차크칸국의 혼란을 수습했다. 그가 칸으로서 처음 한 일은 그간 반란을 일으켜온 유럽을 응징하는 것이었다.

"몽골이 살아 있음을, 우리 안에 칭기스칸이 살아 있음을 적들에게 보이자!"

톡타미시는 기마 군단을 몰아 크림반도로 달렸다. 거기서 제노바 교역소를 포위하고, 유럽인들로서는 도저히 상상할 수 없는 방식의 전쟁을 벌였다. 몽골군은 중앙아시아 초원 지대에서 흑사병으로 죽은 시신을 끌어모았다. 그런 다음 투석기로 흉측하게 썩은 시신을 적진을 향해 날렸다.

몽골군은 유럽인들의 사기를 꺾기 위해 단지 시신을 날려보냈을 뿐이다. 그러나 이 작은 사건이 가져온 결과는 실로 엄청난 것이었다. 그 결과에 대해서는 시신을 쏘아보낸 몽골군도 알지 못했고, 시신 공격을 받은 유럽인들도 알지 못했다.

흑사병은 유목 이동 민족들에게는 그다지 공포스런 질병이 아니었다. 그들은 들쥐의 먹이, 즉 흑사병의 매개체였던 쌀 등의 곡식을 갖고 있지 않았다. 쥐는 겔(몽골식 주거용 천막)의 두꺼운 펠트를 뚫고 들어갈 수 없었다. 들어가 봤자 쥐가 먹을 것도 없었다. 오히려 겔을 수호하는 개들에게 잡아먹힐 뿐이었다. 그러나 농경 정착 민족에게는 허술하게 지어놓은 목제 창고가 많았다. 곳곳에 곡식이 널려 있었다. 사람이 사는 집 안에도 곡식이 있었다. 당연히 쥐가 들끓었다.

결과적으로 유목 이동 민족과 농경 정착 민족의 주거 환경 차이가 실로 엄청난 결과를 불러온 것이다.

제노바 교역소에 떨어진 시신에는 페스트균이 가득 들어 있었다. 유럽인들은 몽골군의 야만적인 시신 공격을 받자 그 시신들을 수거하여 한적한 곳에 갖다 버렸다. 시신 속의 페스트균에 감염된 쥐벼룩은 쥐로 옮겨가고, 그 쥐들은 사람 사이를 헤집고 돌아다녔다. 벼룩에 물린 사람은 갑자기 고열에 시달리다가 며칠 만에 죽어버렸다. 쥐떼가 한번 지나갈 때마다 수많은 사람이 쓰러지고, 곧 시체로 변했다. 농경 정착 사회를 파고든 쥐들은 도시와 농촌을 가릴 것 없이 전 유럽으로 퍼졌다.

결국 중세 유럽 인구의 3분의 1인 약 2천 5백만 명이 흑사병에 걸려 죽었다. 이로써 전쟁이 그쳤다. 교역도 중지됐다. 농노들도 사라졌다. 농경 규모가 줄어들면서 봉건 영주들이 대거 파산했다. 엄청나게 귀해진 노동자의 급료가 급격히 상승하기 시작했다. 봉건 시대, 노동력이 생산의 모든 것이던 시대가 종말을 맞기 시작한 것이다. 「워싱턴포스트」는 이 현상이 나중에 '자본주의'로 연결됐다고 적고 있다.

한마디로 유럽이 받은 칭기스칸 충격은 역사의 진행과 궤도를 뒤바꿔놓는 수준이었다. 이후 인류사를 주도해 가는 유럽 문명의 역동성이 칭기스칸 충격과 관련이 있다는 사실은 참으로 주목할 만한 대목이 아닐 수 없다.

분명히 말해 두지만 나는 영웅 대망론을 주장하는 것이 아니다. 칭기스칸을 앞세워 엉덩이에 푸른 몽골 반점을 가진 자들의 종족적 우월주의를 탐색해 보자는 것도 아니다. 그가 벌인 전쟁들이 경제 전쟁의 성격을 가지고 있지만, 그렇다고 그 대목만 오려서 미화시키자는 것도 아니다.

요컨대 그것은 복수전이요 정복 전쟁이었다. 그러나 칭기스칸은 그 전쟁들을 통해 일종의 세계 연방을 이루었다. 동양과 서양, 문명과 문명, 국가와 국가 간의 경계를 허물어뜨리고 지구촌을 하나의 질서 아래로 끄집어들인 것이다. 거기서 발생한 숱한 성과물들 아래서 이후 1천 년 동안 인류가 숨쉬고 살아왔다.

이 불가사의한 현상을 빚어낸 인물을 밀레니엄맨이라고 부르면 어떨까? 그리고 이 밀레니엄맨의 정신을 다가오는 21세기의 정신으로 제출해 보면 어떨까? 이 글은 그런 취지에서 쓴 것이다.

자, 이제 포문을 열자.

제 **1** 부

태풍의 제국

제1장 | **13세기의 세계대전**

오늘날 문명의 바깥에서 살고 있는 인류는 없다. 극소수의 예외적 종족이 있기는 하지만 그들의 존재가 국제 정세에 어떤 영향을 미치리라고 생각하는 사람은 없을 것이다.

그러나 중세에는 달랐다. 사람들이 문명의 전부라고 여겼던 정착 사회의 바깥에 또 다른 형태의 문명이 숨쉬고 있었다. 물론 태반의 사람들은 그것을 문명이라고 생각하지 않았다.

예를 들어 지금으로부터 1천 년 전 인류는 중국 문명, 이슬람 문명 등 몇몇 정착 문명들을 거느리고 있을 뿐이었다고만 생각했던 것이다. 세상은 아직 유목 이동 문명이라는 개념을 만들어두지 않아서 정착 문명이 아닌 것을 향해서는 서슴없이 '야만' 이라고 불렀다.

하여튼 그들 문명권은 세상의 주인인 절대자, 즉 신(神)을 제각각 가지고 있었다. 그리고 그 신의 가호를, 재앙을 피할 수 있는 유일한 우산으로 생각했다. 그들의 생각에 우산 바깥은 결코 사람이 살만한 곳이 못됐다.

그들은 정착 문명을 절대적인 울타리로 삼아 의지했으므로 지리적

·인종적·종교적 결속체이기도 한 정착 문명은 자연스럽게 서로 칸막이가 됐다. 그 무렵에 빈번했던 국가나 부족 간의 정치적 간섭이나 외교적 분쟁, 경제적 거래, 그리고 그것들의 적극적인 표현 형태인 전쟁도 모두 그 칸막이 안에서만 행해졌다.

그러나 인류사의 궤도가 뒤집혀버린 1천 년 내의 대 사건은 그런 정착 문명의 세계 바깥에서 시작됐다. 그것은 원인을 알 수 없는 바람이 기존의 정착 문명 세계들이 쓰고 있던 불멸의 우산을 단숨에 쓸어가 버리는 재앙과도 같은 것이었다. 마치 남극인지 북극인지 알 수 없는 지구의 끝 어디에서 희미하게 불기 시작한 미풍이 돌연 폭풍으로 격변하면서 땅 위의 모든 것을 휩쓸어가 버리는 것 같은, 그래서 미처 이해되기도 전에 풍비박산부터 내버리는 성난 태풍 같은 것이었다.

여기서 정착 문명의 사람들을 무엇보다도 경악하게 했던 것은 사건 자체보다도 그것을 일으킨 당사자들의 면모였다. 그들이 그토록 하찮게 여겨왔던 유목 야만족들이었던 것이다. 역사 교과서는 아직 그렇게 기록하고 있지 않지만, 사실은 그것이야말로 이제까지의 인류가 군사적으로는 단 한번밖에 경험하지 못한(경제적으로는 21세기를 살아가는 지금 우리가 경험하고 있다) 진정한 의미의 세계 대전이었다.

같은 대륙 위에서, 또 같은 이데올로기에 의해서, 아니 동일한 문명권 안에서 단지 규모가 컸을 뿐인 국지적 대전이 아니라 인류 전체의 양극과 음극이 부딪쳐 기존 문명권의 울타리들이 한꺼번에 흔들리고 칸막이가 무너져버리는, 타협이나 휴전을 통한 공존의 길이 달리 있을 수 없는 최초이자 최후의 역사적 제로섬 게임이었던 것이다.

그 대전은 세계의 분열을 끝마치고 팍스 몽골리카(Pax Mongolica)라는 통합된 하나의 정치·경제 공동체를 만들어냈다. 하필 그 시기에 동양과 서양, 문명과 비문명이 통일될 필요가 있었는지 없었는지는 이 자리에서 속단할 수 없다. 다만 분명한 것은 그런 이질적인 것들의 충돌이 빚어낸 예기치 못한 파란이 중세의 지구촌 시대를 열었는데, 그것이 오늘의 지구촌 시대를 예비한 서막이었다는 것이다.

바로 그 사건! 그 대사건의 내막을 알 수 있는 길은 하나밖에 없다. 그것은 몽골의 지도자 테무진이 칭기스칸이라는 이름을 부여 받았던 8백 년 전의 현장 속으로 직접 가보는 것이다.

1. 문명의 심장에 꽂은 야만의 비수

칭기스칸의 이름이 역사 위에 떠오를 때 세상은 흡사 태풍 전야처럼 고요했다. 지상에 이미 굳건하게 안주해 있던 정착 사회들은 서기 1200년의 도래를 자못 평화롭게 맞았다. 어느 시대에나 있게 마련인 소수의 국지전을 빼놓고는 이렇다 할 전쟁도 별반 눈에 띄지 않았다. 정착 문명의 세계들로서는 보기 드문 태평성대였던 셈이다. 그래서 그들은 외계인의 침공 같은 것은 상상할 수조차 없었다. 문명 대국이 무너지는 예는 그들끼리의 싸움이 아니고는 불가능하다고 믿었던 것이다. 당시로서는 그렇게 생각할 수밖에 없었다.

그들은 정착해서 살아온 결과로 하나같이 발전된 기술과 문자를 가지고 있었고, 또 그 문자 안에는 상당한 수준의 지식이 축적되어 있어서 세상을 아주 손쉽게 지배할 수 있었다. 그래서 그들에게는 적어도 서기 1200년이 1201년을 거쳐 1202년을 통과해 덧없이 1203년으로 진입해 들어가는 것이 아무 위협이 되지 않았다. 그저 의미 없는 세월의 진행에 불과했다.

　그러나 몽골고원은 달랐다. 평화롭기로 치면 몽골고원이 오히려 더했다. 1130년부터 반세기 이상 휘몰아쳤던 살육의 광풍이 막 끝난 뒤였다. 초원의 곳곳에는 수많은 주검들이 야생의 늑대들에게 살을 뜯기며 널브러져 있었고, 위대했던 부족들의 빛나던 깃발은 모두 피에 물든 채 꺾여 있었다.

　하지만 그런 풍경들은 전혀 긴장을 불러일으키지 않았다. 공포감을 주기보다 오히려 공포의 끝을 알리는 평온의 증거물로 받아들여졌던 것이다. 그것이 몽골 유목민들의 1203년이었다.

　몽골 유목민들은 그 1203년을 대단히 중요하고 뜻 깊은 해로 받아들이고 있었다. 그 해 내내 사냥을 한 것밖에는 없지만 그 사냥이 결코 일상적인 의미에 국한되지 않았다.

　우선 고원을 평정한 그들의 지도자 테무진이 기존의 씨족제를 해체하고 천호제라는 새로운 통치 시스템을 구축했다. 사회적 대개혁을 감행한 것이다. 테무진은 이 개혁을 기초로 1204년 소문 없이 몽골제국을 출범시키고, 1206년 칭기스칸이라는 칭호를 얻는다. 그리고 자신을 따르는 저승사자와 같이 용맹한 기마 군단을 푸른 군대라 칭하고 정비를 끝냈다. 사냥은 그 때문에 하게 된 국가적 차원의 행사였던 것이다.

　그 해의 사냥은 그들에게 두 가지 의미를 지니고 있었다. 하나는 대규모 군사 훈련을 시행한다는 의미였다. 그들은 마치 정착 문명을 약탈하듯 신명을 다해서 짐승들을 공략했다. 또 하나는 대 원정에 앞선 일종의 출정식의 의미였다.

　테무진은 그들을 향해 다시는 억압과 고통을 받는 처지로 전락시키지 않을 것을 약속했고, 그들은 충성을 서약했다. 그 사냥은 그 해 겨울을 꼬박 넘겨 이듬해 봄까지 계속됐다. 그러고 나서 서서히 기존의 역사 지형에 균열이 가기 시작했다.

농경 정착 문명과 유목 이동 문명, 이 두 극단이 서기 1200년을 전혀 다른 태도로 받아들였던 결과는 1204년을 기점으로 윤곽을 드러냈다. 바로 이 대목에서 눈여겨봐야 할 두 개의 부족이 있다. 상호 동맹을 맺고 있던 엉구트족과 나이만족이다.

만리장성에 위치한 엉구트는 여섯 개의 외국어가 통용되는 대단한 상업 중심지였다. 주변의 정세 변동에 민감했던 엉구트족은 푸른 군대가 과시하고 있는 사냥의 의미를 본능적으로 알아차렸다. 그래서 사냥이 채 끝나기도 전에 엉구트족의 부족장은 두 명의 사신을 파견해 순종의 뜻을 밝혔다. 엉구트족은 몽골고원을 오가는 서역 상인들을 통해 이미 칭기스칸의 출현을 알고 있었던 것이다. 그래서 가차 없이 이제까지의 동맹 부족인 나이만을 포기하고 칭기스칸을 선택했다. 참으로 재빠른 변신이었다.

그 민첩한 반응의 결과는 엉구트족에게 상당한 행운을 가져다주었다. 먼저 칸의 출현을 알아본 공으로 학살 목록에서 제외됐다. 그리고 현명한 선택을 내린 군주 알라코시 디기트 코리에게 칭기스칸은 자신의 딸을 주었다.

그러나 나이만족은 달랐다. 나이만의 부족장 타양칸이 기개를 떨치며 도전을 선택한 것이다.

하늘 위에는 해와 달이 영원히 빛나는 밝음으로 존재하고 있다.
그러나 대지 위에는 두 명의 칸이 동시에 존재할 수 없다.
우리는 몽골족을 치겠다.

이 가상스런 용기는 엉구트족에 의해 토씨 하나 빠지지 않고 칭기스 칸에게 보고되었다. 칭기스칸은 그 소식을 듣고 조금도 망설일 이유가 없었다. 푸른 군대는 모두 말에 올랐다. 그리고 바람처럼 달려가 지난 1년 간 사냥터에서 했던 일을 나이만 부족민에게 그대로 행했다. 싸움은 순식간에 끝났다. 빛나는 역사를 자랑하던 강건한 유목 부족 하나가 비명도 지르지 못한 채 도륙되어 지상에서 감쪽같이 사라져버린 것이다.

정착 문명을 향하는 길의 장애물 하나를 제거한 예에 불과한 이 나이만족의 멸망을 주변의 문명 대국들은 이해하지 못했다. 그것은 돌이킬 수 없는 불행을 불러들였다. 그 순번을 제1착으로 받은 것은 서하였다.

1205년, 동서 교통의 요충에 자리 잡은 서하의 변경에 홀연히 푸른 군대의 기마 군단이 나타났다. 당시 서하는 정예 군단만 40만~50만에 이르는 막강한 군사력을 바탕으로 금나라, 남송과 함께 동아시아를 삼분하고 있는 문명 세계의 대국이었다.

푸른 군대의 기마 군단은 곧바로 변방을 공격했다. 그리고 서하가 자랑하던 막강한 변방 군단은 단 한번의 전투에서 전멸 당했다. 서하의 주력군을 간단하게 섬멸시킨 푸른 군대는 방대한 양의 낙타를 약탈한 후 바람처럼 사라져 갔다.

중앙아시아의 대국 서하는 당황했다. 주력군을 순식간에 섬멸하고, 수많은 낙타 무리를 약탈해 간 군대의 정체를 알 수 없었다. 악몽이었다. 변방을 침탈했던 그 군대는 1207년에 또다시 돌아왔다. 그들은 엄청난 대군이 지키고 있는 견고한 방어선을 새끼줄 자르듯이 하고 밀어닥쳤다. 재난은 1209년에도 그대로 반복됐다.

방어 능력을 상실한 서하는 비로소 자신들을 괴롭히고 있는 군대의 실체를 알았다. 그러나 때가 너무 늦었다. 그 군대와의 만남은 이미 정해진 운명처럼 도저히 피할 수 없는 재앙이었다.

서하는 바로 칭기스칸이 구상하고 있는 세계 제국이라는 거미줄에 걸려든 최초의 희생양이었다. 서하는 1210년 동서 무역로를 푸른 군대에게 내준다는 서약서에 도장을 찍었다. 서하가 이상한 군대에 의해 시달림을 받는다는 정보는 금나라 조정에도 입수됐다. 금나라 조정은 불길한 예감에 휩싸였다.

금나라는 1115년에 건국된 이래 몽골고원에 대세력이 형성되는 것을 극도로 경계해 왔다. 그래서 고원의 유목 부족 중 타타르족을 용병 집단으로 흡수하여 여타의 부족들을 견제시켰고, 만일에 대비하여 변방 지대에 참호와 성벽을 구축했다. 그리고 주기적으로 정예 군단을 파견해 의심나는 부족들을 도륙하기도 했다.

금나라의 무차별적인 도륙 정책은 몽골고원의 비극이라고 해도 무방할 만큼 살벌했다. 비록 정책 집행 중 약간의 오해가 있어 용병 집단 타타르의 반란(1194~1198)이 일어나기도 했지만, 몽골고원에서 대세력이 생겨난다는 것은 불가능에 가까웠다. 그만큼 몽골고원에 대한 그들의 정책은 집요했다.

그러나 1200년 겨울, 금나라는 변방 정보의 제공자였던 타타르족이 돌연 실종된 데 매우 당황했다. 도대체 타타르족은 어디로 이동해 간 것일까? 의문은 그것만이 아니었다. 그동안 금나라의 변방을 들락거렸던 케룰렌호 일대의 몽골 부족들이 1200년을 기점으로 갑자기 그 움직임을 멈춘 것이다. 그리고 만리장성 부근의 엉구트족 상인들로부터 서몽골고원의 유목 부족인 나이만족이 누군가에 의해 멸망당했다는 소문도 전해졌다. 또 강국인 서하가 1205년부터 시달림을 받고 있다는 미확인 정보까지 입수됐다. 장종(1190~1208) 말년에 집중적으로 입수된 그 정보들은 아직 금나라의 변방에 아무 조짐이 없다는 이유 때문에 신빙성을 의심받았다.

장종의 뒤를 이어 즉위한 금나라의 황제는 위소왕 영제(1209~1213)였다. 위소왕은 즉위 후 조정의 의견에 따라 긴급 지도자 회의를 소집했다. 그 회의에서 금나라의 대신들과 일선 지휘관들은 1209년 서하를 침공한 군대의 실체를 둘러싸고 격론을 벌였다. 그리고 잠정적인 결론을 내렸다.

우리도 모르는 사이에 몽골고원에서 대세력이 탄생할 수는 없다. 지금 서하를 침공한 자들은 타타르족의 군대일 가능성이 높다. 따라서 우리는 타타르족의 소재를 철저히 파악할 필요가 있다. 고도로 훈련된 특수부대를 고원 깊숙이 파견하여 그들의 동태를 살피자. 그 다음에 대책을 강구하자.

금나라는 그 회의의 결정에 따라 1210년 특수 부대를 장가구(張家口) 일대의 만리장성에서 북쪽으로 4백 킬로미터 떨어진 지역에 파견했다. 그러나 그 특수 부대는 곧바로 실종됐다. 금나라는 긴장했다. 도대체 몽골고원에 무슨 일이 일어난 것일까? 하늘에서 신의 군대라도 내려온 것일까? 도저히 종잡을 수가 없었다.

그러나 확실한 것은 모든 것을 빨아들일 정도의 강력한 무력 집단이 북쪽에 존재한다는 사실이었다. 그 무력 집단은 마치 오늘날 외계에서 날아온 미확인 비행물체(UFO)처럼 말할 수 없는 공포감을 금나라 군대에게 안겨주었다.

1211년 봄, 푸른 군대는 케룰렌 강변에 모였다. 그리고 자신들의 선조를 무자비하게 학살하고, 사랑하는 처자와 아이들을 굴비처럼 엮어 노예로 팔아먹었던 금나라에 대한 보복을 결의했다. 채찍을 든 칭기스 칸은 선언했다.

이제 복수의 때가 왔다!

푸른 군대는 거침없이 남하했다. 서하를 강타했던 바람은 이제 거대한 태풍이 되어 동방으로 불기 시작했다. 미친 듯이 몰아치던 봄철의 모래 바람이 서서히 숨을 죽이기 시작한 5월의 어느 날, 몽골의 푸른 군대는 금나라의 변방에 도착했다. 동방의 화려한 나비였던 문명 대국 금나라는 팍스 몽골리카라는 새로운 문명의 탄생을 위해 그 찬란한 무늬를 접어야 하는 운명의 순간을 맞게 됐다. 세 개의 거대한 기마 군단으로 이루어진 칭기스칸의 군대는 이 화려한 나비를 토막토막 해체했다. 해체는 순식간에 이루어졌다.

1211년 5월, 금나라가 그토록 자랑하던 변방 방어선은 푸른 군대에게 맥없이 무너졌다. 푸른 군대의 선봉대는 순식간에 만리장성 앞에 버티고 있는 거대한 변방 요새 오사보(烏沙堡)에 이르렀다. 난공불락의 요새와 같던 오사보는 푸른 군대의 장군 제베가 이끄는 돌격대에 의해 처참하게 유린됐다.

장군 제베! 그는 칭기스칸이 사랑하는 네 마리의 맹견(四狗) 가운데 하나였다. 금나라의 변방군들은 제베가 이끄는 돌격대의 잔혹함에 경악했다. 그들은 인간이 아니라 피에 굶주린 악귀들이었다. 생각하기에도 끔찍한 저승사자들이었다.

그들은 칭기스칸을 위해 목숨을 바친 용사 중의 용사, 바아토르(몽골어로 용사라는 뜻)군이라 불리는 최전방의 결사대였다. 죽음만이 그들의 영혼을 쉬게 해주는 고향이었다. 칭기스칸이 원하는 곳이면 하늘이든 땅 끝이든 가리지 않고 돌격하는 저승사자들이었다.

그 옛날 칭기스칸에게 사로잡혀와 울부짖었던 제베!

지금 저를 죽이시면 제 몸에서 흘러나오는 피는
한 움큼의 흙만을 적십니다.
저를 용사로 받아주소서!
그러면 제 몸에서 흘러나오는 피는
전 세계의 대지를 적실 것입니다!

금나라 변방의 장군들이 목격한 최초의 몽골 군대는 바로 천민 출신의 제베가 이끄는 저승사자 군단이었다. 저승사자 군단은 그렇게 역사상에 최초의 모습을 드러냈다. 제베의 군대는 그 뒤 금나라에서 페르시아를 거쳐 러시아까지 질주했다.

금나라의 최고 지휘부는 비상 경계령을 발동하고, 푸른 군대인지 무슨 군대인지가 출몰했다고 하는 지역에 군대를 급파했다. 그러나 금나라의 중앙군이 미처 변방에 도착하기도 전에 그곳의 주둔군이 전멸 당했다는 비보가 날아들었다.

칭기스칸의 대군이 무주를 유린하면서 하늘이 금나라를 위해 내렸다는 천혜의 요새 야호령으로 육박하고 있다는 급보도 들려왔다. 금나라의 최고 사령관인 완안승유(完顔承裕)는 40만의 정예 군단을 이끌고 야호령으로 향했다. 그리고 그곳에서 푸른 군대를 기다렸다.

푸른 군대는 야호령에 도착했다. 그리고 두 군데로 공격을 감행하여 그곳을 금나라 병사들의 거대한 공동묘지로 만들었다. 금나라는 다시 완안승유의 지휘하에 제3의 천혜 요새인 선평에 대군을 집결시켜 저항의 똬리를 틀었다. 그러나 선평도 오래가지 못했다.

완안승유는 결단을 내렸다. 그곳에서 더 이상 후퇴하면 금나라의 수도인 중도(中都)가 위험했다. 푸른 군대와 금나라의 40만 중앙 정예 군단은 회하보라는 곳에서 운명의 만남을 가졌다. 그 전투에서 금나라의 중앙 정예 군단은 전멸 당했다. 회하보의 패전은 금나라에게 엄청난 공포를 가져다주었다.

1211년 9월, 푸른 군대는 금나라의 수도인 중도에서 180리 떨어진 곳까지 육박했다. 그사이 칭기스칸의 세 아들, 즉 조치, 차가타이, 어거데이가 이끄는 푸른 군대는 서하와 금나라의 육상 통로를 단절시키려는 듯이 금나라의 서부 지역을 난도질했다. 그리고 그 해 10월 서부 지역의 요충인 대동, 즉 서경(西京)을 함락시켰다. 금나라에 진입한 푸른 군대는 마치 회오리바람처럼 곳곳을 넘나들었다. 칭기스칸은 중도의 성벽이 보이는 순간 말머리를 돌려 회군을 시작했다.

칭기스칸은 회군하면서 제베가 이끄는 저승사자 군단에게 금나라의 발상지인 요동을 거쳐 고원으로 돌라오라는 특명을 내렸다. 저승사자 군단은 요동의 중진(重鎭)인 동경(東京)을 함락시키고서 유유히 몽골고원으로 돌아왔다.

1211년은 금나라에게 악몽이었다. 그러나 그것은 시작에 불과했다. 1212년 가을, 푸른 군대가 돌아왔다. 그리고는 바람처럼 사라졌다. 다음 해인 1213년 여름, 저승사자가 돌아오듯 푸른 군대는 또다시 나타났다.

금나라군의 시체에서 흘러나온 핏물이 온 나라의 산야를 물들였다고 역사서에 기록될 정도로, 푸른 군대는 곳곳에서 금나라의 정규 부대들을 격멸했다. 중도를 수호하는 최후의 방어 거점인 거용관(居庸關)도 함락시켰다. 중도에서 북방으로 1백 킬로미터 떨어진 곳에 자리 잡고 있는 거용관을 함락시킨 몽골의 장군은 제베였다.

중도는 진동했고, 금나라의 황제는 어찌할 줄 몰랐다. 푸른 군대는 중도를 포위했다. 금나라에서는 그 위기의 순간에 궁정 쿠데타가 일어났다. 금나라의 종실들이 전쟁의 패배를 물어 위소왕을 살해하고 세종의 손자인 완안순을 황제로 추대했던 것이다. 그 황제가 바로 수도를 변경(오늘의 카이펑 開封)으로 옮겨 동관과 황하를 배경으로 최후의 결사 항전을 꾀했던 선종(1214~1223)이다. 푸른 군대는 중도를 몇 개월 동안 포위한 채 황하 이북의 모든 지역을 휩쓸면서 대학살을 자행했다.

몽골고원의 모든 남자들을 죽이고 싶어했던 금의 세종, 그러나 그의 손자인 선종은 1214년 3월, 칭기스칸 앞에서 눈물을 흘리며 목숨을 애걸했다. 칭기스칸은 그의 요청을 받아들여 푸른 군대를 이끌고 북쪽으로 철수했다.

금나라는 궁금했다. 도대체 이들은 누구인가? 이들은 무엇을 원하기에 이토록 들락날락하는 것일까? 이들의 본심은 무엇일까?

푸른 군대는 칭기스칸을 중심으로 틈날 때마다 크고 작은 회의를 계속했다. '코릴타'라 불리는 이 회의는 일종의 국회 같은 것이었다. 북방 민족의 역사에서 자주 발견되는 이 회의체는 모든 것을 논의하고 결정하는 최고의 의결 기구였다. 그들은 이 회의를 통해 금나라의 모든 것을 분석해 나갔다.

푸른 군대는 1213년 중도의 포위를 기점으로 금나라가 이미 사망했다는 결론을 내렸다. 그리고 그 결론에 따라 새로운 전술을 구사할 것을 결의했다. 즉 자기들이 개발한 직접 통치의 시스템을 대리인을 통해 시험해 보기로 한 것이다.

푸른 군대는 곳곳의 금나라군을 궤멸시키는 과정에서 수많은 포로들을 잡았다. 그 포로들 가운데에는 중앙이나 지방의 관리들도 적지 않았다. 푸른 군대의 장군들이 그들에게 무슨 재주가 있느냐고 묻자, 그들은 통치하는 재주가 있다고 대답했다. 푸른 군대의 장군들이 다시 물었다.

너희들은 백성 위에 단순히 군림하는 통치자들인가,
아니면 실무를 집행하는 통치자들인가?

관료 포로들은 실무란 하위 관리들이 담당하는 것이며, 자기들은 위에서 그것을 조정하고 감독하는 통치자들이라고 했다. 이에 푸른 군대의 장군들은 말했다.

그런 통치는 우리가 할 것이다.
우리는 실무를 집행하는 통치자만을 원한다.

과거(科擧)를 바탕으로 세워진 중원의 유교 문명은 푸른 군대에게는 냉혹히 거부됐다. 암기 능력만을 테스트하는 중원의 과거 제도는 몽골의 장군들에게 비웃음을 사기에 충분했다.

몽골의 장군들은 기술자 집단을 원했다. 그들은 백성의 무지를 해결해 줄 수 있을 정도의 하급 공무원을 원했으며, 지방이나 도시를 효율적으로 관리하면서 부를 축적할 수 있는 전문 경영인을 원했다. 중원의 문명은 위기에 처했다. 푸른 군대는 더 이상 중원의 문명을 존중하지 않았다. 이제 금나라에서 지식인을 자처했던 사람들은 야한 소설을 쓰는 방법으로 생계를 꾸려나가지 않으면 안됐다. 『금병매』는 그렇게 해서 태어나게 된 작품 중 하나다.

반대로 일반 백성에게는 너무나 달라진 세상이 왔다. 하급이긴 했지만 관리로 취직할 수 있는 기회까지 주어진 것이다. 역사 교과서는 그래서 원나라 때 서민 문화가 발달했다고 가르치고 있다.

금나라의 선종은 푸른 군대가 물러간 후인 1214년 5월, 수도를 남쪽의 변경으로 옮겼다. 그러자 선종이 포기한 황하 이북 지방은 대혼란에 빠져들었다. 곳곳에서 무장 자위 집단이 출현했으며, 요동에 주로 분포하고 있던 거란족들은 독립을 선포하기도 했다. 중앙의 명령을 받을 수 없었던 지방의 군단들은 독립 군벌로 변해갔다.

푸른 군대는 그 변혁의 과정에서 통치에 필요한 파트너를 찾고자 했다. 이제 황하 이북 지역은 기존의 문화를 벗어 던지고 새로운 문화를 수용할 수 있는 대지로 탈바꿈해 갔다.

1214년 가을, 푸른 군대는 또다시 돌아왔다. 그리고 금나라가 포기한 중도에 입성했다. 푸른 군대는 투항한 거란족 및 여진족, 한인 무장 군벌들을 앞세워 지방 자치와 같은 분할 통치를 실시했다.

푸른 군대는 고려와 인접한 요동을 집중 공략했다. 그리고 자기들의 노선에 반기를 든 일부 거란족들을 고려의 국경쪽으로 밀어붙였다. 그 와중에 금나라의 장군이었던 포선만노(蒲鮮萬奴)는 금나라를 배반하고 푸른 군대에 투항했다.

1216년, 푸른 군대는 금나라에서 철수했다. 그리고 초원의 아름다운 강인 케룰렌 강변에서 또다시 코릴타를 열었다. 그 코릴타에서는 매우 중대한 결정이 이루어졌다.

우리는 서하를 복속시켜 동서 교역로를 확보했다. 중원이라
는 물자 생산 기지도 확보했다. 우리의 통치에 협력하는 동
맹자도 확보했다. 이제 우리의 계획대로 페르시아 지역을
장악하자. 서하의 옆에 있는 콰레즘에 사신을 파견하여 우
리를 따르라고 통고하자.

칭기스칸은 먼저 큰아들인 조치에게 제국의 배후에 위치한 삼림 부족들을 정복하도록 했다. 그리고 서역 진공에 앞서 저승사자인 제베와 철혈(鐵血)의 장군 수베에테이에게 나이만족의 잔당을 추격하도록 명령했다.

장군 수베에테이! 서아시아와 러시아 그리고 유럽인들을 공포에 떨게 했던 사형 집행인. 그 역시 칭기스칸이 사랑하는 네 마리의 맹견 중 하나였다.

이제 중원을 쓰러뜨렸던 거대한 피의 바람이 서서히 페르시아쪽을 향해 불기 시작했다. 1217년, 푸른 군대는 다시 금나라에 나타났다. 그러나 이번엔 푸른 군대의 태도가 이상했다. 그들의 일부는 고향에서 챙겨 온 이삿짐을 풀고 금나라 곳곳에 터를 잡기 시작했다. 금나라는 절망했다. 이제 푸른 군대는 그 땅의 주인이 됐다. 그들은 더 이상 돌아가지 않았다. 금나라의 땅에 짐을 푼 군대의 사령관은 모칼리였다. 그는 자신을 칭기스칸으로부터 모든 권력을 위임받은 권황제(權皇帝)라 칭했다.

장군 모칼리! 칭기스칸은 천민 출신인 모칼리를 사랑했다. 그를 자기

칭기스칸의 너커르 가운데 고려 출신이라 불리던 모칼리 인물도 (추정화).
모칼리는 대몽골제국 성립 후 좌익만호장으로 임명됐으며,
칭기스칸의 서정 때에는 권황제의 자격으로 금나라를 통치했다.

의 주변에 포진한 사준마(四駿馬) 중의 하나라고 늘 칭찬했고, 그에게 자기를 대신해 금나라를 통치할 수 있는 권한을 주었다.

권황제 모칼리는 칭기스칸이 서아시아에서 돌아오기 전인 1223년에 파란만장한 일생을 마치고 눈을 감았다.

2. 이제 세상을 내게 넘겨라

> 너희 썩은 이슬람의 집권자들이여, 들어라! 나는 알라신의
> 채찍이니 이제부터 고통 받고 가난한 자들을 해방시키려 하
> 노라!

1219년, 이슬람 세계를 진동시키는 칭기스칸의 대원정이 시작됐다. 그에 앞서 칭기스칸은 1217년 서역 상인들을 통해 옛 페르시아 땅으로 들어가는 길목에 위치한 콰레즘의 황제에게 편지를 보냈다.

> 그대는 나의 가장 사랑하는 아들이니 나의 길을 예비하라!

콰레즘의 황제인 술탄 무하마드는 분노했다. 그러나 그는 동방에서 어떤 일이 벌어졌고, 벌어지고 있는지를 전혀 몰랐다. 그것은 비극이었다. 칭기스칸은 중원과는 달리 점과 점으로 이어진 이 나라의 약점을 눈여겨보고 있었다. 사막과 오아시스, 그리고 평원과 대상로(隊商路)로 구성된 콰레즘의 국토는 대학살을 불러들일 수밖에 없는 운명의 땅이 었다.

1218년 봄, 칭기스칸이 파견한 대규모 통상 사절단은 오트라르에 이르렀다. 통상 사절단의 단장은 콰레즘 출신의 오코나였다. 그는 술탄 무하마드의 분노를 불러일으킨 칭기스칸의 편지를 전달한 장본인이기도 했다.

오트라르의 총독 이날치크 카이르칸은 술탄 무하마드의 친척이었다. 그는 술탄 무하마드의 뜻에 따라 오코나 일행을 전원 살해한 뒤 그들이 가지고 온 재물을 압수했다. 이슬람 문명을 물들일 붉은 핏물은 그렇게 오트라르에서부터 말없이 흐르기 시작했다.

1219년 봄, 푸른 군대는 오논강에 모여 코릴타를 개최했다. 그들은 중원의 유교 문명에 필적하는 이슬람 문명을 파괴하기로 결정했다. 붕괴가 아니라 파괴시키기로 한 것이다. 따라서 공격 방법도 서하나 금나라의 경우와는 달리 적의 심장부를 강타하고, 수뇌부를 멸살시키는 방식으로 결정됐다. 푸른 군대는 몽골을 지켜주는 푸른 하늘에 이 코릴타의 결의를 준수할 것을 서약했다. 그리고 칭기스칸은 대원정에 앞서 이후 탄생할 대제국의 후계자를 미리 정하고자 했다. 후계자는 그의 뜻에 따라 셋째 아들 어거데이로 정해졌다.

푸른 군대는 제베와 수베에테이의 저승사자 군단을 앞세우고 물밀듯이 서방으로 떠나기 시작했다. 그리고 여름에 이르티쉬강을 통과해 가을에는 비극이 발생했던 오트라르성에 이르렀다. 오트라르에 도착한 푸른 군대는 콰레즘의 백성들을 향해 선포했다.

해가 뜨는 곳에서 해가 지는 곳까지 우리의 칸께서 통치하시
도록 하늘이 명했다. 신의 아들에게 항복하는 자들은 살려
줄 것이다. 그러나 반항하는 자들은 철저히 도륙될 것이다!

선언을 마친 푸른 군대는 갑자기 속도를 내기 시작했다. 그리고 네 개의 거대한 기마 군단으로 분리되어 급속히 흩어져갔다.

푸른 군대는 군대를 나누어, 곳곳에 늘어서 있는 콰레즘의 변방 도시들을 공격하는 동시에 수도인 사마르칸트로 진격한다는 전략을 세웠다. 사마르칸트를 함락시킨 후 다시 후방에 있는 변방 도시들을 일시에 공격한다는 제2 전략도 마련했다. 그 전략에 따라 네 개의 기마 군단은 사마르칸트에서 만날 날을 기약하며 부여받은 지점들에 대한 공격을 개시했다.

알라크 등의 사령관이 이끄는 제1 기마 군단은 적의 병력들이 서로 협조하는 것을 막기 위해 곧장 사마르칸트로 떠나갔다.

차가타이와 어거데이가 이끄는 제2 기마 군단은 시르다리아 강변에 건설된 난공불락의 성채인 오트라르를 포위했다. 그들은 다섯 달에 걸친 치열한 공방전 끝에 성을 함락시켰다. 사로잡힌 이날치크 카이르칸의 눈과 귀에는 펄펄 끓는 은(銀)이 부어졌으며, 모든 백성은 도륙 당했다. 성벽도 파괴됐다. 파괴를 마친 그들은 2차 집결지인 사마르칸트로 말머리를 돌렸다.

칭기스칸의 큰아들 조치가 이끄는 제3 기마 군단은 시르다리아강을 따라 북상해 갔다. 초원의 진주라는 뜻을 지닌 시르다리아강이 아랄해로 들어가는 곳에는 젠트와 수크나크라는 대도시가 있었다. 젠트의 백성들은 투항했고, 수크나크의 백성들은 저항했다.

수크나크의 백성들은 투항을 권유하는 몽골 측의 사신까지 조치의 눈앞에서 살해했다. 살해된 사신은 몽골의 역사서인 『몽골비사』에도 등장할 정도로 칭기스칸이 아꼈던 이슬람 상인 아산이었다. 조치의 푸른 군대는 아산에 대한 보복을 외치며 수크나크의 백성들을 도륙했다.

조치의 군대는 성벽을 완전히 파괴한 후 집결지인 사마르칸트로 향했다.

마지막으로 칭기스칸과 막내아들 톨로이가 이끄는 중앙 군단은 사마르칸트의 배후에 위치한 부하라를 향해 떠나갔다. 사실 제1 기마 군단과 제3 기마 군단은 톨로이의 중앙 군단이 대우회 작전을 펴 사마르칸트를 조용히 포위할 수 있도록 적의 관심을 유도하는 역할을 맡고 있었다.

이 세 개의 기마 군단은 기술자를 제외한 사마르칸트의 모든 사람을 도륙했다. 또 성을 공격할 때는 포로로 잡은 백성들을 최전선에 세워 인간 방패로 삼는 등 잔인한 공격술을 총동원했다. 이는 콰레즘군이 중앙 군단의 행로를 눈치 채지 못하게 하는 일종의 위장 전술이었다.

1220년 2월, 푸른 군대의 중앙 군단은 소리 없이 부하라(현재 우즈베키스탄의 보하로)에 도착했다. 조그마한 강변에 위치한 오아시스 도시 부하라는 사마르칸트와 비견되는 중계 무역 도시이자 교통의 중심지였다.

사원이라는 뜻을 지닌 부하라는 어느 날 자신도 모르는 사이에 푸른 군대에게 포위됐다. 위기에 몰린 부하라의 콰레즘 군대는 사마르칸트로 도주하기 위해 필사의 탈출을 시도했다. 그러나 탈출은 거의 실패하고 부하라는 통곡 속에 함락됐다. 부하라의 함락은 콰레즘으로서는 일대 충격이었다.

1220년 3월, 칭기스칸의 중앙 군단은 사마르칸트를 에워쌌다. 사마르칸트는 11만에 이르는 콰레즘군이 주둔하는 거대 요새였다. 칭기스칸은 그 누구도 1년 내에는 함락할 수 없다는 이 거대 요새를 수많은 인간 방패를 돌진시켜 제물로 삼은 뒤 3일 만에 함락시켰다. 그리고 역사

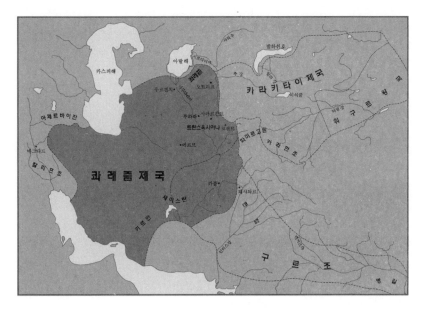

13세기 초 콰레즘 영토

서에 기록될 정도의 잔인한 살육을 감행했다.

칭기스칸은 사마르칸트에서 6만 명에 달하는 기술자들을 사로잡았다. 기술자 포로들 중 공성포의 제조와 관련된 3만 명은 성을 공격할 때 대포를 발사하는 특수 부대로 편성됐다. 역사상 유명한 회회포(回回砲) 군단이 그들이다. 나머지는 푸른 군대의 각군에 배치됐다.

칭기스칸은 사마르칸트를 함락시킨 후 술탄 무하마드가 전투 개시 전에 이미 성을 떠나 북쪽으로 도주했다는 사실을 알았다. 그는 즉각 저승사자들인 제베와 수베에테이에게 술탄 무하마드를 추격하라는 명령을 내렸다.

우리는 이곳이 아닌 아름다운 고향의 초원에서 다시 만날 것이다.
무하마드가 가는 곳이라면 그곳이 하늘 끝이나 바다 끝일지라도
반드시 따라가 그의 목을 베어오라!
가거라! 내가 지시한 대로 행하라!

제베와 수베에테이가 이끄는 3만의 저승사자 군단은 본대에서 갈라져나와 카스피해쪽으로 향했다. 술탄 무하마드의 악몽이 시작된 것이다. 저승사자 군단은 정말로 집요하게 술탄 무하마드를 추격했다. 그들은 술탄 무하마드가 아무다리야강 남쪽에 위치한 안트쿠드에 있다는 사실을 알자마자 그쪽으로 향했다. 그러자 술탄 무하마드는 아프가니스탄에 있는 가즈니로 옮겨갔다. 다시 저승사자 군단이 가즈니쪽으로 다가가자 그는 이란의 경내에 위치한 니샤푸르로 옮겨갔다. 이때가 4월 18일이었다. 그러나 술탄 무하마드는 저승사자 군단이 다가온다는 소식을 접하자 카스피해의 남쪽에 위치한 카빈으로 도주했다.

제베와 수베에테이는 5월 24일에 니샤푸르에 도달했다. 그곳에서 군대를 양분한 뒤 두 갈래로 나누어 추격하기 시작했다. 그들은 술탄 무하마드의 흔적을 찾아 투스·담간·심만·주바인·마잔다란 등 가는 곳마다 대학살을 전개하며 뒤쫓았다. 그들은 오늘날 테헤란의 남쪽에 위치한 레이에서 군대를 다시 합쳤다.

술탄 무하마드는 카룬을 거쳐 이라크의 바그다드쪽으로 도주했다. 그 소식을 들은 저승사자 군단은 즉시 뒤를 쫓았다. 이에 술탄 무하마드는 방향을 바꾸어 카빈의 서북 도시인 사르차한을 거쳐 카스피해의 인접 도시인 마잔다란으로 도주했다. 술탄 무하마드가 마잔다란에 이르렀을 때 저승사자 군단도 바로 그곳으로 들어서고 있었다.

공포에 질린 술탄 무하마드는 카스피해의 조그마한 섬인 아바스쿤으로 도주했다. 저승사자 군단 역시 카스피해 연안에서 배를 만들며 그를 추격할 채비를 갖추었다.

그러나 저승사자 군단이 도달하기 직전인 12월 어느 날, 술탄 무하마드는 그 지긋지긋한 도피의 생을 마감하듯 숨을 거두었다. 콰레즘의 황제였던 술탄 무하마드는 생전에 천당과 지옥을 맛본 후 도피 중에 얻은 폐병으로 피를 토하며 죽었다. 화려한 이슬람 문명은 그렇게 무너져 갔다.

제베와 수베에테이가 술탄 무하마드를 추격하고 있는 사이 푸른 군대는 1220년 가을 우르겐지를 위시한 아무다리야강 일대의 도시들을 공략했다. 1221년 봄에는 아무다리야강을 넘어 아프가니스탄과 이란 북부로 진격했다. 1221년을 기점으로 콰레즘제국은 사실상 숨을 거두었다. 그러나 칭기스칸은 콰레즘의 왕위를 이은 잘랄 앗 딘을 죽이길 원했다. 이에 따라 푸른 군대는 곳곳의 백성들을 도살함으로써 잘랄 앗 딘이 동원할 수 있는 병력의 원천을 말살하려고 나섰다.

1222년 봄, 각지를 누비던 푸른 군대는 잘랄 앗 딘의 습격을 받아 3만 명이 전멸당하는 최초의 패전을 맛보았다. 시키 코토코가 이끌었던 기마 군단의 전멸은 칭기스칸을 노하게 만들었다. 칭기스칸은 직접 대군을 이끌고 잘랄 앗 딘을 추격했다. 그 추격 과정에서 차가타이의 아들 무투겐이 바미얀에서 화살에 맞아 사망했다. 칭기스칸은 분노했다. 그로 인해 칭기스칸 군대를 피해 각 도시로부터 바미얀으로 피난해 있던 모든 백성들이 도륙됐다.

1222년 11월 20일, 칭기스칸이 이끄는 푸른 군대는 인더스 강변에서 잘랄 앗 딘의 군대와 조우(遭遇)했다. 푸른 군대는 격전 끝에 마지막 남은 콰레즘의 군대를 격멸했다. 위기에 몰린 잘랄 앗 딘은 말을 탄 채 인더스의 급류로 뛰어들었다. 그 모습을 지켜본 칭기스칸은 추격을 중지시킨 뒤 아들들에게 말했다.

잘랄 앗 딘은 훌륭한 용사다. 그대로 놔두어라.

대군을 상실한 잘랄 앗 딘은 곳곳을 떠돌다가 1231년 쿠르드 산중에서 한 농부의 칼에 찔려 고난에 찬 일생을 마감했다. 그는 후대에 이슬람 문명을 최후까지 사수했던 영웅으로 칭송받았다. 잘랄 앗 딘을 격파한 푸른 군대는 각 지방에 다루가치를 두어 통치하기 시작했다. 다루가치란 일종의 행정관이다.

1225년, 칭기스칸은 몽골로 회군했다. 한편 칭기스칸이 서아시아에서 작전을 전개하고 또 몽골로 회군하는 사이 제베와 수베에테이가 이끄는 3만의 저승사자 군단은 술탄 무하마드의 죽음을 확인한 뒤 기독교 문명이 숨쉬는 키에프 루시(러시아)쪽으로 진군했다.

그들은 쿰·하마단·잔잔·카빈 등의 이란 북부 도시들을 도륙한 뒤 아제르바이잔의 타브리즈성에 이르렀다. 푸른 군대에 항복한 타브리즈는 도륙되지 않았다. 이 도시는 페르시아의 몽골제국인 일칸국의 수도가 됐다.

1222년 6월, 제베와 수베에테이는 카프카스산맥을 넘어 드네프르강에 이르렀다. 그 지역의 유목 부족이었던 킵차크족은 키에프와 연합하여 1223년 5월 31일 칼카강에서 몽골군을 공격했다. 그러나 그 전투에서 키에프와 킵차크의 연합군은 전멸 당했다. 그 전투는 이후 유럽의 기독교 문명에 몰아닥칠 파란의 전주곡이었다.

제베와 수베에테이군은 초원의 길로 동진해 1225년 귀환 중인 칭기스칸의 대군과 합류했다. 그러나 제베는 칭기스칸을 만나기 직전인 1224년에 파란만장한 생을 마쳤다.

여기까지가 13세기에 폭풍처럼 타올랐던 세계대전의 단면이다. 자, 이 대목에서 한번 생각해 보자. 도대체 어떻게 해서 이런 일이 가능했을까?

칭기스칸은 기존의 문명권인 불교·유교·이슬람교·기독교와 한번씩 조우했다. 그리고 그들을 붕괴시켰다. 그러나 그가 붕괴시킨 것은 종교가 아니라 그들간의 교류를 방해했던 세속 국가였다. 그는 교류를 방해하는 모든 장애를 제거했다.

칭기스칸은 대몽골제국을 통해 새로운 세계와 그에 걸맞은 새로운 문명, 즉 팍스 몽골리카가 전개되는 것을 꿈꾸었다. 끝없는 이동을 숙명으로 삼는 유목 문명이라는 새로운 시대의 핏물이 그들에게 주입되길 원했다. 그리고 그 꿈이 거의 완성된 1227년, 칭기스칸 테무진은 그를 지상으로 내려보낸 몽골의 푸른 하늘로 다시 돌아갔다.

그런데 아무리 다시 생각해 보아도 궁금한 것은 불과 10만밖에 안되는 기마 병단이 철통 같은 정착 문명의 수비벽을 별로 힘들이지 않고 무너뜨릴 수 있었던 원인이 어디에 있었는가 하는 점이다. 이것은 역시 유라시아 대륙의 초원 위에서 극도로 어려운 조건을 극복해 가며 이동의 삶을 살아야 했던 몽골고원의 생존법에서 찾아야 할 것이다. 그 속의 환경과 피비린내 나는 역사가 테무진을 길렀고, 칭기스칸이라는 인물을 만들었다.

> 해가 뜨는 곳에서 해가 지는 곳까지 우리의 칸께서 통치하시
> 도록 하늘이 명했다.

『몽골비사』에 나오는 이 표현을 이성적인 언어라고 생각하는 사람은 아마 없을 것이다. 칭기스칸 제국사의 황당한 성격은 『몽골비사』의 행간에서 더욱 짙어진다. 『몽골비사』는 역사서라기보다는 차라리 한편의 서사시라고 부르는 것이 좋을 만큼 장엄하고 신비스런 표현들로 가득차 있다. 몽골인들이 이처럼 공식적인 자리에서마저 비논리적인 언어를 사용했던 것은 이야기의 현실감을 더욱 떨어뜨리는 역할을 한다.

> 황하와 장강 사이의 드넓은 지방에 살고 있는 모든 자들에게
> 사형을 집행하라!

도대체 무협지가 아니고서야 어디에서 이런 명령을 볼 수 있겠는가. 그리고 그 명령이 곧이곧대로 이행되는 일이 있을 수 있겠는가. 사실

히로시마에 투하된 원폭도 그곳의 주민 모두를 죽이지는 못했다. 그러나 이것이 비단 언어의 문제만은 아닐 것이다.

칭기스칸 이야기는 실화라기보다는 신화 같은 느낌마저 든다. 이미 8백 년을 훌쩍 넘겨버린 옛이야기라는 시간적 거리감 때문에 더욱 그런 느낌이 드는 것일지도 모른다. 따라서 이 명백한 역사의 한 토막을 독자들은 실화가 아닌 신화로 이해해도 좋다. 그러나 이것이 실화든 신화든 한가지 분명한 사실이 있다. 그것은 소수의 유목민들이 다수의 정착 민족을 정복했다는 사실이요, 또한 정복한 소수가 정복당한 다수보다 절대적으로 열악한 상태에 처해 있었다는 점이다.

그렇다면 우리는 열악한 것이 월등한 것을 이기고 작은 것이 큰 것을 이기는 이 기현상을 어떻게 이해해야 좋을까? 지나간 역사를 다시 읽는 묘미는 이런 데 있다. 아무리 옛이야기라도 이를 단지 무협지 같다는 말로 지나치기에는 너무도 아까운 현대적 의미들이 눈에 띄는 것이다.

한 예로 금나라와의 전쟁을 보자. 금나라는 정예 군단만 해도 최하 50만을 거느린 정착 문명의 제1 대국이었고, 몽골제국은 그때까지 2~3만의 기마병을 합쳐 겨우 10만에 이르는 군대를 거느리고 있었을 뿐이었다. 그런데 금나라가 몽골제국에게 그토록 간단하게 함락되는 과정을 보면 어처구니없다는 느낌마저 든다.

푸른 군대는 금나라의 일거수일투족을 읽고 있었고, 금나라는 푸른 군대의 존재 유무 자체를 몰랐다. 또한 금나라 군대는 언제나 푸른 군대가 침범했을 때만 전선을 형성할 수 있었고, 푸른 군대는 자신이 싸우고 싶을 때 싸웠다. 푸른 군대는 인간이 갈 수 있는 대지 전체를 무대로 삼은 반면 금나라 군대는 자기들이 주둔한 곳에서 눈에 보이는 작은

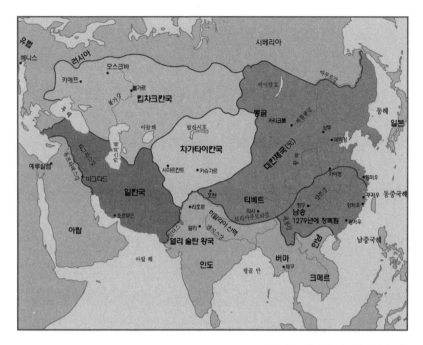

몽골제국 최대의 판도 (13세기 말)

영역만을 무대로 했다. 푸른 군대는 전력을 아껴가며 금나라 군대의 일부를 선택해 싸웠지만 금나라 군대는 선택당한 부분만으로 총력을 다해 맞서야 했다. 한마디로 실체를 알 수 없는 것과 뻔히 실체를 다 드러낸 것의 싸움이요, 이동태와 정착태의 싸움이며, 맹수와 집짐승의 싸움이었던 것이다.

어떻게 보더라도 결과는 다르지 않다. 이 승리는 유목민들의 야만성, 물불을 가리지 않는 사나움 때문에 얻어진 것은 결코 아니다. 틀림없이 이 전투는 몽골제국이 전략·전술에서부터 압도하고 있다. 푸른 군대는 금나라의 수족을 자르면서 먼 곳에서부터 약한 고리들을 절단해 들어가고, 금나라는 흡사 외계인의 출몰과도 같은 푸른 군대의 돌출에 당황하면서 그때그때의 고비만을 넘기려 했다. 쉽게 말해 야만인들이 더 선진적으로 싸우고, 유목민들이 훨씬 개화된 전투를 했던 것이다.

그렇다면 몽골이 더 개화되고 문명적이었는가? 그건 아닐 것이다. 그렇다면 무엇인가? 유목민들의 이 연속적인 승리의 비밀은 어디에 있는가? 여기서 우리는 중대한 문제의식에 직면한다. 그것은 이 칭기스칸 군대의 내부에, 오늘날에도 충분히 설득력 있는 어떤 비밀이 내포되어 있지 않았겠는가 하는 점이다.

1. 죽음을 자청한 병사

서기 1204년부터 정착 문명의 정복에 나선 칭기스칸 군대는 순식간에 세계를 삼켜버렸다. 서양의 역대 정복자들, 즉 알렉산더·히틀러·나폴레옹이 차지한 면적을 모두 합친 것보다 더 넓은 땅을 정복한 것이다.

그런데 이 정복 제국의 중앙 정부 격인 원나라는 칭기스칸이 사망한 뒤에도 무려 150여 년이나 칭기스칸 시대를 지속시켰고, 제국이 멸망한 후에도 잇따라 후계 제국들을 탄생시켰다. 중앙아시아의 티무르제국, 인도의 무굴제국, 흑해 연안의 크림칸국, 청나라 등 결코 만만치 않은 위력을 가졌던 계승 국가들을 후세에 남긴 것이다. 야만의 종족에 의해 정복된 이 거대한 국가들이 어떻게 이토록 오래 존속할 수 있었을까? 어째서 이런 불가사의한 일이 일어났을까?

중세를 뒤흔든 이 강대한 힘이 푸른 군대에서 나왔음은 이제 더 말할 나위도 없다. 사실 우리가 푸른 군대의 내부를 마음먹고 들여다보기만 한다면 그 모든 것은 결코 이해할 수 없는 일이 아니다. 그것은 서방 세계에서 발견되는 당시의 기행문만 봐도 쉽게 알 수 있다. 그 예 가운데 하나가 다음의 에피소드다.

1245년의 일이었다. 로마 교황인 이노센트 4세는 유럽을 더 이상 침공하지 말아달라고 요청할 목적으로 칭기스칸의 손자이자 대몽골제국의 3대 칸인 구유크칸의 대관식에 카르피니의 수사 존과 로렌스를 파견했다. 그때 존이 귀국해서 『카르피니의 몽골여행기』를 남겼는데, 거기에 이런 흥미로운 장면이 묘사되어 있다.

사라이(평화라는 뜻을 가진 킵차크칸국의 수도)를 둘러싸고 있는 경계 초소에서 야간 경비를 서던 몽골 병사 한 명이 잠이 들었던 모양인데, 누구한테 들킨 것도 아니건만, 잠에서 깨어난 뒤 자신이 깜박 잠이 든 사실을 알고 깜짝 놀라 친위대장에게 자신의 잘못을 자백했다. 친위대장은 병사의 정직성을 칭찬했지만 군율대로 병사에게 사형을 명했다.
마침 존 수사가 그 병사의 처형식을 구경하다가 굳이 아무도 모르는 사실을 밝힐 필요가 있느냐고 병사에게 물었다. 그런데 그 병사는 순진무구한 표정으로 고개를 저었다.
"만일 내가 잠든 시간에 적이 쳐들어왔더라면 우리 바투칸이 위험했을지도 모릅니다. 경계 중에 잠들었다는 것은 용서받을 수 없는 일이지요."
그 병사는 친위대장의 지시로 그날 바로 처형됐다.

이것은 존 수사의 눈이 아니라 우리의 눈에도 참으로 이상한 광경이 아닐 수 없다. 한번 생각해 보자. 몽골의 병사 하나가 경계 근무 중에 잠시 졸았다. 이는 몽골 병사의 명백한 과오로, 병사는 스스로 그 사실을 상관에게 보고했고 상관은 그를 처벌했다. 군법대로 사형시킨 것이다.

여기서 우리를 놀라게 하는 것은 두 가지다. 하나는 병사의 자백인데, 이는 얼핏 병사를 정직한 바보가 아닐까 의심하게 한다. 그런데 그러기에는 병사의 답변이 너무 수준이 높다. 자신이 잠든 시간에 적이 쳐들어왔을 경우 군대가 처하게 되는 치명적인 위험을 상기시키는 그의 말은 결코 바보의 답변이 아닌 것이다. 병사는 전쟁의 본질을 이해하고 있었다.

그런데 더욱 이상한 것은 지휘관의 처리 방식이다. 자신의 잘못을 솔직히 인정한 병사를 지휘관은 끝내 사면해 주지 않는다. 병사의 군인정신을 높이 사면서도 정상 참작의 여지없이 처형시킨 것이다.

이는 무엇을 뜻하는가? 순도 1백 퍼센트의 신용 사회, 상대에 대한 신용과 믿음을 목숨보다 소중히 여기는 사회, 자기의 공동체를 위하여 서로가 서로에게 목숨을 맡길 수 있는 사회, 이 병사의 사례는 이처럼 약속에 대한 전적인 신뢰가 사회적 관계의 기초가 되어 있다는 것을 보여준다. 바로 여기에 푸른 군대 경쟁력의 비밀이 숨어 있다.

당시에 킵차크칸국의 몽골인은 모두 4만 명, 그들의 지배를 받은 유럽인은 2천 5백만 명이었는데, 그들이 맺었던 신뢰 관계는 다수를 능히 지배하고도 남았다. 이와 같이 그들 하나하나의 경쟁력을 비길 데 없이 높여놓은 것은 1차적으로 유목 이동 문명의 열악한 생존 조건이었다.

사실 11, 12세기 초에 몽골고원에 살던 몽골인들에게는 단지 굶어죽지 않는 게 삶의 가장 중요한 목표였다. 그들이 살던 지역은 9개월의 혹독한 겨울 후에 단 3개월의 여름만이 있는 혹한의 땅이었다. 사람뿐 아니라 가축들도 그 3개월 동안에 필사적으로 배를 채워야 했다.

몽골의 가축들은 보통 3월에서 4월 사이에 새끼를 낳는다. 한겨울을 지나는 동안 가축의 몸은 바싹 여윈 상태가 된다. 가축들은 짧은 여름을 지나 9월이 되어야 비로소 살이 오른다. 몽골인들은 봄에서 가을 사이에는 가축을 도살하지 않는다. 가축들이 새끼에게 젖을 먹여야 하고, 또 여윈 상태에서는 죽여 봐야 고기도 얼마 나오지 않기 때문이다. 몽골인들은 가축에게서 나오는 젖을 새끼 가축과 공유한다. 흔히 유목민들이 봄이나 여름 동안 젖만 먹고 산다는 이야기가 나오는 이유도 이 때문이다.

몽골의 토지는 농사에 아주 부적합하다. 때문에 몽골인들은 늘 배가 고팠다. 그들은 자신들의 목숨줄인 가축을 될 수 있는 한 잡아먹지 않고 틈만 나면 사냥을 하면서 살았다. 그들은 주린 배를 채우기 위해 끊임없이 곰·사슴·노루 등을 사냥해야 했다. 끊임없이 움직이지 않으면 그들은 생존할 수 없었다.

무엇이든 잡아먹어야 하는 몽골인들에게 싸움은 너무나 당연하고도 자연스러운 생존 방법이었다. 몽골인들은 누구나 말을 탈 줄 알고, 칼을 쓸 줄 알며, 활을 쏠 줄 아는 전사들이었다. 여자, 어린이, 늙은이도 마찬가지였다. 그들은 무기가 있으면 절대로 도망가지 않았다. 전쟁을 할 때도 지휘관이 신호를 내릴 때까지 후퇴하지 않았다.

몽골인들은 적을 결코 용서하지 않는다. 몽골인에게 동정심을 바란다는 것은 짐승들이 사냥꾼에게 살려달라고 애원하는 것과 다를 바 없다. 짐승을 사냥해가지 못하면 가족들이 굶는다. 가축이 도망가는 것을 방관하면 다가오는 겨울에 가족들은 죽을 것이다. 유목민들에게 신뢰라는 것은 정착민이 생각하는 도덕적인 명제가 아니다. 한 개인의 과실은 곧 전체의 죽음으로 연결되는 생존의 문제다. 바로 이같은 생존 환경이 신뢰로 구축되어 있는 사회적 관계의 기초가 되었음이 분명하다.

2. 위를 보는 수직 마인드

유목민들의 수평 이동 마인드는 농경 정착 세계를 넘나들며 강화됐다. 그럴 수밖에 없었다. 그것은 정착 문명의 삶과 비교해 보면 더욱 확연해진다. 머나먼 지평선 너머에는 가축에게 먹일 수 있는 광대한 초원이 펼쳐져 있다. 그래서 몽골인들은 틈만 나면 양떼와 소떼를 몰고 지평선 너머의 다른 세계까지 넘나든다.

유목민은 1년에 최소한 네 차례씩은 집단 이동을 한다. 풀이 많은 곳을 찾아 가축을 먹여야 하기 때문이다. 유목은 이동의 연쇄 동작이다. 굶어죽지 않기 위해서 끊임없이 이동해야 하는 것이 바로 유목민들의 삶이다.

이에 반해 정착민들은 한자리에 붙박여서 먹을 것과 입을 것을 해결한다. 유목민들보다 생활이 훨씬 안정적이다. 그러다 보니 이웃 사람, 이웃 마을, 이웃 나라와 교류할 필요를 별로 느끼지 않는다. 정착문명은 폐쇄적이다. 그리고 울타리 밖의 세상에 그다지 관심이 없다.

정착민들의 우선적인 관심 대상은 경작할 토지와 비를 내려주는 하늘이다. 옆을 볼 필요가 없다. 위(하늘)와 아래(땅)를 보아야 한다. 여기서 천수답(天水畓) 문화가 생겨났다. 천수답 문화에서는 소유 의식이 강해진다.

천수답 문화에서는 또 관료제가 발달하게 된다. 천자와 왕을 대신하는 관리가 나서서 사람들간의 분쟁을 해결하고 세금을 징수하며 행정을 편다.

농경 정착 사회는 수직 마인드 사회다. 평화가 깃들인 사회, 모든 것을 평생 보장하는 종신형 사회다. 그러나 그런 사회는 자기 정화력, 자기 절제력을 잃어버릴 경우 온갖 폐해가 드러난다. 이른바 제도피로(制度疲勞) 현상이다.

수직 마인드 사회에서는 사람과 사람 사이를 가로막는 계급과 계층들이 먹이사슬처럼 생겨난다. 위에 있는 사람들은 군림하면서 아래를 착취하려 든다. 그리고 아래에 있는 사람들은 위에 아첨하면서 자기보다 더 아래에 있는 사람들에게 군림하고 착취하려 든다. 사회 전 분야에서 부정과 부패가 창궐한다.

정착민들의 삶을 가장 확실하게 지켜주고 막아주는 것은 바로 '자리'다. 안정된 자리만 확보할 수 있으면 삶은 끝없이 안정적으로 유지될 수 있다. 그러므로 정착 사회는 좋은 자리를 차지하기 위해 내부가 서로 싸우고 경쟁한다. 길거리 좌판도 자릿세를 주어야 장사를 할 수 있다. 자리를 차지하고 이권을 지키기 위해 사람들은 저마다 혈연으로 뭉치고, 지연으로 묶고, 학연으로 옭아맨다. 그리고 나와 다른 사람들을 거부하고 멸시하며 외면한다. 다른 고장 출신, 다른 학교 출신, 다른 가문, 다른 나라 사람, 다른 종교를 믿는 사람 ……. 그런 곳에서는 남에 대한 봉사, 효율, 생산성, 투명성 등은 공허한 구호로만 떠돌아다닌다.

내친김에 더 가보자.

만약 나라가 작디작으면 정착 사회의 비극은 더 커진다. 작은 나라에 정착 마인드가 팽배하면 소유 의식만 강해진다. 1백 년을 사용하는 것이나 1백 년을 소유하는 것이나 마찬가지인데 굳이 소유하려 든다. 소유 전쟁은 부동산 투기, 졸업장 따기, 자리 차지하기, 다른 사람 배척하기로 확산된다. 한번 헤어지면 여간해서 다시 합치지 못한다. 분단은 그 극단적인 예다.

또한 수직 사회에선 창의력이 필요 없다. 아랫사람에게 시키기만 하면 되고, 아랫사람은 윗사람이 하라는 대로 하기만 하면 된다. 대신 기억력이 존중되고 발달한다. 머리가 좋다는 것은 기억력이 좋다는 것과 다름없다. 모든 경쟁도 기억력 겨루기가 핵심이다. 기억력이 중요시되는 사회는 미래가 아니라 과거를 사는 사회다. 유난히 청문회나 사정이 많은 것도 여기에서 연유했는지 모른다. 그런데 외울 것은 자고 나면 산더미처럼 쌓인다. 『명심보감』을 외워야 하던 시대보다 지금은 외워야 할 것이 몇 만 배 늘어났다. 시간이 부족하다. 그러니 미래는 생각할 겨를이 없다.

정착 사회에선 족보가 생겨난다. 그 족보는 따지고 보면 조상들의 명함 모음철이다. 우리 조상은 무슨 벼슬을 했고, 그 위 조상은 대과 급제했고……. 무슨 일을 했느냐보다는 그 사람이 가지고 있던 직책이 중요하다. 설령 그가 인간으로서는 차마 할 수 없는 부끄러운 짓을 했다하더라도 영의정이라는 자리 하나면 후대에 빛나는 이름으로 남게 되는 것이다.

그런 사회는 시간이 흐를수록 허수(虛數)가 실수(實數)를 밀어낸다. 모두 저 잘난 줄 알지만 남이 보기에는 벌거벗은 임금님들의 축제에 불과하다. 자신이 태양의 주위를 도는 게 아니라 천하가 자신을 위해 도는 줄로 착각하는 천동설의 신봉자들이 된다. 그런 사회는 닫힌 사회가 아니라 갇힌 사회다.

땅덩이가 큰 정착 사회 중국은 어떨까?

역사적으로 중국인들은 자기들의 병폐를 한탄하면서 개선하려고 노력한 적이 한두 번이 아니었다. 진시황이 그랬고 왕안석이 그랬다. 그들은 개혁을 가로막는 관료제나 부의 세습을 막으려 했다. 그러나 그 개혁은 결국 실패했다.

그런 중국인들이었지만 중화 사상으로 무장한 채 동이(東夷), 북적(北狄), 서융(西戎), 남만(南蠻)이라는 말로 유목 이동 사회를 부정하고 멸시했다. 그러나 한나라는 흉노제국에 조공을 해야 했고, 중국 역사 가운데 북위(北魏), 수(隋), 요(遼), 금(金), 원(元), 청(淸) 등 절반 이상을 유목 이동 민족들이 꾸려냈다.

그런데도 우리는 소중화(小中華)를 자처하면서 중화 사관이란 잣대로 세상만사를 해석해 왔다. 그리고 스스로를 더욱더 옥죄고 가두는 칸막이 사회를 구축했다.

3. 옆을 보는 수평 마인드

유목민들은 항상 옆을 바라보아야 살 수 있다. 그들은 생존하기 위해 싱싱한 풀이 널려 있는 광활한 초지를 끝없이 찾아 헤매야 한다. 또 그러기 위해서는 더 뛰어난 이동 기술을 개발해야 하고, 더 좋은 무기로 무장해야 한다.

그들에겐 고향이 없다. 한번 떠나면 그만이다. 따라서 무덤이라는 흔적도 남겨놓지 않는다. 오늘날 칭기스칸의 무덤을 찾을 수 없는 것도 그 때문이다. 그들은 어디서 죽든, 어디에 묻히든 상관하지 않는다.

초원에는 주인이 없다. 실력만으로 주인 자리를 겨룰 뿐이다. 지면 재산을 빼앗기고 상대편의 노예가 되지만, 이기면 재산을 늘리고 노예도 거느릴 수 있다. 노예가 된 사람은 주인을 위해 열심히 싸워 노예를 면하고, 새 부족에서 새 삶을 살아갈 수 있다. 기회는 항상 열려 있다.

유목 사회란 살기 위해 위가 아니라 옆을 봐야 하는 수평 마인드의 사회, 살기 위해 집단으로 이동해야 하는 사회다. 그 속에서는 하루도 현실에 안주하는 것이 허용되지 않는다. 끝까지 승부 근성을 버리지 않고 도전해야 한다.

그곳에서는 나와 마찬가지로 다른 사람이 소중해진다. 민족이 다르다는 것도, 종교가 다르다는 것도, 국적이 다르다는 것도 무시해 버려야 한다. 아니 그런 사람일수록 더 끌어들여야 한다. 완전 개방만이 무한한 가능성을 보장해 준다.

그 속에선 효율과 정보가 무척 중요하다. 이동과 효율과 정보의 개념 속에서 시스템이 태어난다. 자리는 착취와 군림의 수단이 아니라 역할과 기능을 발휘하는 곳이다.

최고의 자리에 앉는 사람은 군림하는 통치자가 아니라 리더다. 그 자리에 누가 앉느냐는 것은 씨족이나 부족의 생사와 직결되는 문제다. 그래서 철저한 검증을 거쳐 리더를 선출한다. 선출된 리더에게는 절대적인 권한을 부여하고, 조직원들은 그의 명령에 일사불란하게 따른다.

유목 이동 민족과 농경 정착 민족의 마인드 차이는 다음 도표처럼 정리해 볼 수 있다.

유목 이동 민족과 농경 정착 민족의 마인드 비교

	유목 이동 민족	농경 정착 민족
주거 방식	이동식, 조립식	영구적
생 업	목축, 수렵	농업
토 지	공동 이용(소유 개념 없음)	개인 소유
지도 체제	씨족장, 부족장	국왕, 재상 등 관료제
법 률	관습법(수십 가지에 불과)	법률이 복잡하게 발달
학 문	자연과학(기술 중시)	인문사회(이념, 사상 중시)
상 업	존중	천시
사고 방식	수평적(자유로운 토론)	수직적(상명하복)
	창의적, 서비스, 봉사	권위적, 군림, 착취
종 교	샤머니즘	유교
인물 평가	전투 능력 중시	출신, 계급 중시
지도자 선출	귀족 회의에서 선출	세습
조 직	전투, 기술 능력 중심 조직	혈연, 지연, 학연 중심 조직
장 례	풍장(風葬), 조장(鳥葬)	매장(埋葬)
삶의 방식	약육강식(결과가 중요)	삼강오륜(과정이 중요)
중요한 재산	이동 수단(말)	씨앗(내년 농사용)
공동 의식	협동, 집단 의식 강함	혈연·지연·학연 의식 강함
	집단 전투, 수렵, 유목	배타적인 집단 이기주의
이민족에 대한 생각	호의적(인종 무관)	배타적(혈통주의)
이교도에 대한 생각	호의적(종교 자유)	배타적(탄압)

4. 프로 마니아 – 전투 전문가들

유목을 통해 먹고사는 게 해결된다면 걱정할 게 없다. 그러나 그것만
으로는 턱없이 모자랐다. 그들은 부족한 물자를 메우기 위해 약탈을 일
삼았다. 약탈은 가축을 기르고 산짐승을 사냥하는 것보다 쉽게 배를 채
우는 길이기도 했다.

약탈은 뒤집어보면 싸움이고 전투이고 전쟁이다. 적진을 향해 쳐들
어간다. 눈앞의 적이 궤멸되면 그때부터는 각자 약탈에 나서서 전리품

을 끌어 모은다. 약탈에 대한 매력은 유목민들을 자연스럽게 전투로 내몰았다. 그러나 약탈전에 익숙한 유목민들이라고 해서 대규모 전쟁에서도 효율적으로 전쟁을 수행할 수 있었던 것은 아니었다. 적이 후퇴하면 유목 군대는 전리품을 거두기에 바빠 진격을 중지했기 때문이다.

그래서 칭기스칸은 1201년, 타타르족과 일전을 벌이기에 앞서 새로운 군율을 정했다.

개인적인 약탈을 금지한다!

이 군율은 몽골군에게는 물론 기존의 전통적인 관습에 젖어 있던 모든 유목민들에게 청천벽력과 같았다. 칭기스칸은 병사들에게 적을 끝까지 추격해 적장과 병사들을 잡아들이라고 명령했다. 전쟁 중 전리품에 손을 대는 병사는 즉결 처분하겠다고 선언했다.

동시에 칭기스칸은 전쟁에서 승리할 경우 병사들에게 전리품을 공평하게 나누어주겠다고 약속했다. 전리품은 후방 보급 부대 병사들이 챙기도록 했고, 칭기스칸의 소유로 정해 누구도 손대지 못하게 했다. 칭기스칸은 전쟁이 끝났을 때 공적에 따라 평등하게 전리품을 분배했다. 그것은 혁명이었다. 특히 비천하고 배고픈 전사들에게는 특전과 같았다. 조직에 기여한 대로 이익(전리품)을 분배받는 성과급 제도의 사회가 됐기 때문이다.

칭기스칸은 그것을 바탕으로 너커르란 전투 전문가 집단을 창설했다. 타타르전이 끝난 뒤 병사들은 칭기스칸식의 전쟁이 얼마나 효율적인가를 깨달았다. 칭기스칸은 전리품에 관한 한 추상같은 군율을 적용해서 누구도 불만을 갖지 않도록 공정하게 관리했다. 전사한 병사의 유가족에게는 파격적인 분량을 나누어주어 병사들이 죽음을 무릅쓰고 전선을 달리도록 했다.

병사들로서는 포상을 하나라도 더 받으려면 그만큼 전쟁에서 수훈을 세워야 했다. 모든 병사들이 이 같은 자세로 전쟁에 임한 결과, 약탈자 집단이나 다름없던 몽골 군대는 전투 전문가 집단으로 비약할 수 있었다.

칭기스칸이 섬멸한 콰레즘제국의 군대들은 몽골족과 같은 유목민 출신이 주류를 이루었다. 그들도 기마 군대였다. 그런데도 몽골 군대에게 파죽지세로 무너졌다. 왜 그랬을까? 그것은 몽골 군대가 전리품의 공정한 분배뿐만 아니라 인간적인 대우에서도 공평했기 때문이다. 먹는 음식이나 잠을 자는 숙소도 장교와 사병 간에 차별이 없었다. 칭기스칸도 병사들과 똑같은 음식을 먹었고, 야전에서는 병사들과 같은 겔(천막)에서 잠을 잤다.

칭기스칸은 전투 지휘 능력 한가지만 따져 군지휘관을 선발했다. 그 덕택에 신분·계급·출신에 상관없이 누구나 지휘관으로 기용될 수 있었다. 포로로 잡힌 적군까지 다음 전투에서 공이 있으면 지휘관으로 선발됐다.

그런 조치들은 하급 병사들의 헝그리 정신을 자극했다. 그들은 자신이 왜 일을 하고, 무엇을 위해 싸우며, 어떻게 이겨야 하는지를 분명하게 깨닫게 됐다.

5. 열린 사회의 다국적군

푸른 군대는 당시로서는 가장 효율적이고 생산성이 높은 군대였다. 군대의 효율성은 적은 병력으로 대병력을 물리치는 것을 뜻한다. 생산성은 정복한 국가나 정복한 백성의 수로 결정된다. 칭기스칸 시대, 몽골의 인구는 최대 2백만 명 정도였다. 여기서 약 20만 명 정도의 푸른 군대가 조직됐다. 그 중에 몽골고원 출신의 순수 몽골 병사는 10만 정도였다.

그 10만 군대는 칭기스칸이 손만 한번 쳐들면 금세 20만이 되고, 한번 더 들면 30만, 40만, 50만으로 얼마든지 변신이 가능했다. 그 같은 변신술에 힘입어 당시 세계에서 가장 미개한 사람들, 불학무식(不學無識)한 마적단 같은 소수 집단이 고려에서 헝가리에 이르는, 인류 역사상 가장 큰 제국을 최단 기간에 건설할 수 있었다.

어째서 몽골 군대의 숫자는 이렇게 고무줄처럼 늘었다 줄었다 할 수 있었을까? 그 대답은 호환성이다. 경영학에서 호환성이란 표준화에 의해서 한가지 부품이 여러 가지 제품에 공동으로 이용될 수 있게 하는 기술을 뜻한다.

이는 기계별로 필요한 부품을 매번 제작하지 않아도 되는 것은 물론, 부품별 대량 생산과 이를 이용한 신속한 조립 생산을 이루게 하여 제품의 파격적인 가격 인하와 신뢰성 향상을 가능케 한다. 자동차, 전기, 기계 등으로 상징되는 대량 생산 체제인 아메리칸 시스템을 연상하면 된다.

호환성 개념이 군대와 전쟁에 이용될 경우 그 위력은 상상을 뛰어넘는다. 푸른 군대의 편제는 천호제였다. 그 조직에 군장과 신병기를 갖춘 공병단과 포병단을 천호대별로 배당해 호환성을 갖추었다. 특히 푸른 군대의 핵심 병력인 기마 부대의 호환성이 가장 높았다. 기마 부대는 병사뿐 아니라 조로모리라 불리는 말도 호환성을 갖추었다. 푸른 군대의 호환성은 정복지에서 포로로 잡거나 항복한 병사들이 곧바로 푸른 군대의 조직 속으로 흡수된 것에서도 잘 입증되고 있다.

이동을 숙명으로 삼는 유목 민족들은 마인드의 호환성을 가진 이들이다. 혈통적으로 대부분 몽골계였던 금나라 지배하의 거란족이나 중앙아시아의 서요, 여진족의 금나라, 서하의 탕구트족(티베트계 유목 민족), 위구르(투르크계 유목 민족), 콰레즘제국 내의 투르크족, 압바스조·맘룩조 내의 투르크족, 헝가리·폴란드 내의 수많은 투르크족, 러시아 남부의 투르크족은 서로 쉽게 결합될 수 있는 사람들이었다.

이 때문에 칭기스칸은 겨우 10만 병력으로 출발했지만 멸망시킨 나라의 군대를 현지에서 조달해 그 군대로 또 다른 나라를 치고, 또 그 나라의 군대로 다른 나라를 칠 수 있었다.

6. 속도 숭배주의자들

푸른 군대가 가진 또 하나의 경쟁력은 기동성이었다. 기동력은 항상 최경량(最輕量)의 군장을 요구한다. 여기서 $E=1/2 \, mv^2$이라는 물리학의 운동 에너지 공식 하나를 빌려 쓰기로 하자. 이 공식을 전쟁에 비유하면 에너지(E)는 군대의 파괴력, 질량(m)은 병력 규모, 속도(v)는 기동성이다. 군대의 파괴력은 병력 규모에 정비례하지만 속도에는 제곱 비례한다. 따라서 몽골처럼 적은 병력으로 대병력을 무찌르는 지름길은 기동성을 높이는 것이다.

칭기스칸은 이를 실증해 냈다. 말·범선·기차·자동차·비행기·광케이블 등 인류 문명의 발전 단계처럼 그는 속도를 장악하는 쪽이 세계를 제패한다는 사실을 입증했다. 그는 기동성을 높이기 위해 보병과 보급선을 두지 않는 간편한 기병 체제를 만들었다. 그리고 그것을 지원하는 역참제를 구축했다. 거기에 신기술을 이용해 이동이 편하도록 군장을 간소화했다. 그 방식은 놀라운 행군 속도나 빠른 명령 체계 및 군수 보급 체계에서 드러나듯이 푸른 군대의 군사력을 극대화시켰다.

군장부터 살펴보자. 당시 유럽 기사단의 군장 무게는 70킬로그램에 육박했다고 한다. 몽골군의 군장은 그와는 비교가 되지 않을 정도로 가벼웠다. 몽골군의 갑옷은 화살이 파고들지 않도록 쇠가죽을 몇 겹 눌러 합친 '쿠데수투 코야크'라 불리는 것이 주류를 이루었다. 접전시에는 쇠그물로 엮어 만든 '카탕고델'이라는 아주 가벼운 갑옷도 사용했다.

몽골군의 무기는 칼과 활, 쇠몽둥이가 전부였다. 휴대품은 말린 쇠고기나 버터, 미숫가루 정도였다. 비상식량이 적은 것은 유목민답게 보급 부대가 양떼나 소떼를 몰고 전장 근처까지 이동할 수 있기 때문에 가능했다.

말안장은 나무로 만들어 무게를 줄였고, 기마병이 말을 탄 상태에서 일어나 몸을 뒤로 돌리고 활을 쏠 수 있도록 안장과 발걸이(등자)를 잇는 끈을 특수 제작했다. 또 푸른 군대는 고탈(군화)의 코를 우리의 버선처럼 치켜세워 그것으로 발걸이를 자유자재로 이용했다. 그들은 이 신발을 사용해 말의 밑이나 옆에 몸을 숨김으로써 적의 칼이나 화살을 이리저리 피할 수 있었다. 고탈 덕택에 말에서 내리지 않고 계속 달릴 수 있었던 것이다. 또 신발에는 적의 공격으로부터 발을 보호할 수 있도록

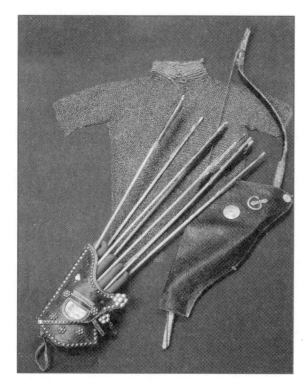

스프링으로 만들어진
몽골군 갑옷

수많은 쇠붙이 조각을 붙였다.

발걸이는 전투에 알맞도록 개량됐다. 몽골 말의 발걸이는 디딤대가
넓었다. 몽골 군대는 이 발걸이 덕택에 자유자재로 말을 올라타고 내릴
수 있었다. 그리고 무게 중심이 아래로 놓여 말을 탄 병사의 운신 폭을
넓힐 수 있었다.

몽골 병사들이 신출귀몰하는 마술(馬術)을 부리면서 말의 뱃바닥에
붙기도 하고, 요리조리 몸을 돌리면서 화살을 쏘고, 또 적의 칼을 피할
수 있었던 것은 신발과 발걸이에 그 비밀이 있었다.

몽골군은 낙타처럼 뛰는 주법을 가진 말들을 전투에 활용했다. 보통의 말들은 앞의 두 다리가 뛰고 이어 뒤의 두 다리가 뛰는 방식으로 달린다. 그러나 몽골 군대의 전투마들은 오른쪽 두 다리가 뛰고 이어 왼쪽 두 다리가 뛰는 방식으로 달렸다. 전후가 아니라 좌우 주법인 것이다.

이런 주법을 가진 말들을 조로모리라고 불렀다. 조로모리에 사용된 말들은 말머리가 낮고 몸집이 작은 경량마였다. 말 위에서 활을 쏘기 위해서는 어떤 말보다도 경량마가 최적격이었다. 따라서 말을 탈 때 무게 중심을 발걸이에 놓아야 했다. 발걸이에 무게 중심을 두는 방식은 장거리 원정에서 특히 효과를 보았다. 거의 진동이 없기 때문에 말은 지쳐도 말을 탄 병사는 피로를 별로 느끼지 않았다.

그러나 유럽 말처럼 몸집이 큰 중량마는 창 이외의 다른 무기를 사용하기 힘들었다. 유럽 말들을 탈 때에는 무게 중심이 위에 오도록 허벅지에 힘을 줄 수밖에 없었다. 반동이 큰 중량마를 타고 말 위에서 활을 쏜다는 것은 묘기라고 할 만큼 어려운 일이었다. 게다가 중량마를 탄 페르시아나 유럽군들은 말의 속도에 신경을 쓰느라 말 위에서는 거의 아무것도 할 수 없었다.

그러나 조로모리는 그 부자연스러운 주법 때문에 쉽게 지치는 단점이 있었다. 때문에 몽골군은 4~6마리 말들을 함께 끌고 다녔다. 몽골군은 말이 피로한 기미만 보이면 곧장 다른 말로 교체했다. 덕택에 몽골군은 하루 3백~4백 킬로미터를 행군하는 엄청난 속도를 낼 수 있었다.

모든 것을 최대한 축소하려는 습관도 몽골 군대의 기동성을 끌어올리는 데 크게 기여했다. 이 축소 지향형 사고는 이동해야 하는 그들의 생활에서 비롯된 것이다. 이동하는 유목민들로서는 모든 것이 작아야

간편했다. 그들은 접는 의자, 보르츠(말린 고기) 등 빠른 이동에 적합한 축소 지향적 물품들을 선호했고, 그런 기술을 끊임없이 개발했다.

이렇게 기동성의 우위를 확보한 푸른 군대가 적과 육박전을 벌일 때 가장 많이 사용한 무기는 활, 쇠몽둥이, 칼의 순서였다. 쇠몽둥이는 적의 뒤통수를 가격하는 데 쓰였다. 특히 갑옷을 입은 적군을 공격하는 데 효율적이었다. 적의 뒤통수를 가격하는 기술은 조로모리를 탄 유목 병사만이 가능했다.

몽골군의 활은 시위, 살대, 깃, 오늬 등의 부분에 특수한 나무줄기, 새의 깃털, 짐승의 뿔과 힘줄 등을 다양하게 사용해 만들어서 정확도와 살상력이 높았다. 당시로서는 신소재였던 셈이다. 같은 유목 민족이었지만 흉노족의 활은 너무 길고 거란족의 활은 너무 짧아 화살이 멀리 나가지 않았다.

몽골군은 그 둘의 중간 크기로 활을 만들어 화살의 비거리를 크게 늘렸다. 작전 신호용 화살은 최고 2백 미터까지 날아가도록 만들었다. 화살촉도 근접 전투용, 원거리 살상용, 신호용 등으로 용도를 구분해 만들었다. 그래서 전투 병사들은 보통 세 종류의 화살을 들고 다녔다.

푸른 군대는 종래의 일자(一字)식 칼을 버리고 이슬람에서 수입한 반달형 칼을 사용했다. 날이 일직선인 칼은 공격 때 적병을 치거나 찌르는 것 중 한가지만 가능하지만, 날이 휘어 있으면 일단 치고 나서 베는 효과를 거둘 수 있었다. 반달형으로 휘어진 칼은 또 적을 찌르거나 베지 않고 슬쩍 긋고만 지나가도 큰 상처를 입혔다. 특히 기마전 때는 살짝 찔러도 말이 달리는 가속도 때문에 상처 부위가 저절로 깊게 찢어져 살상력을 높일 수 있었다.

푸른 군대는 오늘날 군대를 뺨치는 보급 시스템을 자랑했다. 상상을 뛰어넘는 푸른 군대의 기동성은 탁월한 군수 보급과 병참 시스템 덕택에 가능했다. 몽골군은 보급이 끊긴 상황에서도 두 달을 버틸 수 있는 전투 식량을 휴대하고 다녔다. 이 전투 식량이 고기를 말려 찧은 보르츠다. 요즈음의 육포에 해당된다. 보르츠는 말안장 밑에 넣고 다녀도 무게를 크게 느끼지 못할 정도로 가벼웠다.

보르츠는 주로 소의 방광에 집어넣는데, 방광 속에는 잘 건조된 소 한 마리분의 건육이 들어간다. 방광에 넣은 보르츠는 보존 기간이 길어, 몽골 병사 한 명이 보르츠 한 자루면 1~2년까지 버틸 수 있었다. 보르츠는 몽골군의 세계 정복을 도운 군수품 중의 하나인 셈이다.

군수 물자의 보급도 특이한 방법으로 이루어졌다. 살아 있는 양·소 등의 가축을 이용해 무기를 실어나르고, 그 가축을 식량으로 사용함으로써 두 가지 보급 문제를 동시에 해결했다. 가축을 모는 일은 여성이나 목동 같은 비전투 요원들이 맡았다.

그러나 더 중요한 군수 물자는 적으로부터 조달했다. 특히 식량 부분이 그랬다. 그러면 전쟁에 나설 때 최소한의 식량만 가지고 떠나면 되고 결과적으로 행군의 부담을 줄일 수 있었다. 칭기스칸 군대가 콰레즘을 공격할 때 주로 부유한 성을 목표로 삼았던 이유 중의 하나는 함락 후 그 성에서 식량을 보급 받으려는 전략 때문이었다.

푸른 군대는 그 외에도 기동력을 극대화시키기 위하여 다양한 전술을 개발했다. 그 압권은 적의 심장부를 강타해 적이 우왕좌왕하도록 하는 송곳전법이었다. 이 송곳전법은 마치 소용돌이치듯 적의 약한 곳을 집중적으로 공격하여 적진을 와해시키는 전법이다. 나치 독일이 제2차 세계대전 때 사용한 기갑 부대에 의한 기습 전술은 몽골 군대의 송곳전법에서 힌트를 얻은 것이라고 한다.

일당십·일당백의 전투를 치러야 하는 푸른 군대로서는 이 전법이 가장 효과적이었다. 이 전법은 최일선에서 죽음을 두려워하지 않고 돌진하는 결사대의 존재가 필수적이다. 이 사생결단식 전법을 위해 칭기스칸은 바아토르군(勇士軍)이라는 일종의 특수 부대를 양성했다. 제베와 수베에테이의 지휘 아래 콰레즘의 술탄 무하마드를 끝까지 추격한 '저승사자 군단'은 바아토르군 중에서도 최정예 부대였다.

송곳전법과 그것을 수행하는 결사대에 대해서는 어거데이칸 때 남송에서 몽골로 파견된 서정(徐霆)의 『흑달사략(黑韃事略)』에 아주 잘 묘사되어 있다.

> (몽골군은) 높은 곳에 올라 먼 곳을 관망한다. 먼저 지세를 살펴보고 적정을 살핀다. 허점을 파고들기를 좋아한다. 따라서 전투가 벌어질 때마다 기병이 빠르게 적진으로 돌격한다. 적진이 충격을 받아 일단 움직이면 선봉대는 수의 다과(多寡)를 가리지 않고 곧장 진입한다. 그러면 적이 10만 명이라도 능히 지탱할 수 없다. 적이 움직이지 않으면 즉각 선봉대가 통과한 다음 기병대가 다시 돌격한다. 그래도 들어갈 수가 없으면 다시 후대가 그와 똑같이 한다.
> 무릇 적을 공격할 때에는 시간을 끌면서 병사들을 좌우와 뒤에 포진시키는 계략을 사용한다. 병사들이 사방을 둘러싸면 최후에 이르는 자가 "공격!"이라고 일성을 지름과 동시에 사방팔방에서 일제히 호응하면서 힘을 합쳐 공격한다.
> 그 같은 전술 외에 둥근 방패를 팔에 차고 말에서 내려 걸으면서 활을 쏜다. 한 발에 적중시키면 두 번째 쏠 때에는 적진

이 붕괴된다. 붕괴되면 반드시 혼란이 일어나는데, 그 혼란을 틈타 빠르게 돌진한다. 적이 휴식하는 것을 보면 말을 타고 접근하여 움직이도록 핍박한다. 그들이 대응해 움직여 나오면 뒤에 있던 군대가 빠르게 돌진하여 적을 공격한다.

적이 견고한 방어술로 맞서 백가지 전술이 통하지 않으면 반드시 소 등의 가축이나 말을 채찍으로 때려 돌진시켜서 적진에 혼란을 일으킨다. 그러면 적을 패퇴시키지 못하는 경우가 거의 없다. 적이 창을 밖으로 줄지어 내밀어 말이 돌진하는 것을 방해하면 즉각 주변을 기병으로 둘러싸고 초병들을 배치한다. 그리고 때때로 화살을 한 발씩 발사해 적을 피로하게 만든다.

서로 대치하는 것이 길어질수록 적은 반드시 식량이 떨어지거나 연료와 물이 부족해져 부득불 움직이지 않을 수 없게 된다. 그러면 또 병사들을 보내 핍박한다. 적진이 움직이더라도 급하게 공격하지 않고, 그들이 피로해지기를 기다린 후 돌격해 들어간다.

돌격할 병사들의 수가 적으면 흙을 뿌린 다음에 나뭇가지를 끌어 먼지가 하늘을 찌르게 만든다. 그렇게 하면 적은 병사들이 많은 것으로 의심하여 매번 스스로 붕괴한다. 붕괴하지 않으면 돌격한다. 그러면 그 격파는 필연적이다.

혹은 항복하거나 사로잡힌 포로들을 앞세워 이미 싸움에서 졌다는 말을 들려주게 하거나 적의 힘이 소모된 것을 틈타 정예로 공격한다.

혹은 약간 접전을 벌인 후 거짓으로 패배하여 북쪽으로 달아난다. 거짓으로 군수품을 버리고, 고의로 황기와 백기를 던진다. 그것을 본 적은 상대방이 진실로 패배했다고 말하면서 북쪽으로 추격하기를 그치지 않는다. 그러면 매복기가 그들을 공격하는데 이때 왕왕 적의 대군이 전멸 당하기도 한다. 혹은 패배해도 피차 종횡하는 사이에 교묘한 계략으로 승리를 취하기도 한다. 이는 옛날 병법서에서도 언급하지 않은 것이다.

전투에서 승리하면 적을 추격해 살해하며, 놓치는 것을 용납하지 않는다. 패배하면 사방으로 흩어져 도주해 적이 추격할 수 없도록 한다.

푸른 군대는 기동성을 유지하기 위해 끊임없이 군사들을 훈련시켰다. 군사 훈련은 주로 대규모 사냥을 통해 실시됐다. 13세기 페르시아 사가(史家)인 주바이니는 『세계정복자사』에서 몽골군의 집단 수렵에 대해 다음과 같이 기술하고 있다.

전쟁에 참가할 병사들에게는 무엇보다도 먼저 무기를 사용하는 법을 훈련시킨다. 이 훈련이 끝나면 반드시 수렵을 통해 그것을 숙지시킨다. 그들은 수렵을 통해 야수를 핍박하는 법, 상호간의 질서 준수, 사람의 다과에 따른 야수 포위법 등을 훈련시킨다. 그들은 수렵에 앞서 반드시 척후를 파견하여 야수들의 동태를 정탐한다.

몽골인들은 전쟁을 하지 않을 때에는 군대를 수렵장으로 내몰아 쉴 틈을 주지 않는다. 그 목적은 사냥보다도 군사 훈련에 있다. 그들은 수렵을 통해 기마 기술을 익히고 고난을 견디는 능력을 키운다.

7. 기술자는 죽이지 마라 - 테크노 헤게모니

인류의 역사는 신기술의 역사다. 그 신기술을 가장 애타게 찾아 헤맨 민족은 유목 민족일 것이다. 그들은 생존을 위해 적이 가지지 못한 새로운 전쟁 무기와 기술이 필요했다. 일본의 야쿠시지 타이조 교수는 『테크노 헤게모니』라는 저서에서 '국가 패권은 기술이 좌우한다. 후발 신흥국은 언제나 새로운 기술과 함께 등장했다'고 밝히고 있다.

이는 종족적 우수성보다는 얼마나 강력한 신기술을 무기로 가지고 있느냐가 곧 세계사의 주인공이 될 수 있나 없나를 판가름해 준다는 말과 같다. 누가 기술의 헤게모니를 쥐느냐에 따라 세계사의 중심 세력이 이동한다는 뜻이다.

12세기 당시 후발 신흥국이었던 칭기스칸의 몽골제국도 신기술로 세계를 제패했다. 선진 정착 문명국가를 격파하고 세계를 정복한 신기술은 군사 기술, 즉 전쟁 기술이었다. 칭기스칸은 자신의 제국이 지니고 있던 기술력의 증진, 선진 문명 세계의 기술 도입, 외국인 기술자의 활용을 통해 전쟁 관련 기술을 비약적으로 발전시켰다.

유목 민족들이 가장 필요로 했던 기술은 유목 기술보다는 전쟁 기술이었다. 좋은 초지를 찾거나 말젖을 잘 짠다든가 혹은 우유로 식품을 만들어 먹는 등의 목축 생산 기술은 유목민들이 생겨난 이래 혁명적으로 발전하는 경우가 없었다. 중요한 것은 전쟁 기술이었다.

전쟁 기술은 한가지만 획기적으로 발전시켜도 부족의 대발흥을 가져왔다. 스키타이족이 처음 철기를 받아들이면서 중앙아시아와 유럽을 쉽게 점령할 수 있었듯이 이후 세계사에 등장하는 거의 모든 전쟁의 승리는 무기와 보급, 전술 등 전쟁 기술이 앞선 군대의 차지였다.

우리는 여기서 유목 이동 민족의 기술관과 농경 정착 민족의 기술관 사이에 큰 차이가 있다는 사실에 주목하지 않으면 안된다. 농경 정착 민족은 정부를 제치고 굳이 민간인이 전쟁 관련 기술을 개발해야 할 이유가 없었다. 일반 백성과 군대가 철저히 구분되어 있었기 때문이다. 마을과 마을 간에 사람을 죽이고 죽는 전투가 일어나는 경우도 드물었다.

그러나 유목 이동 민족은 달랐다. 목축 생산량이 모자라면 부족한 만큼 남의 것을 빼앗기 위해, 남으면 그것을 지키기 위해 전쟁 기술을 확보해야 했다. 몽골의 씨족이나 부족은 생활공동체이면서 동시에 군사 공동체였다. 징병 과정을 거칠 필요도 없었다. 무기를 들 수 있으면 누구나 군사였고, 말을 탈 수 있으면 누구나 보급병이 됐다.

전쟁에 이기면 한 해 목축 생산량의 두세 배 이상의 수입을 올릴 수 있고, 전쟁에 지면 어른 아이 할 것 없이 적의 노예가 되거나 죽어야 했다. 전쟁이란 전 구성원 개개인의 운명을 가르는 한판 승부였던 것이다.

그 같은 전쟁에서 이기기 위해서는 적보다 빨라야 하고, 더 좋은 무기를 가져야 했다. 그러나 전쟁 기술은 혼자서 개발할 수도 없고, 완성시킬 수도 없었다. 유목민들은 주로 적의 기술을 수입해 자기의 기술로 삼았다.

칭기스칸은 신기술의 수입과 발전을 위해 기술자 집단을 극도로 우대했다. 우대 정책은 어느 나라, 어느 성을 함락하든 기술자만은 학살

몽골군이 성채를 공격할 때 사용했던
투석기(추정도)

『집사』에 묘사된 몽골군의 회회포

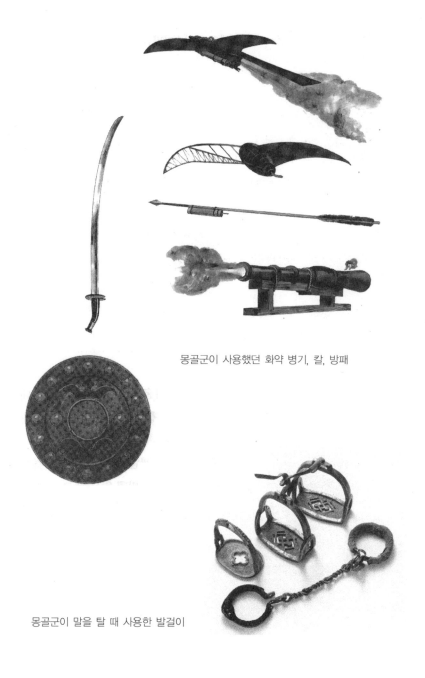

몽골군이 사용했던 화약 병기, 칼, 방패

몽골군이 말을 탈 때 사용한 발걸이

대상에서 제외시켰다는 사실에서도 잘 나타난다.

일칸국의 정사인 『집사』에는 푸른 군대가 콰레즘의 도시들을 공격할 때 저항하는 도시는 박멸하다시피 했으나 기술자만큼은 절대로 죽이지 않고 몽골로 데려갔다고 전하고 있다. 그들이 잡아간 기술자는 목수, 대장장이, 농업 기술자, 방직 기술자 등 다양했다.

칭기스칸이 추구했던 기술 패권주의의 정수는 미사일 부대인 회회포(回回包) 군단이다. 이 회회포 군단은 공성전 때 그 위력을 유감없이 발휘했다. 어거데이칸 때 금나라의 수도인 변경이나 멍케칸 때 남송의 철벽 요새인 양양을 함락시킬 수 있었던 것도 회회포 군단 덕택이었다.

칭기스칸의 기술 패권주의를 적나라하게 보여주는 것은 푸른 군대가 오늘날 이란에 위치해 있는 니샤푸르라는 성을 공격할 때 사용한 무기 목록이다. 칭기스칸의 막내아들인 톨로이가 지휘한 그 공격에서 몽골군은 창을 쏘는 기계(飛火槍, 飛火鳥) 3천 기, 노포(큰 화살을 쏘는 대포) 3백 기, 석유에 불을 붙여서 던지는 장치 7백 대, 운제(성벽에 오를 때 쓰는 긴 사다리) 4천 개, 투석기 2천 5백 대를 동원했다.

라시드 웃 딘의 『집사』나 주바이니의 『세계정복자사』에는 당시의 페르시아인들이 그 어마어마한 무기들에 입을 다물 수 없을 정도로 경악했다는 기록이 실려 있다. 그 공성전에 사용된 무기들은 대부분 금나라에서 가져온 것들이었다.

역사학자 룩 콴텐의 『유목민족제국사』에 따르면 칭기스칸의 금나라 침공 중 금나라 병사 상당수가 몽골에 투항했는데, 그중 다수가 야전 공병대 소속이었다고 한다. 몽골군은 그들로부터 대포와 원시적인 다연장 로켓포인 비화조 등 선진 공성(功城) 무기와 기술을 전수받았다. 비화조는 금나라가 세계 최초로 개발한 것이다.

8. 곳곳에 깔린 눈과 귀

유목민들에게 정보 수집 능력은 생존을 위한 필수 과목이었다. 풀이 나기 시작하는 5월 말이면 몽골고원에는 지평선 가득 바다와 같은 푸른 물결이 넘실거린다. 그때부터 유목민들은 바빠진다. 겨우내 산자락이나 언덕에 쳐져 있던 겔을 걷고, 좋은 초지를 찾아 이동을 해야 하기 때문이다.

유목민들은 어느 강변으로 가야 초지가 좋은지, 그곳을 다른 부족이 먼저 차지하지는 않았는지, 적의 침략을 막을 수 있는지부터 조사한다. 어느 것 하나라도 잘못 파악했다가는 씨족 전체가 몰살당하기 때문이다. 머물 곳을 택해 유목을 하는 중에도 주위의 동태에 항상 주의를 기울여야 한다. 가뭄이라도 닥쳐 풀이 모자라는 해에는 특히 위험하다.

유목민들의 정보 존중 전통은 오늘날에도 그대로 이어지고 있다. 그 대표적인 예가 몽골인들이 외지인을 처음 만날 때 건네는 '무슨 새로운 소식은 없느냐?' 라는 뜻의 '소닝 새항 요 밴?' 이라는 인사말이다. 전쟁이 끊이지 않았던 칭기스칸 시대에 정보의 수집과 분석이 곧 생존권이었다는 사실은 굳이 말할 필요도 없다.

칭기스칸의 주된 정보원은 중앙아시아와 중원을 오가며 무역에 종사하는 대상들이었다. 그들은 칭기스칸의 몽골고원 통일 과정에서도 큰 역할을 했지만 정복 전쟁에서도 혁혁한 공을 세웠다.

대상 출신으로 칭기스칸의 너커르가 된 자파르 코자는 금나라 조정에 사신으로 파견됐다. 그는 그곳에서 조정 내 대신들의 갈등, 병권을 제대로 장악하지 못하고 우물쭈물하는 황제 등에 대한 정보를 입수했다. 칭기스칸은 그 정보를 토대로 금나라에 엄청난 양의 전쟁 배상금을 물릴 수 있었다.

천혜의 요새라는 거용관을 돌파할 때도 지리를 염탐해서 공격 루트를 찾아낸 이들은 대상들이었다. 서하전, 콰레즘전에서도 대상들의 첩보 활동은 눈부셨다.

콰레즘전에서 대상들은 때로는 첩자로, 때로는 장사꾼으로 실크로드의 여러 도시를 돌아다니며 정보를 수집했다. 적의 병력, 인구, 성벽의 특징, 무기의 종류 등을 치밀하게 조사했다. 반면에 정착 문명권에서는 몽골의 내부를 염탐할 길이 없었다. 그들은 몽골의 병력이 얼마나 되는지도 몰랐다.

칭기스칸에게 정보를 제공한 또 다른 그룹은 포로 출신인 장인·기술자들이다. 칭기스칸은 어떤 기술을 갖고 있든 기술자라면 무조건 살려주고 적재적소에 활용했다. 장인·기술자 집단은 칭기스칸이 부르면 만사를 제쳐두고 달려가야 했다. 그들은 끊임없이 기술을 개발해야 했고, 칭기스칸의 요구는 무엇이든 들어주어야 했다.

칭기스칸은 전쟁이 없거나 한가할 때 장인들을 하나하나 불러다 그들의 이야기를 들었다. 그들은 각자 갖고 있는 기술과 정보를 칭기스칸에게 말했다. 칭기스칸은 그들을 통해 바깥 세상의 문화와 문명을 정확하고 자세하게 알게 됐다.

장인과 기술자는 가수·의사·이야기꾼·도공·직조공 등 다양했다. 그중 정보전에 투입된 사람들은 주로 건축가, 무기 제조 기술 보유자들이었다. 그들은 대상들 틈에 끼어 공격 대상이 된 성에 잠입, 성벽이 약한 지점을 찾아내고 적군의 주요 무기 현황을 알아내 공격 전법을 제시했다.

칭기스칸이 정보전과 아울러 중시한 것은 심리전이다. 심리전에도 주로 대상들이 동원됐다. 대상들은 실크로드를 타고 고원 곳곳을 떠돌아다니는 피 같은 존재였다.

칭기스칸은 그 대상들을 우대하고 조종함으로써 그들이 가는 곳마다 장차 세계를 지배할 영웅이 칭기스칸이라고 소문을 퍼뜨리게 했다. 그 덕택에 곳곳에서 칭기스칸은 신비스런 인물이자 일종의 메시아로 떠올랐다. 대상들은 또 몽골군이야말로 세상에서 가장 무섭고 강한 군대며, 그들에게 항복하지 않으면 잔인하게 죽을 수밖에 없다는 소문도 퍼뜨렸다. 동시에 항복을 하면 귀천은 물론 인종과 종교도 묻지 않고 몽골인과 똑같이 대우해 준다는 얘기도 전하고 다녔다. 기술을 가진 장인들은 죽을 죄를 지어도 살려준다는 대상들의 달콤한 선전에 넘어가 이후 항복을 주도하는 세력이 되곤 했다.

콰레즘제국이 전투다운 전투 한번 해보지 못하고 허무하게 무너진 이면에는 그러한 이중적이고도 교묘한 심리전이 있었다.

9. 국가 리엔지니어링

한 집단의 성공은 리더와 구성원들의 높은 사기와 단결로만 이루어지는 것이 아니다. 단기적인 목표라면 '하면 된다!' 는 자신감만으로도 가능할지 모르지만, 장기적인 목표 앞에서는 그것이 허황된 꿈과 오기로 그치기 십상이다. 따라서 새로운 장치들이 반드시 필요하다. 수리할 부분도 있고, 보완할 부분도 있으며, 새로 도입해야 할 부분도 있다.

성공학은 그래서 과학의 영역이다. 합리적 관찰과 치밀한 개혁의 프로그램이 필요한 것이다. 개혁도 구성원들이 흔쾌히 동의하고 자발적으로 참여하는 개혁이라야 한다.

칭기스칸은 몽골고원의 통일이 눈앞에 보이고 몽골인들의 사기가 올라가자 세계로 웅비하기 위한 대대적인 개혁에 착수했다. 말이 개혁이지 기존 질서를 뒤엎는 국가 개조 작업이자 새로운 국가 건설 작업이었다. 그것은 잔뜩 달아오른 푸른 군대의 에너지를 더 큰 에너지로 끌어올리는 용광로를 만드는 작업이기도 했다.

그러나 칭기스칸은 글을 몰랐다. 죽을 때까지 칸이라는 서명 외에는 쓸 줄도 모르고 읽을 줄도 몰랐다. 중원 문명 세계의 서적들인 『사서삼경』이나 『손자병법』은 본 적도 없었다. 그의 네 아들들도 마찬가지였다. 위구르 문자를 가르쳐보려고 했지만 깨우친 아들이 아무도 없었다. 칭기스칸의 후예들이 공용 문자인 위구르를 깨우친 때는 손자인 쿠빌라이 시대부터다.

그러나 칭기스칸에게는 유목민식 공부법, 즉 칭기스칸식 학교가 따로 있었다. 오늘날 미국의 웨스트포인트(육군사관학교)와 하버드대학을 결합시킨 것과 같은 케식텐 조직이다. 이 케식텐 조직이 탄생할 수 있었던 것은 모든 백성을 종래의 씨족이라는 굴레에서 벗어나게 한 천호제 덕택이었다. 천호제는 종래의 종신 고용형 국가를 일종의 계약형 국가로 바꾼 것으로, 정치·군사·행정·사회의 조직 원리였다.

천호제는 칭기스칸이 1203년 케레이트족을 멸망시키고 고원의 패권을 장악하고 나서 맨 처음 취한 개혁 조치였다. 종래의 몽골 사회는 씨족을 기초 단위로 하고 있었다. 군대도 주로 씨족 단위로 편성되어 있었다. 제각기 이해가 다른 혈연 중심의 부대가 힘을 합쳐 전력을 1백 퍼센트 발휘한다는 것은 불가능에 가깝다. 그런 군대에 칭기스칸의 권위와 명령이 제대로 먹혀들 리도 없었다. 갈등과 반목의 소지가 곳곳에

도사리고 있었다.

칭기스칸은 몽골고원 통일 과정에서 경쟁적으로 기여한 너커르 집단을 새 시대의 주도 세력으로 만들고자 했다. 너커르는 동무, 친구, 동지라는 뜻이다. 칭기스칸이 몽골고원을 통일하고 후에 세계를 정복할 수 있었던 것은 강력한 너커르 집단 덕택이었다. 너커르는 칭기스칸 권력의 핵심이자, 그가 구축한 신질서의 상징이었다. 이 같은 너커르 집단을 양성하고 키우기 위해서는 무엇보다도 구시대·구질서의 근간이었던 씨족제의 해체가 필요했다. 여기서 칭기스칸이 고안해 낸 것이 십호·백호·천호·만호제로 구성되는 국가 조직이었다.

십호란 어느 씨족이든 가리지 않고 그 속에서 10명의 무장 병사를 배출할 수 있는 군사·행정의 기본 단위였다. 십호장에는 말단 너커르가 임명됐다. 그 상부 단위인 백호장에는 좀 더 충성스러운 너커르가 임명됐고, 그 상부 단위인 천호장에는 최상층의 너커르가 임명됐다.

10진법을 기반으로 성립된 천호제는 당시로서는 놀라운 효율성을 자랑한 시스템이었다. 능력에 따라 십호장(지휘관)이 수시로 갈리는, 그야말로 피로 현상이 발생하지 않았던 제도였기 때문이다. 칭기스칸은 그의 〈대자사크(예케 자사크)〉에 자격이 없는 십호장, 백호장, 천호장은 그 안에서 갈아치워야 한다는 조항을 법제화시킬 정도로 이 조직이 침체되는 것을 두려워했다.

천호제의 도입은 군대 조직에서부터 혁명을 몰고 왔다. 천호제를 기반으로 형성된 군대는 어느 면에서 그 자체가 사회고 또 국가였다. 따라서 천호제는 군사 조직의 개편을 넘어 국민들을 하나로 묶는 정치·군사·사회의 종합 통치 시스템이자 총력 동원 체제의 등장을 의미했다. 종래의 기득권 세력이었던 씨족장과 부족장들은 원성이 자자했지만 일반 백성과 병사들은 천호제를 대환영했다.

천호제의 도입 후 몽골인들은 새로운 변화를 맞게 됐다. 유목은 쿠리엔식과 아일식의 두 가지의 형태가 있다. 쿠리엔식은 부족 전체가 집단적으로 이동을 하는 형태의 유목 방식이다. 쿠리엔식 유목은 집단적으로 이동하기 때문에 사용할 수 있는 초지가 한정되어 있고 또한 초지가 쉽게 황폐화 되는 단점이 있었다. 종전의 몽골인들은 다른 씨족이나 도둑들의 약탈이 두려워 생산성이 떨어지는 쿠리엔식 집단 유목 형태를 취하고 있었다.

그러나 천호제 도입 후, 엄밀히 말하면 씨족 사회가 사라지면서 유목 생산성을 극대화시킬 수 있는 아일식 유목을 할 수 있게 됐다. 아일식 유목이란 두세 가구가 한 무리를 이루어 광활한 초지를 소유하며 유목하는 방식이다. 천호제의 실시로 말미암아 몽골인들의 삶은 뿌리째 달라진 것이다.

천호제가 하드웨어의 개혁이라면 천호제와 함께 도입한 케식텐은 소프트웨어의 개혁이라고 할 수 있다. 케식텐은 유능하고 충성스런 통치 계층을 길러내는 조직이었다. 케식텐은 앞서 언급했듯이 오늘날 미국의 하버드대학과 웨스트포인트의 기능을 합친 것으로 보면 된다. 케식텐은 칭기스칸의 사위들, 능력 있는 십호장·백호장·천호장, 그리고 정복지 유력자의 아들 등으로 구성됐다. 조직 내에서는 구성원마다 최고 지휘관에서 의사나 취사병에 이르기까지 다양한 역할을 담당했으나, 전장에 파견되면 모두 지휘관이 됐다.

케식텐의 최고위 계층은 황금씨족들이 참가하는 코릴타의 정식 멤버기도 했다. 그들은 코릴타에서 케식텐 조직이 수립한 전략과 전술 등을 설명하고, 그것을 채택하도록 동의도 구했다. 그리고 코릴타에서 대칸을 선출할 때 막강한 영향력을 발휘했다. 코릴타가 상원이라면, 케식텐은 실제로 국정을 수립하는 하원이었다. 케식텐은 사실 전투 조직이라기보다는 국가를 경영하는 조직의 측면이 강했다. 케식텐의 구성원은 칭기스칸 시대엔 1만여 명이었으나 영토가 확장됨에 따라 수가 대폭 늘어났다.

천호제 및 케식텐과 함께 몽골제국의 기본 조직을 이루는 것이 유목민식 회의체인 코릴타였다. 코릴타는 원래 각 씨족이나 부족의 장로가 모여 최고의 지도자를 뽑거나 중요한 국사를 의논하는 부족 회의체에서 유래했다. 이 제도는 몽골만이 아니라 모든 북방 유목 민족 사회에서 볼 수 있는 일종의 종친 회의였다. 신라의 화백제도나 고구려의 합좌제, 백제의 정사암(政事巖)도 코릴타의 일종이다. 『삼국유사』에 신라에는 신성한 곳이 네 군데 있는데, 왕위 계승이나 전쟁 등 국가 대사를 의논할 때는 귀족들이 모여 의논을 했다는 기록이 있다.

이 기록처럼 코릴타는 시급한 국사를 논의할 때 소집됐다. 코릴타의 가장 중요한 역할은 지도자의 선출이었다. 지도자를 선출할 때 개최되는 코릴타는 예케 코릴타(제국 의회)라 하여 다른 코릴타와 구분됐다.

약탈과 전쟁이 빈번한 유목 사회에서 가장 중요한 것은 살아남는 것이다. 살아남지 못하면 죽음을 당하거나 노예로 전락된다. 전쟁은 유목민들에게 일상사와 같다. 그들은 이겼을 때와 졌을 때의 결과가 그야말로 하늘과 땅만큼이나 다르다는 것을 뼈저리게 알고 있었다.

때문에 몽골인들은 어떤 능력보다 전쟁 수행 능력을 가장 중요시했다. 그래서 그들은 전투 능력이 뛰어난 인물을 씨족장이나 부족장으로 선출했다. 무능력자를 부족장으로 선출했을 때의 비참한 미래를 막기 위해 충분히 토론하고 검증해 인물을 뽑고, 그에게 부족의 운명을 맡겼다.

코릴타는 군사력과 전투 지휘 능력이 뛰어난 지도자를 선출하는 행사기 때문에 칸이 되려는 사람은 무엇보다도 강력한 군사력을 갖추고 있어야 했다. 특히 일사불란하게 치러야 하는 집단 전투의 중요성을 감안해 주로 만장일치 방식으로 선출했다. 코릴타의 결의에 동의하지 않는 자들은 스스로 부족을 떠나야 했다.

그러나 코릴타는 생각이 다른 다수가 참가하는 회의체기 때문에 어느 안건의 경우에는 시간을 매우 오래 끌기도 했다. 합의가 이루어지지 않는 한 어떤 것도 집행할 수 없었다. 합의는 그들의 생존을 위해 생명처럼 중요한 것이었다. 합의를 이루지 못한다는 것은 분열, 즉 전쟁을 의미했다.

칭기스칸 사후 공식 후계자인 어거데이가 무려 2년 6개월 동안이나 칸위에 즉위하지 못한 것이나 어거데이칸의 사후 구유크가 5년 동안 칸위에 오르지 못한 것도 코릴타의 만장일치 전통 때문이었다. 참가자 전원의 합의가 없이는 그 무엇도 할 수 없었다. 때문에 예케 코릴타가 개최되면 대원정에 나섰던 군사령관들도 전쟁을 멈추고 돌아와야 했다. 코릴타의 합의란 끊임없는 대화와 설득을 통해 가능했다.

몽골을 위시한 북방 민족들은 샤머니즘적 세계관으로 무장되어 있었다. 그들은 합의가 이루어지면 그것을 신의 뜻으로 믿었다. 만약 신에게 서약한 합의를 깨는 자가 있다면 천벌을 받는다고 믿었다. 이런 확신은 그들에게 무서운 결속력을 가져다주었다. 그들은 자신들의 전쟁이 신의 뜻에 의한 것이라고 믿었다. 사실 칭기스칸 시대의 코릴타는 대화와 설득보다는 신의 뜻을 확인하는 결속의 자리였다.

지금까지 알려진 케식텐의 직제

코르치 (火兒赤)	궁시(弓矢)를 찬 호위
올도치 (云都赤)	칼을 찬 호위
시바오치 (昔寶赤)	매를 관리하는 자
자를릭치 (札里赤)	성지(聖旨)를 전사(轉寫)하는 자
비칙치 (必 赤)	서기
바오르치 (博爾赤)	요리사
커덜치 (闊端赤)	종마 관리자
발라가치 (八剌哈赤)	성문을 지키는 자
다라치 (答剌赤)	술을 배급하는 자
올라치 (兀剌赤)	차마(車馬)를 관리하는 자
수쿠르치 (速古兒赤)	의복을 세탁하고 관리하는 자
킬레메치 (怯里馬赤)	통역 담당자
테메게치 (帖麥赤)	낙타 관리자
코니치 (火 赤)	양을 관리하는 자
콜라가치 (忽剌罕赤)	도둑을 잡는 자
호르치 (虎兒赤)	음악을 연주하는 자

10. 새로운 사회 계약, 대자사크

학자들이 곳곳에 있는 칭기스칸의 말을 한데 모아, 〈대자사크〉라고 간주되는 36조와 격언(빌리크)이라고 간주되는 30가지를 뽑아냈다. 비록 그것이 칭기스칸 시대에 실제로 있었던 〈대자사크〉와 격언의 전부는 아니겠지만 그 속에는 칭기스칸이 단행한 개혁 조치와 개혁 방향, 개혁 구상, 개혁 원리들이 들어 있다는 점에서 주목하지 않을 수 없다. 칭기스칸이 꿈꾸었던 신질서의 방향이 무엇이라는 것을 알려준다는 점에서 매우 귀중하다. 유목 문명을 토대로 성립된 칭기스칸의 〈대자사크〉나 격언은 일종의 새로운 사회 계약이라고 할 수 있다. 또 〈대자사크〉는 칭기스칸의 후계자들이 철저히 준수해야 하는 금과옥조였다.

〈대자사크〉의 준수는 바로 제국의 유지 그 자체였다.

칭기스칸은 자신의 권력 기반과 국가의 안정이 사회와 가정의 평화에 달려 있다고 보았다. 스스로가 고난의 세월을 겪으며 자란 탓에 가정의 평화가 무엇보다도 중요하다는 것을 뼈저리게 느낀 것이다. 칭기스칸은 사회 구성의 가장 기본인 가족제도를 붕괴시키는 간통죄와 남의 물건을 훔치는 절도죄를 모든 악의 근본이라고 본 듯하다. 그는 이 두 가지 범죄에 대해 사형이라는 극형을 내렸다.

〈대자사크〉는 남에게 거짓말하는 행위와 위증(僞證)도 엄벌로 다스리고 있다. 또 사회 내 각 계층이 서로 상부상조해야 하며 음식물도 되도록 나누어 먹으라고 강조한다. 이는 일종의 사회 복지 정책이라고 간주할 수 있다.

칭기스칸은 국가의 안정이 더 이상 몽골 사람들만의 문제가 아니라는 점을 파악하고 있었던 것 같다. 몽골제국 내에는 많은 이교도, 이민족이 있었다. 따라서 제국의 안정과 발전을 위해서는 민족간의 대화합이 필수 조건이었다. 〈대자사크〉에는 '모든 종교를 차별 없이 존중해야 한다' 라고 규정하고 있다. 이는 제국의 화합에 가장 어울리는 종교 정책이었다.

샤머니즘의 신봉자인 칭기스칸은 샤머니즘이라는 종교의 특성상 다른 종교에 대한 거부감이 적었다. 어쩌면 그 자신이 샤먼이었는지도 모른다. 당시의 몽골 사회에서 샤먼은 하늘·자연·인간을 연결해 주는 존재였다. 그들은 특히 전쟁을 앞두고 출정식을 갖는 자리에서는 일종의 치어리더 역할을 맡았고, 때로는 의사기도 했다. 이런 다양한 기능을 가진 샤먼은 최고의 지성인이자 엘리트였다.

몽골제국은 처음부터 '종교는 개인의 문제이지 국가가 관여할 성질이 아니다'라고 선포했다. 이 같은 종교적 관용 정책은 세계 정복 과정에서 놀라운 효과를 발휘했다. 칭기스칸은 처음부터 종교의 자유를 무제한 허용했을 때 가져올 이익과 그것을 박해했을 때 돌아올 폐해를 알고 있었다. 그는 몽골족의 관습과 정면으로 충돌하는 것이 아닌 한 피정복지의 종교 문제에 대해서는 관여하지 않았다. 그 결과 피정복민의 신앙은 철저히 보호됐다. 어떤 경우에는 피정복민의 신앙을 보호하기 위해 특별법을 공포하기도 했다.

현재 전해지는 〈대자사크〉나 격언을 분석해 보면 그 내용이 항구적인 지배 체제의 구축, 가정과 사회의 안정, 종교에 대한 관용으로 요약되어 있음을 알 수 있다. 〈대자사크〉나 격언은 국정 목표를 효율적으로 달성하기 위한 하나의 수단이었던 것이다.

칭기스칸은 그의 내부 조직 개편 작업과 병행하여 조직적이고 치밀하게 〈대자사크〉나 격언을 반포해 갔다. 칭기스칸은 자신의 지배하에 있는 모든 사람들의 삶이 안정적으로 유지되어야 자신이 세운 제국도 안정된다고 생각했다. 그래서 그들과 더불어 사는 길을 택했다.

〈대자사크〉가 일반인들의 삶이나 사회의 안정에 관한 사항을 많이 담고 있다는 점은 칭기스칸이 한 집단의 관리자로서 얼마나 뛰어난 자질을 갖추고 있었나를 말해 준다. 바로 이런 점 때문에 몽골제국은 자기들보다 수백 배나 덩치 큰 세력을 150여 년 동안이나 지배할 수 있었다. 이는 티무르제국, 크림칸국, 무굴제국 등 적지 않은 계승 국가들을 탄생시킨 비결이기도 했다.

칭기스칸의 〈대자사크〉

• 전투 관련 조항(軍律)

제 2 조 수간(獸姦)을 한 자는 사형에 처한다.

제 6 조 구금자의 허락 없이 피구금자에게 음식물이나 의복을 준 자는 사형에 처한다.

제 9 조 전투중 앞사람이 무기를 놓쳤을 때에는 뒤따르던 사람이 반드시 주워서 주인에게 돌려주어야 한다. 만일 그 무기를 반환하지 않고 가질 때에는 사형에 처한다.

제18조 전쟁에 나설 때 장수는 부하들의 군장을 바늘과 실에 이르기까지 철저히 검사해야 한다.

제19조 종군하는 부녀자는 남편이 싸움에서 물러났을 때에는 남편을 대신하여 의무를 다해야 한다.

제20조 전쟁이 끝나 개선하면 병사들은 소속 천호장을 위해 책무를 다해야 한다.

제21조 모든 부족민들은 매년 초에 모든 딸을 술탄에게 내놓아야 한다. 술탄은 그중에서 자신의 아내와 자식의 처를 고를 수 있다(이 조항은 이슬람의 습속을 기술한 것으로 칭기스칸의 〈대자사크〉와는 거리가 있다).

제22조 천호장·백호장·십호장은 각각 부족민을 지휘할 수 있다.

제23조 천호장·백호장 등은 대칸이 보내는 사신이 비록 나이가 어려도 정중하게 맞이해야 하며, 설사 그 명령이 사형이라도 그 앞에 엎드려 형의 집행을 받아야 한다.

제24조 자신이 속한 십호장·백호장·천호장 외에는 누구도 섬겨서는 안 된다.

제25조 전쟁 징후를 미리 알기 위해서 상설 역전(驛傳)을 설치해야 한다.

제27조　전투에 태만한 병사와 사냥 중 짐승을 놓친 자는 태형(笞刑) 내지
　　　　사형에 처한다.

제32조　음식을 먹고 질식한 사람은 겔 밖으로 끌어내 바로 죽여야 한다.
　　　　그리고 사령관의 군영(軍營) 문턱을 함부로 넘어온 자는 사형으로
　　　　다스린다(학자들은 이 조항의 처음 부분은 뭔가 오해나 문장의 탈
　　　　락이 있는 것 같다고 지적한다).

• 재산 관련 조항(經濟)

제 5 조　물건을 사고 세 번 갚지 않거나 세 번 무르는 자는 사형에 처한다.

제 7 조　노예나 죄인을 발견하고도 주인에게 돌려주지 않는 자는 사형에
　　　　처한다.

제28조　사람을 죽인 사람도 몸값을 내면 죄를 면제한다. 이슬람교도를 죽
　　　　이면 40발리쉬를 내야 하고, 한족(南宋人)을 죽이면 당나귀 한 마
　　　　리만 내도 죄를 면제해야 한다.

제29조　말을 훔친 자는 한 마리당 아홉 마리를 변상해야 한다. 변상할 말
　　　　이 없으면 아들을 내주어야 한다. 아들도 없으면 양처럼 본인이
　　　　도살될 것이다.

• 집단 생활에 관한 조항(社會)

제 1 조　간통한 자는 사형에 처한다.

제 3 조　거짓말을 한 자, 다른 사람의 행동을 몰래 훔쳐본 자, 마술을 부리
　　　　는 자, 남의 싸움에 개입해 한쪽을 편드는 자는 사형에 처한다.

제11조　모든 종교를 차별 없이 존중해야 한다.

제12조　음식을 제공하는 사람은 먼저 그 음식에 독이 없는지 먹어 보인
　　　　다음에 다른 사람에게 권할 수 있다. 음식을 얻어먹는 사람 역시

음식에 독이 있는가 알아보지 않고 먹어서는 안된다. 그리고 음식을 동료보다 더 많이 먹어서도 안되고, 음식상을 넘어가서도 안된다.

제13조 음식을 먹고 있는 사람의 옆을 지나가는 손님은 말에서 내려 주인의 허락을 받지 않고도 그 음식물을 먹을 수 있다. 주인은 그것을 거부해서는 안된다.

제17조 다른 사람에 대해 좋고 나쁨을 말하지 말고, 호언장담하지 말라. 그리고 누구든 경칭을 쓰지 말고 이름을 불러라. 천호장이나 칸을 부를 때에도 마찬가지다.

제30조 절도, 거짓말, 간통을 금한다. 이웃을 자신처럼 사랑해야 한다.

제31조 서로 사랑하라. 간통하지 말라. 도둑질하지 말라. 위증하지 말라. 모반하지 말라. 노인과 가난한 사람을 돌봐 주어라. 이 명령을 지키지 않으면 사형에 처한다.

제33조 만약 술을 끊을 수 없으면 한 달에 세 번만 마셔라. 그 이상 마시면 처벌하라. 한 달에 두 번 마신다면 참 좋고, 한 번만 마신다면 더 좋다. 안 마신다면 정말 좋겠지만 그런 사람이 어디 있으랴.

제34조 첩이 낳은 아들도 똑같이 상속받아야 한다. 연장자는 연소자보다 재산을 많이 받고, 막내는 겔과 가재 도구 일체를 상속받는다.

제35조 아버지가 사망하면 아들은 생모(生母)를 제외한 모든 처첩(妻妾)을 임의로 처리할 수 있는데, 결혼해도 좋고 다른 사람에게 시집을 보내도 좋다.

제36조 상속자 외의 사람은 죽은 자의 물건을 쓰지 말라.

• 유목 관습에 대한 조항(傳統 價値)

제 4 조   물과 재에 오줌을 눈 자는 사형에 처한다.

제 8 조   짐승을 잡을 때에는 먼저 사지(四肢)를 묶고 배를 가르며 짐승이
고통스럽지 않게 죽도록 심장을 단단히 죄어야 한다. 이슬람교도
처럼 짐승을 함부로 도살하는 자는 그 같이 도살당할 것이다.

제14조   물에 직접 손을 담가서는 안된다. 물을 쓸 때는 반드시 그릇에 담
아야 한다.

제15조   옷이 완전히 너덜너덜해지기 전에 빨래를 해서는 안된다.

제16조   만물은 모두 청정(淸淨)하다. 부정한 것은 없으므로 정(淨)과 부정
(不淨)을 구분해서는 안된다.

• 기타 조항

제10조   알리 베크와 아부 탈레브의 자손에게 세세손손 조세와 부역을 면
제한다. 그밖에 승려·사법관·의사·학자에게 조세를 받거나 부역
을 시켜서는 안된다.

제26조   내 아들 차가타이는 〈대자사크〉가 지켜지는지 감시하라.

칭기스칸의 빌리크(격언)

제 1 조   명분이 있어야 확고하게 지배한다.

제 2 조   〈대자사크〉를 지키지 않으면 우리나라가 망한다. 그때 가서 나
칭기스칸을 불러도 소용이 없다.

제 3 조   모든 만호장·천호장·백호장은 연초와 연말에 나한테 와서 훈시를
듣고 가야 지휘하는데 지장이 없다. 자기 겔에 들어앉아 내 말을

듣지 않은 자는 물에 빠진 돌처럼, 갈대밭에 떨어진 화살처럼 없어질 것이다.

제 4 조   천호장은 천호를, 만호장은 만호를 다스릴 수 있다.

제 5 조   몸을 깨끗이 하듯이 각자의 영지에서 도둑을 없애야 한다.

제 6 조   자격이 없는 십호장·백호장·천호장은 그 안에서 갈아치워야 한다.

제 7 조   어른 세 명이 옳다고 하면 옳은 것이고, 그렇지 않으면 틀린 것이다.

제 8 조   윗사람이 말하기 전에 입을 열지 말라. 자신과 다른 말을 들으면 자신의 의견과 잘 비교하라.

제 9 조   살이 쪄도 잘 달리고, 적당히 살이 올라도 잘 달리고, 여위어도 잘 달리면 좋은 말이다.

제10조   신(천지신명)께 열심히 기도하여 전쟁에서 명예를 빛내야 한다.

제11조   평소에는 입다문 송아지가 되고, 전쟁터에서는 굶주린 매가 되어야 한다.

제12조   진실한 말(言)은 사람을 움직인다. 노닥거리는 말은 힘이 없다.

제13조   자신을 알아야 남을 알 수 있다.

제14조   남편은 태양처럼 언제나 같이 있을 수 없다. 아내는 남편이 사냥을 가거나 전쟁에 나가도 집안을 잘 꾸리고 깨끗이 해야 한다. 또한 남편을 높이 받들어 험준한 산처럼 우뚝 높여야 한다.

제15조   일을 성사시키려면 세심해야 한다.

제16조   사냥에 나가면 짐승을 많이 잡아야 하고, 전쟁에 나가면 사람을 많이 죽여야 한다.

제17조   예순베이는 참 훌륭한 용사다. 아무리 오래 싸워도 지치지 않고 피로한 줄 모른다. 그래서 그는 모든 병사들이 자기 같은 줄 알고 성을 낸다. 그런 사람은 지휘자가 될 수 없다. 군대를 통솔하려면 병사들과 똑같이 갈증을 느끼고, 똑같이 허기를 느끼며, 똑같이

피곤해야 한다.

제18조 상인들이 이익을 얻기 위해 물건을 잘 고르고 값을 잘 매기는 것처럼, 자식을 잘 가르치고 훈련시켜야 한다.

제19조 내가 죽고 나서 내 자손들이 비단옷을 걸치고, 맛있는 음식과 안주를 먹고, 좋은 말을 타고, 미녀를 품에 안고서도 그것을 갖다 준 이가 그 아버지와 형임을 말하지 않거나 나 칭기스칸의 위대한 업적을 잊어서는 안된다.

제20조 만약 술을 끊을 수 없으면 한 달에 세 번만 마셔라. 그 이상 마시면 처벌하라. 한 달에 두 번 마신다면 참 좋고 한 번만 마신다면 더 좋다. 안 마신다면 정말 좋겠지만 그런 사람이 어디 있으랴.

제21조 오, 신이여! 나는 암바가이칸을 무참하게 살해한 금나라에 복수해야 합니다. 그들의 피를 보려 하니 저에게 힘을 주소서. 신이여! 모든 사람들과 정령들, 요정들, 천사들에게 명령하여 저에게 힘을 주도록 해주소서!

제22조 내 병사들은 밀림처럼 떠오르고, 병사들의 처와 딸들은 붉은 꽃잎처럼 빛나야 한다. 내가 해야 할 일은, 내가 무엇을 하든 그 모든 목적은 바로 그들의 입에 달콤한 설탕과 맛있는 음식을 물게 하고, 가슴과 어깨에 비단옷을 늘어뜨리며, 좋은 말을 타게 하고, 그 말들을 달콤한 강가에서 맑은 물과 싱싱한 풀을 마음껏 뜯도록 하며, 그들이 지나가는 길에 그루터기 하나 없이 깨끗이 청소하고, 그들의 겔에 근심과 고뇌의 씨앗이 들어가지 못하도록 막는 것이다.

제23조 〈대자사크〉를 어기면 먼저 말로 훈계하라. 그래도 세 번 어기면 멀리 발조나(1203년, 칭기스칸의 너커르, 즉 맹우들이 서약을 했던 곳) 계곡으로 보내어 반성하게 하라. 그래도 고치지 않으면 쇠사슬로 묶어 감옥에 보내라. 그러고나서 반성하면 다행이지만 그

렇지 않으면 친족을 모아 처리를 논의하라.

제24조 내 명령을 받으면 한밤중이라도 지체 없이 말을 달려야 한다.

제25조 오논강과 케룰렌강 사이의 발조나 계곡에서 태어난 사람은 남자라면 영웅적으로 씩씩하게 자랄 것이며, 여자라면 장식을 하지 않아도 예쁠 것이다.

제26조 (칭기스칸이 말하기를) 모칼리는 칭기스칸에게 보냈던 사신이 돌아오자 뭐라고 하더냐고 물었다. 사신은 칭기스칸이 엄지손가락을 구부렸다고 대답했다. 그러자 모칼리는 내가 죽음으로써 대칸을 모신 게 헛되지 않았구나 하고 말했다. 그러면서 또 누구한테 엄지손가락을 구부리더냐고 물으니 사신은 너키르들의 이름을 대었다. 모칼리는 그들은 나의 앞뒤에서 용감하게 싸웠으니 마땅하다고 말했다고 했다.

제27조 발라 칼자가 묻기를 나에게 무슨 능력이 있어 대칸이 됐느냐고 했다. 나는 칸이 되기 훨씬 오래 전에 적병 여섯 명을 혼자서 대적한 적이 있다. 그놈들이 내게 화살을 비 오듯이 퍼부었지만 나는 한 대도 맞지 않고 놈들을 모두 무찔렀다. 그리고 나는 상처 하나 없이 그들이 탔던 말 여섯 마리를 몰고 돌아왔다.

제28조 나는 산꼭대기에서 매복병 20명을 만나 싸운 적이 있다. 그때 나는 뺨에 화살 한 대를 맞았다. 그런데 젤메가 입으로 내 뺨의 독을 빨아내고, 물을 데워 상처를 씻어주고, 적진에서 말젖술을 구해다가 마른 입을 축여주어 나를 살아나게 했다. 이후 내가 다시 적을을 공격하자 적들은 산꼭대기로 기어 올라가 다 몸을 던져 죽었다.

제29조 어느 날 자고 일어나 거울을 보니 새치가 눈에 띄었다. 누가 어떻게 된 일이냐고 물었다. 그래서 나는 전능하신 신이 성공의 깃발을 높이 올리려 하심이다. 그래서 윗사람의 표시인 회색의 상징을

내게 주셨도다라고 말했다.

제30조   쾌락이란, 배신자와 적을 모두 죽이고, 그들의 재산을 약탈하며,
그들의 종과 백성들이 소리 높여 울게 해 그 얼굴은 눈물과 콧물
로 얼룩지게 하고, 그들이 타던 말을 타며, 그들의 처첩과 딸의 배
와 배꼽을 침대나 이부자리로 삼아 깔고 누워, 그 붉은 입술을 빠
는 데 있다.

학자들은 『고려사』에도 칭기스칸의 격언으로 보이는 구절이 다음과
같이 수록되어 있다고 말한다.

일찍이 칭기스칸이 말하기를 진실로 조그마한 효심이 있다
면 하늘은 반드시 그것을 알 것이다라고 했다.
(成吉思皇帝嘗曰, 人苟小有孝心, 天必知之)

제3장 | **팍스 몽골리카**

지금까지 소수의 유목 이동 민족이 다수의 농경 정착 민족을 정복한 비밀을 살펴보았다. 그런데 칭기스칸은 왜 그토록 어마어마한 전쟁을 일으켰을까? 이제 와서 그의 의도를 정확히 알 길은 없다. 기록도 없다. 그러나 후세의 많은 사가들은 경제적인 이유가 가장 크다는 분석을 내놓고 있다.

유목을 하던 당시 몽골인들은 농경 정착 민족으로부터 물자를 사야 했다. 옷, 생필품 등을 모두 외국에서 가져올 수밖에 없었다. 이것을 더 쉽게 구하기 위해, 무역 자유화를 위해 전쟁을 시작한 측면이 강하다는 것이다.

영국 출신 역사학자 아키모어는 '순수한 유목민이야말로 가난한 유목민' 이라는 결론에서 '칭기스칸의 정복 전쟁은 자연 재해가 주기적으로 찾아오는 스텝 지역의 유목민들이 살아남기 위해 약탈을 목적으로 일으킨 전쟁' 이라고 풀이했다.

스위스 출신 역사학자 라츠네프스키도 그의 저서 『칭기스칸』에서 '당시 교역 상황에 관한 자료는 별로 없다. 그러나 그 불충분한 자료를 통해 보면 당시 유목 민족들은 이슬람 등에게 말을 주고 밀·비단 등으로 바꾸는 교역을 했는데, 유목 민족들은 그 교역에서 현저한 열세에 놓여 있었다. 그것도 전쟁 원인의 하나'라고 쓰고 있다.

이상의 견해를 종합해 보면 칭기스칸이 전쟁을 일으킨 목적은 유목 민족의 타고난 정복욕, 금나라 등 주변 강대국에게 끊임없이 압박받아 온 것에 대한 복수심 등과 함께 안정적으로 물자 수급원을 확보하는 데 있었음을 알 수 있다. 한마디로 '경제 전쟁'이었던 것이다.

칭기스칸의 대륙 정복 이야기는 어느 대목을 펼쳐도 역동성이 넘친다. 그의 족적을 더듬다 보면 더 이상 먹을 것이라고는 나올 게 없는 비좁은 무대를 숙명처럼 부둥켜안고 몸부림쳐 왔던 우리에게 크나큰 충격이 온다. 낡고 찌든 사고가 저 광활한 몽골고원의 태풍에 날려가 버린다. 모든 관습적 사유가 뒤집혀버린다. 놀랍고 통쾌하다. 무섭고 신난다. 그러나 우리는 다시 물어야 한다. 이 역동성이 우리에게 주는 것은 호기심인가, 카타르시스인가, 아니면 생존을 위한 교훈인가? 왜냐하면 바로 그 질문에서 우리는 칭기스칸이 왜 그렇게 어마어마한 제국을 정복해 갔는지에 대한 해답을 찾아낼 수 있기 때문이다.

1. 단일 화폐 경제권

칭기스칸 군대의 놀라운 속도, 가공할 파괴력 앞에 정착 문명 세계는 무릎을 꿇었다. 칭기스칸이 벌인 전쟁은 몽골의 대승으로 결론이 났다. 하지만 칭기스칸으로서는 종교가 다르고, 민족이 다르고, 문화가 다른 수많은 피정복 국가를 통합하는 것이 여간 어려운 문제가 아닐 수 없었다. 그러나 이 복잡한 문제를 몽골제국은 아주 단순하고 명쾌하게 해결했다. 단일 화폐를 유통시킨 것이다. 세계에서 가장 먼저 지폐를 만든 것은 중국이었지만 지폐의 대량 발행을 통해 본격적인 화폐경제를 이룬 것은 몽골족이 세운 원나라 때 일이었다.

한국은행이 발간한 『우리의 화폐, 세계의 화폐』(1996년)는 이렇게 적고 있다.

> 지폐가 세계 최초로 사용된 것은 10세기 말경 중국에서 상인들 사이에 사용된 예탁증서 형태인 교자로 알려져 있다. 그러다 정부가 지폐를 공식 발행한 것은 1170년 남송이 처음이며, 몽골 황제 쿠빌라이칸에 의해 대량으로 발행됐다. 몽골, 즉 원나라는 금·은·동을 모두 정부가 보관하고, 그 보증으로 지원통행보초(至元通行寶鈔)라는 이름의 지폐를 발행하여 통용시킴으로써 지폐의 유통이 활발했다.
> 유럽에서는 중국보다 6백여 년이나 늦은 17세기 초 영국에서 처음으로 지폐가 사용됐다. 이는 금장(金匠)이 발행한 예치증서로서 오늘날 은행권의 모체가 됐다.
> 당시 유럽에서는 상업의 발달로 여행자가 많았는데, 이들은 여행 중의 도난 방지를 위해 금융 업무를 수행하던 금장에게 돈(금)을 맡기고 그 예치증서를 받은 뒤, 이를 목적지의 지정된 금장에게 가서 보여주고 돈(금)으로 교환받았다.

궁핍한 생활을 하던 칭기스칸 이전의 몽골인들은 화폐가 있다는 것도 알지 못하는 물물 경제 수준에 머물러 있었다. 교역도 물물 교환 방식으로 했다. 화폐를 몰랐던 몽골인들이었지만 일단 제국을 건설하자 남송이 개발한 지폐를 더욱 발달시켰다. 실물이 남아 있는 원나라 지폐 지원통행보초의 크기는 가로 202밀리미터×세로 283밀리미터로 지금의 지폐보다는 다소 크다.

원나라는 이 지폐를 발달시켰을 뿐 아니라 전 제국에 강력하게 통용시켰다. 유럽이 지폐라는 것을 만들기 4백여 년 전 일이다.

왜 그랬을까? 지폐의 유통은 무엇을 뜻할까? 이를 설명해 주는 좋은 자료가 마르코 폴로의 『동방견문록』이다.

이탈리아 베네치아공화국 출신 상인인 마르코 폴로는 1271년 숙부 마페오 폴로를 따라 동방 여행을 떠났다. 1275년 원나라에 도착해 17년 간 중원 각지를 여행한 뒤 1292년 귀국길에 올라 1295년 돌아왔다. 그는 귀국 후 베네치아와 제노바의 전쟁에 참가했다가 포로로 잡혀 감옥에 수감됐다.

마르코 폴로는 감옥에서 역시 포로로 잡혀와 있던 피사 출신 작가 루스티기엘로에게 자신이 동방에서 보고 들은 것들을 구술해 쓰도록 했다. 이것이 우리에게 『동방견문록』으로 알려진 그의 여행기다. 우리나라를 유럽에 코리아(카울리)로 소개한 최초의 책이기도 하다.

『동방견문록』에는 당시 각지에 분포된 몽골계 국가들의 중앙 정부 격이었던 원나라의 정치·경제·문화·사회상 등이 자세하게 기록돼 있다. 그중 대칸이 국민에게 사용하도록 한 지폐라는 대목을 인용한다.

칸발리크(당시 이곳에는 굉장히 크고 정교하며 아름다운 금 나라의 궁전이 자리잡고 있었다. 그러나 반란의 징조가 있 다는 무당과 역술인들의 말을 들은 칸이 이 궁전과 겨우 강하나를 사이에 둔 인접지에 새 수도를 건설하고 타이두(大都)라 명명했다. 타이두는 몽골어로 칸발리크, 즉 칸의 성이라 불린다)에는 대칸의 조폐국이 있다. 그 정비된 솜씨를 보기만 해도 틀림없이 대칸이 최고의 연금술사라는 사실을 알 수 있을 것이다. 그 모양을 이제부터 설명해 보자.

이곳에서는 다음과 같이 해서 통화를 제조한다. 우선 뽕나무라 해서, 그 잎이 누에의 먹이가 되는 식물의 껍질을 벗겨온다. 이 껍질과 나무줄기 사이에 있는 얇은 내피를 벗겨내어 잘게 째서 아교를 가해 풀같이 찧은 뒤 종이 모양의 엽편(葉片)으로 늘인다. 이 얇은 조각은 검은색을 띠고 있다.

종이 조각이 만들어지면 여러 가지 크기로 재단한다. 모두 세로가 가로 폭보다 긴 장방형이다. 가장 작은 종이 조각은 작은 토르네셀 반 개의 가격과 맞먹으며, 다음이 토르네셀(물론 작은 토르네셀이다), 다음이 은(銀) 그로소의 반액, 그 다음이 은 1그로트(베네치아인이 사용하는 은 그로트와 같은 가치의), 다음이 2그로트, 5그로트, 10그로트에 해당하며, 또 나아가 1베잔트, 2베잔트, 3베잔트부터 누진해서 10베잔트에 상당하는 것까지 있다.

이 지편들에는 대칸의 옥새가 일일이 찍혀 있다. 이렇게 해서 만들어진 통화는 모두 순금이나 순은의 화폐와 똑같은 권위가 부여되어 발행된다. 또 이것을 전문으로 하는 관리가 있어 이 지편들에 서명 날인을 한다.

이상의 수속이 모두 끝나면 특히 대칸이 신임하는 조폐국장이 자신이 보유한 대칸의 옥새에 인주를 묻혀 지편 위에 날

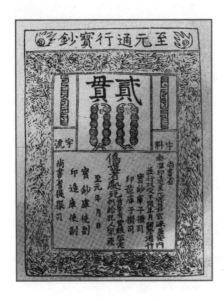

원나라의 지폐인 지원통행보초.
전세계를 단일 경제권으로 묶어낸 몽골
제국은 세상의 모든 재화(財貨)를 자유
롭게 실어나르는 '피(血)'를 대량으로
유통시켰다.

인한다. 인주를 바른 옥새의 흔적이 지편 위에 남는 것이다.
이 수속을 거쳐 비로소 이 특이한 통화는 법정 화폐가 된다.
만약 이것을 위조하는 자가 있으면 사형에 처해진다. 대칸
은 전세계 경화(硬貨)를 모두 교환할 수 있을 만큼 거액의 통
화를 제조하고 있다.

이렇게 해서 지폐가 만들어지면, 대칸은 일체의 지불을 이
것으로 끝내며 지배하고 있는 전 영역, 전 왕국에 통용시킨
다. 유통을 받아들이지 않으면 사형이 되므로 누구 한 사람
수수를 거부하는 자는 없다. 어느 지방에서든 적어도 대칸
의 신민인 자는 누구나 쾌히 이 지폐로써 지불받는다.

그들은 어디를 가든 이 지폐로 모든 것을 지불한다. 즉 진주
·보석·금은에서부터 온갖 물건을 이것으로 살 수 있기 때문

이다. 그러나 10베잔트의 가치에 상당하는 지폐라도 그 중
량은 1베잔트에도 미치지 못한다.

이밖에 대상은 연간 몇 번이나 진주·보석·금은, 그리고 금란
직물·은사 직물 등의 각종 상품을 칸발리크에 가져와서는
지참한 화물을 모조리 대칸에게 헌상한다.

그러면 대칸은 경험이 풍부한 전문가 12명을 소환하여 대상
들의 헌상품을 검사하고 적당한 대가를 지불하게 한다. 명
령을 받은 12명의 전문가는 헌상품을 양심적으로 검사하고
평가한 다음, 대상의 이윤도 고려한 대가를 산출하여 즉각
이 나라 지폐로 지불해 준다.

대상 측에서도 대칸 영역 내라면 어디서라도 지폐를 사용하
여 물품을 구입할 수 있으므로 기꺼이 받아들인다. 이 같이
해서 대상이 대칸에게 헌상하는 물화(物貨)는 연간 통산하면
넉넉히 40만 베잔트의 액수에 달하는데, 대칸은 무슨 물건
에 대한 지불이든 이 지폐로 끝내는 것이다.

그런데 또 1년에 여러 번, 금은·보석·진주를 가진 사람은 대
칸의 조폐국에 그것들을 제출하라는 포고가 여러 도시에 발
포된다. 이에 따라 모든 시민은 막대한 액수에 달하는 그 물
품들을 제출하고 대상(代償)을 지폐로 받는다.

원제국은 거의 완전한 지폐 하나만 통용하는 통화 정책으로
일관한 결과, 금은의 민간 자유 교역을 금하고 천하 각지에
설립된 평준행용초고(平準行用鈔庫)에서만 그 매매를 허가했
다. 이리하여 대칸은 전국의 금은·보석·진주를 모두 소유하
게 됐다.

마지막으로 한가지 더 이야기할 게 있다. 오래도록 사용한 결과 이 지폐들이 더럽혀지든가 찢어졌든가 하는 경우의 일이다. 그것들을 조폐국에 가져가기만 하면 3퍼센트의 수수료를 공제하고 새 지폐와 교환할 수 있다.

또 한가지는 그릇이나 띠, 기타 어떠한 기물이든 간에 그것들을 만들 목적으로 금은을 입수하고 싶을 때에는 조폐국에 가서 국장으로부터 금은을 사고 이 지폐로 지불 결산을 끝낼 수 있다. 군대의 급여도 마찬가지로 이 지폐로 지급된다.

이상 대칸이 어떠한 방법과 이유로 전세계 누구도 따를 수 없을 만한 거액의 재보를 소유하고 있는가, 또 소유하지 않고는 견딜 수 없는가 하는 데 대해서 설명했다. 한마디로 대칸의 부는 전 세계 왕들의 부를 다 합쳐도 결코 따를 수 없는 것이라 할 수 있다.

원제국의 화폐 발행고는 중통 원년~지원 10년에는 매년 5백만 관 전후에 그쳤으나, 지원 10년 이후가 되자 급속히 늘어났다. 특히 13년의 남송 합병 후에는 일약 5천만 관을 연간 발행액으로 하게 됐다.

마르코 폴로가 전하는 원제국은 단일 화폐 경제권이었다. 단일 화폐 경제권에는 원제국뿐 아니라 킵차크칸국·일칸국·차가타이칸국 등도 들어가 있었다.

단일 화폐 경제권의 위력을 한번 생각해 보라. 돈만 있으면 언제 어디서나 어떤 물건이든 살 수 있다. 원하는 시기에 원하는 물건을 원하는 양만큼 살 수 있다. 반대로 팔 수도 있다. 더욱이 원나라 지폐는 당시 세계의 기축통화(基軸通貨)였다.

자, 화폐와 지폐의 차이를 생각해 보자. 화폐 중에는 상평통보처럼 금속으로 만든 것도 있다. 그러나 화폐가 금속이 아니라 지폐일 경우의 유통량, 유통 시기, 유통 장소는 기하급수적으로 늘어난다. 하물며 지폐를 주면 금을 내주는 태환지폐(兌換紙幣)일 경우에는 더 말할 나위가 없다. 몽골의 지폐는 오늘날의 달러였던 것이다.

어느 나라가 세계의 패권 국가가 되고, 그 나라의 화폐가 기축통화가 되면 그것 자체로 그 나라에 엄청난 부를 가져다 주게 된다. 오늘날의 미국은 원가가 얼마 되지 않는 달러를 찍는 것만으로 국부를 창출한다. 이치는 간단하다. 미국은 중앙은행에서 달러를 발행해 국내에 유통시킬 뿐 아니라 전세계에서 어떤 형태로든 실물을 사게 된다. 그런데 그 달러라는 지폐는 어떤 경로를 거치든 미국의 중앙은행으로 환류 되어야 의미를 갖게 된다. 돈은 계속 돌고 돌 뿐이며, 그 과정에서 결국 실물은 패권국으로 모여들게 된다는 얘기다.

최근 10여 년 간 미국이 매년 1천억 달러 이상의 재정·무역 적자를 기록하고도 끄떡없이 버텨 왔던 이유가 바로 여기에 있다. 미국으로서는 패권 국가라는 신용 하나만으로 돈을 찍어 버틸 수 있다. 그 밑바탕에는 물리적인 파괴력, 즉 군사력이 깔려 있음은 두말할 필요가 없다.

몽골인들은 자신들이 통치하는 지역을 단일 화폐 경제권으로 통합했다. 그 덕택에 동양과 유럽 간에 대규모 무역이 가능해졌다. 곳곳에 무역항이 발달하고 외국인이 모여들었다. 원나라 지폐는 오늘날 아프리카 대륙의 마다가스카르에서도 발견된다고 한다.

몽골은 강력한 군사력을 무기 삼아 오늘날 미국 주도의 GATT(관세와 무역에 관한 일반 협정)에서 비롯된 WTO(세계무역기구) 체제를 구축한 것이다. 「워싱턴포스트」는 칭기스칸 제국이 자유 무역 지대를 건설했다며 그 이유를 다음과 같이 설명하고 있다.

> 그의 제국은 13세기 말까지 태평양에서 동유럽까지, 시베리아에서 페르시아만까지 팽창을 거듭했다. 그와 그의 후손들은 유라시아 대륙을 아우르는 광대한 자유 무역 지대를 만들어냈고, 동서양 문명의 연결을 강화했다. 이는 중세의 GATT 체제라 할 수 있다. 그는 끝없는 범위의 잠재적인 자유 무역 지대를 만들어냈다. 외교관에게, 용병에게, 상인에게 그곳은 처녀지였다.

2. 교역하면 평화, 거부하면 전쟁

칭기스칸의 전쟁을 경제 전쟁이라고 말할 수 있는 예는 많다. 이를테면 위구르와의 관계가 그에 속한다. 실크로드의 길목에 자리잡은 위구르는 중원과 이란, 이슬람 지역과 유럽을 연결하는 통로였다. 또 원예재배의 중심지로 밀·옥수수·포도 등이 풍부했다.

이 위구르는 몽골과 싸운 적이 없다. 바르추크라는 왕은 칭기스칸에게 사신을 보내는가 하면, 1211년 봄에는 직접 칭기스칸을 찾아가 공물을 바쳤다. 위구르는 몽골의 속국이 됐으며, 칭기스칸은 전쟁을 하지 않고 국제적인 교역의 중심지를 손아귀에 넣었다. 위구르는 몽골의 비호를 받음으로써 금나라나 이웃 서하와 콰레즘의 정복 위협으로부터 벗어날 수 있었다. 칭기스칸은 위구르 왕족들의 부와 권력을 고스란히 인정했다.

그 반대의 예가 서하(탕구트)왕국이다. 서하는 중원과 이란을 연결하는 대륙 횡단의 요충지에 위치해 대상에 의한 교역이 활발한 왕국이었다. 서하는 몽골제국과 가장 가까이 위치한 나라기도 했다. 칭기스칸은 이 왕국을 1205년과 1207년, 그리고 1209년 세 차례나 짓밟아 놓았다. 경제적인 이유에서였다. 서하는 질 좋은 옷감을 생산했을 뿐 아니라, 실크로드에 위치한 주요 오아시스 도시들의 통제권도 가지고 있었다. 그들은 몽골을 오가는 대상들로부터 비싼 세금을 받았다.

칭기스칸은 자신들의 이익을 침탈하는 서하를 좌시하지 않았다. 서하는 몽골제국의 잦은 침략으로 파산 상태에 빠졌다. 서하의 경제는 동서교역에서 발생하는 이익에 바탕을 두고 있었는데, 몽골제국 때문에 교역이 단절될 위기에 놓였다. 1210년, 서하 국왕은 어쩔 수 없이 엄청난 공물과 함께 공주를 칭기스칸의 첩으로 바침으로써 몽골의 종주권을 인정했다.

3. 역참제 - 정보 인프라 · 군사 고속도로

몽골제국이 서양 문명에 강렬한 충격을 준 원인은 많다. 그중에는 그들의 수평 이동 마인드와 강인한 기질에서 온 것도 있으며, 관습과 환경의 차이에 의한 우발성에서 온 것도 있다.

그러나 무엇보다도 중요한 것은 획기적인 시스템의 개발일 것이다. 수직 정착 문명 사람들의 상상력을 일거에 제압하는 역참제야말로 산 증거라 할 수 있다. 바로 그 점을 로널드 라담은 자신의 책 『마르코 폴로 여행』 서문에서 이렇게 쓰고 있다.

커뮤니케이션이 그의 권력의 핵심이었다. 주요 도로를 따라
세워진 역참 조직이 정보의 신속한 이동을 가능하게 해주었
다. 몽골인들은 인터넷이 발명되기 7세기 전에 전세계적인
커뮤니케이션 네트워크를 계획해 놓은 것이다.

역참제는 지금으로 말하면 정보 인프라·군사 고속도로라 할 수 있
다. 마르코 폴로는 이에 대해서도 큰 충격을 받았는지 『동방견문록』에
자세히 소개하고 있다. 수도 칸발리크(大都, 지금의 베이징)를 기점으
로 하여 국내 각지로 통하는 많은 도로라는 항목이 그것이다.

수도 칸발리크에는 많은 도로가 각 지방을 향하여 나 있다.
즉, 어느 지방을 향해서는 전용 도로가 있고, 다른 지방에 대
해서는 또 다른 도로가 통하고 있다. 각각의 도로에는 그 행
선지 이름을 따서 명칭이 붙여져 있다(대칸은 사신들이 이
도로들을 통행할 때 필요한 물자는 무엇이든 구할 수 있도록
준비시키고 있다). 대칸이 설치한 역참 제도는 그야말로 나
무랄 데 없는 방법으로 정비되어 있다.
대칸의 사신이 칸발리크를 떠나 이 도로로 40킬로미터 정도
나아가면 역로(驛路)의 종점에 도착한다. 이 역로의 종점을
'잠'이라고 한다. 잠은 역참이라는 뜻이다.
이 역참에는 넓고 근사한 여관이 있어 대칸의 사신이 숙박할
때 제공된다. 명주 깔개를 편 근사한 침대가 비치되어 있고,

필요한 모든 물건들이 제공된다. 비록 왕후가 거기에 가서 숙박하더라도 틀림없이 만족할 것이다. 이 역참에는 또 대칸의 명령에 의하여 언제나 4백 마리 정도의 말이 사육되고 있어, 대칸이 어디든 사신을 파견하려 할 때 그 사신들이 타고 가기에 부족함이 없도록 준비되어 있다.

국내 여러 지방으로 통하는 주요 도로에는 40~50킬로미터마다 이 같은 역참이 배치되어 있다. 각 역참에는 3백~4백 마리의 말이 준비되어 사신들이 자유롭게 이용할 수 있도록 해놓고 있다. 숙박 시설로도 앞에 적은 바와 같은 여관이 있어 호사스런 숙박을 할 수 있다. 이러한 시설은 대칸의 정령(政令)이 행해지고 있는 모든 지방, 모든 왕국을 통틀어 정비되어 있다.

또 사신이 민가도 여관도 없는 산간 황야를 갈 때에도 미리 그 땅에 역참을 설치하여 숙박 시설과 마필, 마구에 이르기까지 모든 물건을 갖추어놓고 있으므로 그야말로 다른 역참과 조금도 다름없다. 단지 이 경우 역참과 역참의 거리만은 보통보다 길어져 때로는 35~65킬로미터 이상에 이르기도 한다. 대칸은 또 주민을 그곳에 옮겨 농사를 지으며 살도록 하여 역참 근무에 복무시키고 있으므로 주변에는 촌락이 제법 형성되어 있다. 이상과 같은 제도에 의해서 대칸의 사신들은 가는 곳 어디에서나 숙소와 말이 준비되어 있으므로 여행에 불편이 없었다.

각 역참간의 5킬로미터마다에는 40호 가량의 마을이 있어 거기에 대칸 앞으로 보내는 통신 문서를 전달하는 파발이 살고 있다. 파발은 폭이 넓은 띠를 매고, 띠 둘레에 많은 방울을 달아매고 있다. 따라서 이 파발들이 도로를 달려오면 먼 데서도 그 방울 소리가 귀에 들린다.

그들은 계속 전속력으로 질주하는데, 요컨대 5킬로미터만 달리면 된다. 5킬로미터 앞에는 다른 파발이 만반의 채비를 갖추고 기다리고 있다. 아득히 먼 쪽에서 방울을 울리며 뛰어오는 같은 패를 기다려 그의 도착과 함께 서장(書狀)을 받고 아울러 서기관에게서 전표를 받아쥐면 쏜살같이 달려간다. 그도 또한 5킬로미터를 계속 달리면 앞의 역참에서 행해진 것과 같은 인수인계가 이루어진다.

이러한 방법으로 10일 길이 걸리는 여러 지방의 보고라도 대칸에게 하루만에 전달된다. 파발들은 10일 길의 거리를 하루만에 달려가기 때문이다. 따라서 20일 길이나 되는 저쪽의 보고는 단 이틀이면 받아볼 수 있으며, 마찬가지로 2백일 길이나 되는 먼 곳의 보고도 20일이면 볼 수 있었다.

실제로 이들 파발은 겨우 하루 사이에 10일 거리 밖에서 나는 과일을 대칸에게 갖다 바치는 일이 흔히 있었다. 예를 들어, 칸발리크에서 난 제철의 과일이 이튿날 저녁에는 과일이 나는 곳에서 10일 길 떨어진 상투(上都)에 머물고 있는 대칸에게 전달되는 것이다.

몽골인들의 정보 관리력과 노하우는 제국의 영토가 커지면서 더욱 발전했다. 오늘날에도 중앙 정부가 영토 안에서 벌어지는 모든 사건을 파악하고 대처하기는 힘들다. 천재지변이나 군사 반란을 생각해 보라.

몽골인들은 궁리 끝에 당시로서는 혁명적이고 기발한 커뮤니케이션 시스템을 개발했다. 마르코 폴로가 본 말은 오늘날 질주하는 고속도로와 같다. 전화, 전신, 자동차, 항공기, 고속 전철이 개발되기 전에는 말이 가장 빠른 통신·교통 수단이었다. 역참은 마치 몽골제국의 핏줄처럼 경제를 활성화시키고 정보를 빨아들이는 역할을 했다.

그러나 역참망이 표시된 지도는 그릴 수가 없다. 역참을 작은 행정 단위나 전략 지점에 설치했기 때문에, 그것을 표시하자면 아마도 세계 지도가 새카맣게 될 것이다. 고려 끝에서부터 러시아의 모스크바공국까지 거미줄처럼 사방팔방으로 연결되어 있었다고 생각하면 된다.

역참의 병사들이 급보를 휴대한 채 방울을 울리며 질주할 때면 그 누구도 지체시키거나 막아서는 안됐다. 그들은 한숨도 자지 않고 릴레이식으로 저 흑해에서 카라코롬까지 낮이나 밤이나 달렸다. 역참 덕분에 몽골의 카라코롬을 떠난 기마 부대가 러시아를 공격할 때까지 걸린 시간은 두 달에 불과했다고 한다. 요즈음의 시간 단위로 재자면 자동차가 줄곧 달려간 속도만큼이나 빠

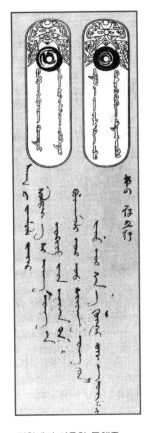

역참에서 사용한 통행증.
이 통행증은 몽골제국 안에서는 어디서나 통용되는 여권이자 비자였다.

르다.

역참망을 달린 것은 병사들만이 아니다. 물자를 달리게 하는 수송로 기능도 했다. 칭기스칸 시대에는 역참에서 대상들에게 무료로 침식을 제공했다. 그 결과 대상들은 마음 놓고 국제 무역에 종사할 수 있었다. 과거처럼 도둑들에게 약탈당할 걱정도 없었고, 가는 도시마다 성주(城主)들에게 돈을 뜯길 걱정도 없었다.

마르코 폴로 일행이나 그 이전 로마 교황청에서 보낸 사절들이 카라코룸을 무사히 오갈 수 있었던 것도 완벽하게 갖추어진 역참 시스템 덕택이었다.

4. 다민족 공동체

세계의 큰 나라치고 1민족 1국가인 나라는 찾아보기 힘들다. 큰 나라가 된 원인인지 큰 나라가 낳은 결과인지는 몰라도 모두가 그렇다. 대부분의 국가는 다민족이 한 공동체를 이루어 살아가고 있는 것이다. 미국이 대표적인 예다.

칭기스칸 제국은 몽골 지상주의를 부르짖지 않았다. 몽골제국은 다민족으로 이루어진 느슨한 형태의 경제 연합체 내지는 초보적인 연방국가였다고 보는 게 옳을지도 모른다.

이민족·이교도에게 차별의 벽을 쌓았다면 대제국을 지배하는 것은 불가능했을 것이다. 칭기스칸의 막내아들 톨로이의 부인 소르카크타니는 케레이트족 옹칸의 친동생 자카 감보의 딸인데, 네스토리우스교도였다. 그녀는 멍케칸과 쿠빌라이칸의 어머니기도 하다.

칭기스칸이 인종과 종교를 가리지 않는 것은 혈통을 가리지 않는 데서부터 나타난다. 칭기스칸과 그의 어머니 허엘룬은 주르킨 씨족이나 타타르족, 메르키트족을 정벌하면서 적지에서 데려온 많은 어린아이들을 양자(養子)로 길렀다.

이런 아이들 중에서 보로콜은 사준마(四駿馬)의 한 사람으로서 절대적인 신임을 받았다(칭기스칸의 사준마는 보오르초, 모칼리, 칠라운, 보로콜이다. 이들은 칭기스칸의 사맹견(四狗), 즉 제베, 코빌라이, 젤메, 수베에테이와 함께 칭기스칸의 너커르 군단을 통솔하는 지휘자들이다). 또 다른 전쟁 고아인 시키 코토코는 〈대자사크〉를 집행하는 재판관으로 기용되어 『청책(靑冊)』을 집필했다.

몽골제국의 평등 정책은 거의 절대적이었던 것 같다. 그래서 인종이 다르고 종교가 다른 정복지 백성들도 쉽게 몽골제국의 백성으로 편입될 수 있었다. 노예나 포로에게도 무한한 가능성과 충분한 기회를 부여했다.

이는 칭기스칸의 손자인 멍케칸 시절, 프랑스 국왕 루이 9세가 파견한 루브루크 출신의 윌리엄 수사가 남긴 『루브루크의 몽골여행기』에 잘 기술되어 있다. 그는 이 여행기에서 다음과 같이 말하고 있다.

> 멍케칸이 이슬람의 이맘, 불교의 승려, 무당, 라마승, 기독교 수사들에게 둘러싸여 축수(祝壽)를 받고 있는 것을 보았다. 몽골제국에서는 네스토리우스교도들이 활동 중이며 적지 않은 몽골 귀족들이 기독교 세례를 받았다.

변방의 백성들은 몽골어를 알 필요도 없었고, 대칸이 누군지 알 필요도 없었다. 말을 타지 않아도 상관없었다. 이런 정책 때문에 정복지 백성들은 기회와 위험 속에서 몽골의 군복을 입었다. 현지 예속민들도 과거 다른 정권 아래에서와 거의 큰 차이 없이 살 수 있었다. 과거 부패한 정권이나 독재 정권 시대보다 세금이 훨씬 적은 경우도 많았다. 서요와 콰레즘 같은 경우가 특히 그랬다. 예속민들은 무역에서 생기는 관세, 세금, 방위 분담금 등만 납부했다. 그들은 이유 없이 약탈당하지 않았다.

그 대신 그들이 누리는 혜택은 과거와 비교할 수 없을 정도로 많았다. 몽골제국 전역에 걸쳐 교역이 활발해졌기 때문에, 돈만 있으면 얼마든지 풍요로운 문화·문명 생활을 할 수 있었다. 몽골리안 드림을 갖고 카라코룸으로 돈벌이 여행을 떠날 수도 있었고, 군대에 자원하여 공을 세우면 벼락출세할 기회도 주어졌다.

5. 몽골리안 드림을 찾아서

칭기스칸 제국이 외국인들을 별로 차별하지 않았다는 것은 외국인들의 활약상에서도 잘 드러난다. 몽골인이 아닌 사람들로 출세 가도를 달린 외국인들을 몇 명 소개해 보고자 한다.

첫째, 야율아해(耶律阿海)와 야율초재(耶律楚材). 이들은 모두 금나라 관료 출신의 거란족이었다. 야율아해는 사신으로 몽골고원에 갔다가 케레이트족에서 옹칸에게 인사차 들렀던 칭기스칸을 보고 귀부를 결심했다. 그는 귀부할 때 야율독화(耶律禿花)라는 동생, 그리고 자파르 코자라는 국적 불명의 투르크족 출신 대상을 함께 데리고 왔는데, 세 사람 모두 칭기스칸과 함께 발조나호에서 흙탕물을 마시며 너커르를 맺었다.

이후 야율아해는 행정·법률·전략 등 몽골군의 약점을 보완하는데 앞장섰고, 칭기스칸의 정식 군사(軍師)가 되어 큰 공을 세웠다. 콰레즘전에도 참가한 그는 사마르칸트의 총독이 됐다.

야율아해가 몽골고원 통일 과정에서 특히 큰 공을 세웠다면 야율초재는 콰레즘전부터 두각을 나타내기 시작했다. 야율초재는 금나라의 수도 중도가 함락될 때 포로로 몽골에 잡혔으며, 그 뒤 점술가로서 장인 그룹의 일원이 되어 칭기스칸 주변에 머물렀다. 그는 글을 짓고 읽는 문장 기술자로도 일했으며, 독실한 불교도로서 칭기스칸에게 인명 살상을 금하거나 줄이라는 건의도 자주 했다.

야율초재는 칭기스칸이 죽을 때까지 장인의 한 사람으로 머물러 있다가 어거데이칸 시절에 가서야 재상이라는 중원식 직책을 받았다. 이후 어거데이칸의 금나라 정벌전을 수행했으며, 몽골에 중원식 행정 체계를 도입하는 등 국가 체계를 갖추도록 했다.

그러나 야율초재에게는 두 가지 단점이 있었다. 하나는 불교를 지나치게 숭상한 나머지 도교를 탄압한 것이고, 둘째는 농경 정착 문화 일변도로 몽골을 개혁시켜 유목 습성을 바꾸지 않으려는 몽골 귀족들로부터 큰 반발을 산 것이다.

중원을 비교적 잘 이해했다는 쿠빌라이칸조차도 수도 칸발리크의 그럴듯한 궁전은 외교나 의전용으로만 사용하고, 막상 잠을 자거나 하는 대부분의 일상생활은 별도로 지어놓은 겔에서 할 정도로 몽골인들의 유목 기질은 뿌리깊었다.

야율초재는 유학자로서 행정·세제 등을 중원식으로 바꾸려고 노력했지만, 중원 문명의 약점을 파악하고 있는 몽골인들은 결코 문장 기술자의 지위를 높일 수 있는 중요한 업무를 맡기지 않으려고 했다. 결국 야율초재는 실리를 추구하는 콰레즘 대상 출신들에게 재상 자리를 빼앗겨, 과거 제도와 같은 그가 개혁했던 모든 조치들이 원천 무효가 되는 수모를 겪었다.

야율초재를 비토한 세력은 두 그룹이었다. 하나는 더 많은 전리품을 구해야 하고 가진 재산을 늘려야 하는 몽골 귀족들, 또 하나는 장사를 업으로 하는 콰레즘 대상 출신 귀부인(歸附人)들이었다.

먼저 몽골인 귀족들은 사사건건 골치 아픈 행정 체계나 새로 만들고 세제나 복잡하게 개편하는 야율초재를 싫어했다. 야율초재가 만드는 법안은 너무 자세하고 복잡해서 집행자 입장에서는 불편하기만 했다. 뭔가 새로운 법안이 만들어진다는 것은 그만큼 몽골인들의 행동을 억압하는 것을 의미했다. 이는 몽골의 귀족들이 중원을 통치하는 데도 방해가 됐다. 다음으로 콰레즘 상인들은 대몽골제국이 만들어놓은 넓은 시장을 마음껏 돌아다니며 장사를 하고 싶어 하는데, 야율초재가 각종 세제로 그들의 활동을 통제했던 것이다. 야율초재는 야율초재식 개혁을 거부하는 세력과 알력을 벌이다가 죽을 때는 지지자가 거의 없을 지경에 이르렀다. 몽골은 결국 그를 뱉어낸 것이다.

야율초재는 흔히 같은 거란족 출신인 야율아해와 비견되는데, 두 사람 다 중원적인 바탕에서 출발했지만 야율아해는 철저히 몽골인으로 변신한 점에서 야율초재하고는 큰 차이를 보였다.

야율아해는 문무의 구별이 없는 몽골에서 직접 칼을 들고 전선에 나갔으며, 어디까지나 몽골 입장에서 중원의 문화와 문명을 받아들이는 창구가 되려고 노력했다. 그러나 야율초재는 중원적 관점에서 몽골을 보며 문신(文臣)을 자처했기 때문에 칼을 든 적이 없었다. 그는 몽골을 개혁 대상으로만 인식했던 듯하다.

어쨌든 몽골은 야율초재 같은 중원 출신 학자들의 집요한 요구를 뿌리치고, 중원 문화에 동화되지 않으려고 반발한 덕분에 이후 명 태조 주원장(朱元璋)에게 쫓겨 고원으로 돌아간 뒤에도 유목민의 풍습을 거의 잃지 않았다.

엄격히 말하자면 야율초재는 몽골을 개혁하는 데도 실패했지만 자신을 개혁하는 데도 실패했다. 물론 본인이 그렇게 의도했기 때문인지도 알 수 없다. 그는 차라리 한·송·명 같은 정통 중원 왕조에 태어났어야 자기 기량을 마음껏 발휘할 수 있는 그런 문사였다. 야율초재의 문집 가운데 14권이나 되는 『잠연거사집(湛然居士集)』과 『서유록』도 몽골인들에게 읽히기 위해 쓴 것이 아니라 피지배 민족인 한족들을 염두에 두고 쓴 것이라고 한다. 그는 몽골인도 아니고 한족도 아니었다.

둘째, 천민 출신의 대장군 모칼리. 모칼리에 대해서는 프랑스의 몽골 학자인 펠리오와 앙비스가 많은 연구를 한 바 있다. 그들의 견해에 따르면 모칼리는 우리에게 조금 각별해지는 대목이 있다.

이름부터가 그렇다. 모칼리의 이름은 때와 장소에 따라 모칼리라고도 쓰이고, 한자로 목화리(木花里, 木華里)·묘화리(墓花里)·목화려(木華黎)로도 쓰였는데, 어원이 어디에서 와서 몽골인들에게 그렇게 불렸는지는 알 수 없다.

학자들은 무쿨리(Muquli)란 단어는 고대 몽골의 고유명사에도 존재했지만, 모칼리란 이름은 전통 몽골 단어로 입증되지 않는다고 한다. 칼무크 지방에 노예라는 말이 있어서 음성학적으로 동일시하는 경우도 있다 하나 그 역시 신뢰할 수 없다.

굳이 추론한다면 12세기 중반, 티베트의 고려 호칭인 '무쿠리니'에서 온 것일지 모른다. 아니면 남서쪽 고려 사람들이 솔롱가인 반면 무크는 중앙 또는 남쪽 고려 사람들을 뜻한다니 모칼리란 원래 고려인을 의미하는 것이 아닌지, 그렇다면 노예의 의미는 부차적인 것일지도 모른다. 슬라브(Slave 또는 Esclavon)족에서 불어의 노예(esclave)가 유래했듯이.

하여튼 좌(左) 모칼리, 우(右) 보오르초라고 불릴 만큼 모칼리는 칭기스칸에게 신임을 받았다. 보오르초가 행정 등 내정 면에서 칭기스칸을 보좌했다면 모칼리는 주로 군사적인 면에서 공을 세웠다. 그래서 칭기스칸은 보오르초에게는 자신의 의자를 나누어 앉아야 할 사람이라 했고, 모칼리에게는 칸이라는 칭호를 내려주어야 할 사람이라고 말했다.

칭기스칸의 이 말은 1219년 모칼리를 금나라의 권황제로 임명함으로써 실현됐다. 그러나 모칼리는 칭기스칸이 서아시아 원정에서 돌아오기 전인 1223년에 죽었다.

셋째, 대상 출신의 자파르. 그는 자파르 코자라고도 불린다. 자파르의 등장은 칭기스칸에게 정보전·심리전을 펼 수 있는 첩자 집단을 양성하는 계기를 마련해 주었다. 칭기스칸은 이전부터 대상들의 중요성을 충분히 인식하고 있었고, 그 자신 역시 몽골고원 통일 과정에서 그들의 정보를 요긴하게 쓴 적이 여러 번 있었다. 그래서 칭기스칸은 이후에도 대상 출신 너커르나 부하들을 첩자나 외교 사절로 이용했고, 이들은 적국의 주요 정보를 채집해서 칭기스칸에게 제공했다. 그리고 칭기스칸은 그 정보를 토대로 전략을 수립했다. 특히 자파르 등 대상 출신 첩자들이 두드러지게 활동한 전쟁은 콰레즘전이었다. 이들은 콰레즘의 군사 정보, 적진의 내부 구조 등을 염탐하는 일뿐만 아니라 몽골군의 공포 작전을 적군에게 알려 심리적으로 동요하게 만드는 심리전을 펴기도 했다.

이 첩자들은 제국 성립 후 매우 중요한 직책에 임명되는 등 융숭한 대접을 받았다. 이들 가운데에는 재상이라는 최고위직에 오른 자도 있었다. 이들의 활약 때문인지는 몰라도 이후 색목인(色目人)들은 각 정복지의 다루가치로 임명되는 일이 많았다.

넷째, 이슬람 상인인 아산. 그는 『몽골비사』182절에도 등장하는 유명한 인물로, 카라 칼지트 전투 후 궁지에 몰려 있던 칭기스칸에게 케레이트족의 내부 정세를 자세히 탐지해서 보고했다. 그 이후 아산은 대상들의 자체 통신망을 이용해 적의 정보를 탐지하기 시작함으로써 대상 조직이 본격적으로 참전하는 계기를 만들었다. 같은 대상 출신인 자파르가 개인적인 능력으로 칭기스칸에 귀부했다면, 아산은 아마도 조직적으로 참여한 듯하다. 아산은 콰레즘전이 처음 시작될 때 수크나크(오늘날 카자흐스탄에 있는 투멘 아릭시(市)에서 북쪽으로 9~10킬로미터 정도 떨어져 있다)라는 도시에 들어가 항복을 권하던 중 피살됐다. 물론 그 도시는 피로써 대가를 치러야 했다.

다섯째, 콰레즘 상인인 오코나. 그는 몽골 측이 1217년 콰레즘제국에 파견한 몽골 통상 사절단의 단장이었다. 단장에 선임된 것으로 보아, 그는 몽골에서 특별한 지위에 있었던 듯하다. 칭기스칸은 대상들을 신임했기 때문에 오코나 역시 칭기스칸과 오랫동안 각별한 관계를 맺어왔을 것이라 추정된다. 그러나 그는 1218년 콰레즘의 국경 도시 오트라르에서 첩자 혐의로 체포되어 처형됐다.

콰레즘 출신이었던 오코나는 전쟁 명분을 만들려는 칭기스칸의 고도의 계산에 따라 희생된 인물인지도 모른다. 그의 피살은 결과적으로 칭기스칸에게 콰레즘 침략의 명분을 제공했고, 결국 콰레즘제국은 붕괴됐다.

여섯째, 중국 전진교(全眞敎, 도교의 일파)의 교주인 장춘진인(長春眞人). 그는 산동성 출신의 도인으로 이름은 구처기(丘處機)이며 전란 중에도 명성을 떨쳤다. 칭기스칸은 장춘진인의 존재를 알게 되자 즉각 소환령을 내렸다. 때마침 칭기스칸은 콰레즘전을 전개하고 있었기 때문에 장춘진인은 노구를 이끌고 사마르칸트까지 가야만 했다. 그리고 그곳에서도 남쪽으로 멀리 떨어진 인더스강 유역까지 가서 칭기스칸의 질문을 받았다.

그 자리에서 장춘진인은 칭기스칸의 구미에 맞는 대답을 절묘하게 해나갔다. 칭기스칸은 영생이니 불사(不死)니 하는 허구적 개념을 믿지 않는 철저한 현실주의자였다. 칭기스칸이 원하는 것은 장수일 뿐이었고, 장춘진인은 장수를 위한 비법에 대해서만 말했다. 칭기스칸의 눈에 든 장춘진인은 전진교와 전진교 도관, 도사 등에 대해 세금을 면제하고 나아가 도관을 짓는 비용까지 몽골제국이 충당해 준다는 엄청난 선물을 얻었다.

6. 지구촌 시대의 서막

넓디넓은 유라시아 대륙이 동서남북을 잇는 자유 무역 지대로 바뀌자 실로 어마어마한 변화가 일기 시작했다. 변화를 주도한 몽골인들의 생활부터 달라졌다. 사방에서 각종 귀중품이 물밀듯이 몽골고원으로 흘러 들어왔다. 그러나 그것은 미풍에 불과했다.

막상 동서남북의 빗장이 풀리자 실크로드를 따라 이슬람 상인의 활동이 대규모로 전개되기 시작했다. 베네치아 상인들도 들어왔다. 동유럽은 물론 서유럽까지 세계적인 교역이 활발하게 이루어졌다. 이집트산(産) 상품도 극동의 고려까지 유통될 만큼 시장이 전세계적으로 확대됐다. 몽골제국의 수도인 카라코룸은 전세계 정치·경제·문화·문명의 중심지가 됐고, 이곳을 중심으로 신기술과 신문명이 다시 세계 곳곳으로 퍼져나갔다.

기독교·이슬람교·불교·도교·샤머니즘이 뒤섞이고 서로의 존재를 다양하게 확인하고 느끼면서 새로운 문명을 창조하기 시작했다. 이란의 뛰어난 의술·점성술(태양력)·수학이 중원으로 들어가고, 유럽의 문화도 자연스럽게 중원으로 흘러 들어갔다. 당송 시대의 예술이 유럽에 전해져 14세기 이탈리아 화풍에 영향을 끼쳤다.

고려의 개경에 들어온 대상들이 자유롭게 장사하는 모습도 쉽게 눈에 띄었다. 그리고 이후 교류가 더욱 활발해지면서 고려 또한 세계 속의 일원으로 등장할 수 있었다. 막혔던 국경이 열리면서 몽골리안 드림을 꿈꾸며 대도로, 대도로 달려간 고려의 젊은이들이 수없이 많았다. 그들은 원나라에 가서 벼슬을 하기도 하고 장사를 하기도 하면서 돈을 벌고 명예를 구했다. 황비·황후가 된 여자도 있었고, 환관으로 출세한 사람도 적지 않았다.

변화의 중간역은 르네상스와 신대륙의 발견 및 종교개혁이었다. 1307년 단테의 『신곡』 집필로 시작된 르네상스, 1492년 10월 12일에 있었던 콜럼버스의 신대륙 발견(사실은 바하마제도의 와틀링섬 발견이었지만), 1517년 독일 마틴 루터가 면죄부에 관한 95개조 논제라는 항의문을 비텐베르크대학의 교회 정문에 게시하면서 시작된 종교개혁

등 모두 직·간접으로, 음양으로 몽골제국이 유럽에 미친 영향 아래 진행됐다. 이런 것들이 발전해 유럽은 마침내 제국주의로 변모했고, 동양과 아프리카를 유린했다. 문명이 돌고 돈 것이다.

7. 부활하는 천년의 꿈

칭기스칸 제국의 가장 큰 특징은 시스템에 있었다. 칭기스칸이 사망한 뒤에도 소수의 몽골군이 강력한 힘을 보일 수 있었던 것은 역참 등 각종 시스템 덕택이었다.

'기술 패권'이라는 개념으로 세계사를 풀이한 일본의 야쿠시지 타이조 교수는 저서 『테크노 헤게모니』에서 러시아 모델을 이렇게 설명하고 있다.

> 노르웨이 민족이 지배하던 러시아의 키예프공국에 몽골제국이 침입해 온 것은 1237년의 일이었다. 몽골제국은 1223년에 정찰대를 보냈다. 콰레즘의 술탄 무하마드를 추격하던 제베와 수베에테이의 군단이었다. 그리고 14년 후 대군이 공격해 왔다.
> 원정대장은 칭기스칸의 손자(장남 조치의 아들)인 바투였다. 그는 서부 시베리아에서부터 현재의 카자흐공화국 일부, 볼가강 유역, 코카서스산맥의 북부, 그리고 전 러시아의 광대한 영토를 지배했다. 바투 제국은 흔히 정복지의 이름을 따서 킵차크칸국이라고 불리지만, 유럽에서는 알탄 오르

도라고 불리고 있다. 알탄 오르도는 황금 장막이라는 뜻이다. 알탄 오르도는 2세기 반 동안 러시아의 대지에 군림했다. 알탄 오르도의 인구는 당시 약 2천만 명에 이르렀지만, 그들을 지배하는 몽골인들은 불과 4만 명에 지나지 않았다. 얼마 되지 않는 몽골인이 상대적으로 인구가 훨씬 많은 피정복 민족을 통치하기 위해서는 한가지 방법밖에 없었다. 그것은 압도적인 군사력의 우위 속에서 점령 지역의 호족에게 징병과 징세의 책임과 권리를 맡기는 것이었다.

몽골은 정복한 나라를 군대 조직과 마찬가지로 천호제로 나눈 군관구(軍管區) 방식으로 편성하고, 징세와 징병을 위해 정연한 행정 시스템을 확립했다.

징병과 징세는 그 지역 사정에 밝은 러시아 귀족이 담당하도록 했다. 납세를 거절하면 각지의 전략 지점에 배치되어 있는 몽골 주둔군이 바람처럼 달려가 당장에 진압했다. 이러한 군사적 징병과 징세 시스템은 알탄 오르도가 러시아에서 사라진 뒤에도 러시아 귀족에게 승계되어 로마노프제국을 거쳐 소련에까지 이어졌다. 소련제국(팍스 소비에티카)은 이 몽골리안 메모리를 기반으로 나타났다.

소련 시스템은 몽골이 소련을 지배했던 시스템인 알탄 오르도, 즉 신탁 통치 시스템의 현대판이다. 러시아 귀족이 몽골로부터 알탄 오르도를 위한 징세권을 위임받은 것처럼, 크레믈린으로부터 신탁권을 받은 동구 제국의 공산당 간부가 나라별로 생산을 분담하여 그 제품을 소련에 제공하고 나머지는 자기들끼리 분배했다. 1949년에 설립된 코메콘은 알탄 오르도적 물물 교환 경제를 제도화한 것이었다.

　이 예는 상당히 역설적인 것이지만, 실제로 몽골제국의 시스템만 살아 있으면 칭기스칸 제국은 언제 어디서든 활화산처럼 다시 일어날 수 있었다. 그동안 투르크계 민족사에서 수없이 있었던 유목 영웅의 출현처럼 칭기스칸 제국 이후 그 혈통을 잇는 계승 국가들은 끊임없이 나타난 것이다. 계승 국가군의 출현이야말로 현대적 관점에서도 칭기스칸이 얼마든지 통할 수 있다는 반증에 다름 아닐 것이다.

　몽골제국의 중앙 정부인 원나라가 주원장에게 밀려 몽골고원으로 돌아간 뒤 제국에서는 어떤 일이 벌어졌는가? 제국의 일원이었던 페르시아의 일칸국과 킵차크칸국은 전혀 다른 역사를 창조해 나갔다. 일칸국은 철수해야 할 몽골고원이 너무 멀리 떨어져 있어 그 자리에서 소멸됐지만, 킵차크칸국은 16세기까지 이어졌다. 그때까지도 러시아는 몽골인의 통치를 받는 속국 신세를 면하지 못했다.

　16세기에 이르러서 변화는 외부가 아니라 내부에서 일어났다. 킵차크칸국은 크림칸국·카잔칸국·아스트라칸국으로 분열됐다. 이후 킵차크칸국은 크림칸국에 합병됐다. 크림칸국은 킵차크칸국의 계승자로 존속하다 1783년 러시아에 합병됐다.

　일칸국은 1325년 아부사이드칸이 독살되면서 분열의 길로 치달았다. 그러나 혼미한 이 지역에서는 강자 없이 10여 년의 세월이 흐르다가, 1336년 '티무르가 탄생했다. 티무르는 몽골의 귀족 출신이었을 뿐 혈통적으로 칭기스칸의 피를 이어받은 인물은 아니었다. 그래서 그는 칭기스칸의 혈통을 가진 부인을 얻은 뒤 칭기스칸의 후예를 자처하면서 나라를 일으켰다. 몽골의 후예를 자처한 그들은 이후 일칸국과 킵차크칸국의 남부, 차가타이칸국의 영지 등을 아우르는 티무르제국을 건설했다.

1526년에는 티무르의 후손 바베르가 아프가니스탄과 인도에 걸쳐 무굴제국을 건설했다. 무굴은 힌두어로 '몽골'이라는 뜻이다. 그리고 1636년에는 누르하치의 아들 홍타이지(皇太極)가 몽골의 릭단칸에 이어 복드세첸칸이라는 이름으로 여진족과 몽골족을 통합하는 칸에 추대됐다. 몽골과 여진족이 통합, 연합군을 편성한 것이다. 같은 계열의 민족으로서 역사적인 통합을 이루어낸 이들은 원제국을 고원으로 밀어낸 명나라를 향해 칼을 쳐들었다.

만몽(滿蒙) 연합국의 칸이 된 홍타이지는 여진족으로 구성한 팔기군과 몽골 기마 군단을 앞세워 명나라를 몰아내고, 원제국을 복원한 청나라를 건국했다.

이로써 대몽골제국의 계승 국가는 킵차크칸국의 영지에서 일어난 크림칸국 등 3개 칸국, 그리고 일칸국과 차가타이칸국 영지에서 일어난 티무르제국과 무굴제국, 중원에서 일어난 청나라까지 포함된다.

제 **2** 부

천년의 인간 칭기스칸

유라시아 대륙의 심장부인 몽골고원은 일찍부터 유목민들의 땅이었다. 지리학적으로 오르도스 근처의 만리장성에서 바이칼호 일대까지의 남북 1천 5백 킬로미터, 흥안령에서 발하시호 일대까지의 동서 3천 킬로미터, 약 3백만 평방킬로미터에 이르는 고원 지대다.

몽골고원의 평균 해발 고도는 한국의 설악산 높이와 비슷한 1천 6백 미터며, 3개월의 여름과 9개월의 겨울만이 존재한다고 해도 과언이 아닐 만큼 매우 추운 지역이다. 기후 변화가 심해 한여름에도 서리가 내리는 때가 많으며, 벼락도 병풍을 두르듯 동시에 몰아치는 날이 잦다. 겨울철에는 쇠꼬리가 잘릴 정도로 추운 영하 40도의 혹한이 지속된다.

지금 우리는 광활한 초원이 숨쉬고 있는 그곳을 몽골고원이라 하지만 1천 년 전만 해도 그냥 막북(漠北)이라고 불렀다. 딱히 그 이름을 차지할 만한 주인이 없는 땅이었던 것이다. 그러면서 명멸해 간 부족이 정확히 몇이나 되는지는 아무도 모른다. 그러나 역사학자들은 그런 부족이 크게 두 부류였다고 말한다. 하나는 정령·철륵·고차·돌궐·위구르 등의 투르크족이요, 또 하나는 흉노·선비·타브가치·유연·거란·몽골 등의 몽골족이다. 그 두 부류의 민족은 기원 설화에서부터 의복에 이르기까지 충분히 적대감을 느낄 만큼 차이가 있었다.

수많은 유목민족들이 뜬구름처럼 흘러와서는 밀고 밀리고, 싸우고 쫓기고, 충돌과 살육으로 세월을 보냈다. 그들에게는 그 외의 다른 길이 없었다. 그래서 그들은 정착민족의 지역인 중국이나 페르시아에서는 볼 수 없는 잔혹하고 강인한 기질을 지녀야 했다. 그들의 강인함을 유목 문화권에서나 들을 수 있는 '신바람'과 '피눈물'이라는 단어만큼 적나라하게 드러내주는 말은 아마 없을 것이다.

'신바람'과 '피눈물'

이 두 개의 단어는 그들의 생활과 내면세계를 가장 잘 읽게 해주는 말이다. 그들에게서 신바람이란 모든 자들이 신의 뜻에 감응돼 일에 몰두한다는 뜻으로 사용됐다. 피눈물이란 일족이 적에게 죽음을 당하면 살아남은 자들이 자신의 얼굴을 칼로 그어 피와 눈물을 동시에 흘리면서 복수를 다짐한다는 뜻이다. 이처럼 극단적인 두 개의 감정이 늘 공존했던 몽골고원의 역사는 당연히 격동적일 수밖에 없었다. 중세의 태풍 칭기스칸의 핏줄과 태동에 관한 역사는 여기서부터 시작된다.

1. 전설의 시대

역사에서 몽골족이 그 첫 모습을 드러낸 것은 8세기 중엽, 북방초원에는 서쪽으로 이동하는 마차가 꼬리를 물었다. 일단의 유목민들이 흥안령 동북지역을 떠나고 있었다. 그 동안 역사의 저 뒤편에서 그들만의 삶을 껴안았던 몽골족들이었다. 그 가운데는 장차 초원이 좁다며 세계를 제패할 한 영웅의 조상도 섞여 있었다. 하늘의 빛을 받아 몽골을 낳은 여인, 전설적 어머니 알랑 고아가 바로 그녀였다.

알랑 고아는 고향인 아리크 우순에서 아름다운 처녀로 성장하였다. 그곳은 담비나 다람쥐 등 여러 가지 들짐승들이 흔한 곳이었다. 그러나 그녀의 아버지인 코릴라르타이는 성격이 원만하지 못하였다. 그는 늘 지역 사람들과 다투었고 급기야는 불같은 성질을 참지 못하고 고향을 떠나기로 결심하였다. 그는 가까운 집안사람들을 끌어 모아 코릴라르라는 씨족을 이루어 새로운 유목의 길로 나섰다. 어디로 갈 것인가? 그들이 찾아낸 곳은 야생동물들이 많이 살고 있다는 보르칸산이었다.

보르칸산에는 누가 살고 있는가? 그 옛날 잿빛 푸른 늑대라고 하는 버르테 치노와 흰 암사슴이라고 하는 코아 마랄이 북쪽에 있는 바이칼 호를 건너와 일가를 이룬 이래 열 번째 세대를 넘어선 일족이 살고 있는 곳이었다. 그곳은 버르테 치노의 10대 손 토로골진이 다스리고 있는 평화롭고 풍요로운 땅이었다. 토로골진의 아버지는 칭기스칸 가계(家系)를 뜻하는 소위 '황금씨족'의 발원지인 보르지긴계의 창시자 보르지기다이였고, 어머니는 몽골이라는 이름을 길이 남기게 한 이름 몽골진 고아였다.

알랑 고아는 이곳에 정착을 하여 다섯 명의 아들을 낳는다. 두 명은 남편이 살아있을 때 낳은 아들이지만, 나머지 셋은 남편 없이 낳은 아들이었다. 이 세 명의 아들은 전설이나 설화 속에서 흔히 나오는 탄생 배경을 가지고 있었다.

남편 없이 홀로 살아가는 젊은 여인에게 밤은 무척이나 길었다. 긴

밤 동안 알랑 고아는 터넛(겔의 천장에 있는 창)을 통하여 별들이 움직이는 모습을 바라보며 먼저 간 남편 도분 메르겐을 그리워하곤 하였다. 때로는 문틈 사이로 미어져 들어오는 달빛을 벗 삼아 가슴 속에 묻어둔 이야기를 하기도 하였다. 그러던 어느 날, 터넛을 통하여 밝은 빛이 들어왔다. 밝고 노란빛이었다. 그 빛은 밝고 노란 사람으로 변하더니, 그녀의 배를 쓰다듬고 문질렀다. 그리고 어느 순간에 그녀의 뱃속으로 스며들었다. 그것이 밤마다 계속되었다. 어느 날은 달빛이 스며들던 문의 틈새로 달빛을 따라 들어오기도 하였다. 그 빛은 아니, 그 '빛의 사람' 은 밤새도록 알랑 고아와 함께 있다가 달이 지고 해가 뜰 새벽 무렵에 사라졌다. 갈 때는 누런 개처럼 기어나가는 것이었다.

빛의 사람은 장차 자기를 닮아서 회색의 눈과 황색의 피부를 가진 후손이 나올 것이라고 말했다. 빛의 사람을 통해 태어난 세 명의 아들들은 예언대로 회색의 눈을 가졌다. 그녀는 자신을 의심하는 두 아들들에게 이와 같은 사실을 이야기 하면서 꾸짖었다.

너희들은 왜 함부로 말하는가?
그렇게 알면
그 상징은
하늘의 아들들!
너희들은 왜 검은머리의 인간들과
견주어 말하는가?
모든 자들의 왕이 되면
평범한 인간들은 그때야 깨닫게 되리라!

빛의 자식들! 하늘의 아들들! 알랑 고아는 전설을 창조하였고 스스로 전설의 주인공이 되었다. 그뿐만 아니라 그녀는 자신이 만든 전설이 이루어질 것을 믿었다. 위대한 어머니의 꿈과 그 꿈을 이루기 위한 훌륭한 교육을 통하여 이들 다섯 명의 빛의 자식들은 몽골 민족의 대표적인 다섯 조상이 되었다. 그 중에서 보르지긴계의 시조는 보돈차르이고, 그는 알랑 고아의 막내아들이었다.

2. 몽골 울루스의 시대

이제 역사에서 몽골족이 그 첫 모습을 드러낸 8세기 중엽으로 가 보자. 몽골족이 등장하는 지역은 흑룡강의 중상류인 에르군네강 유역이다. 그때 그들은 주변의 몇몇 제국들에 눌려 에르군네강 일대에 고요히 잠복해 있었다. 9세기 중엽 키르키즈족이 막강한 위구르제국을 붕괴시키면서 기존의 국제 정세에는 커다란 균열이 생긴다. 비슷한 시기에 중앙아시아를 지배하던 토번제국과 중원의 당제국 역시 쇠퇴의 조짐을 보이게 된다.

위구르·토번·당. 이 3대 제국의 와해와 쇠퇴는 눌려 지내던 군소 세력들에게는 발흥의 기회였을 것이다. 몽골족 역시 그 시기를 틈타 동몽골 고원의 오논강과 케룰렌호 일대로 이동해 나간다. 마침내 그들이 대망의 몽골고원 진입에 성공한 것은 11~12세기 무렵이었다. 그러나 그들 앞에 기다리고 있는 것은 몽골고원의 냉혹한 생존 법칙이었다. 그들은 곧바로 고원 내의 세력들과 투쟁할 준비를 갖춘다. 사실 그 무렵 몽골고원에 산재한 씨족의 수는 적게는 50여 개에서 많게는 80여 개에

몽골제국의 제2대 칸인 어거데이가 썼다는
몽골비사. 몽골어본은 소실되었고 원나라
때 쿠빌라이가 기록한 한자본이 전해진다.
몽골국립역사박물관 소장.

이르고 있었다. 그들은 모두 몽골고원 진입 후, 각자의 능력에 따라 연
합·예속 등으로 생존을 도모했다. 그러나 그 자세한 내막은 역사에 남
아 있지 않다. 다만 보르지긴 씨족은 끝내 천하를 제패함으로써 몽골제
국의 정사(正史)인 『몽골비사』와 페르시아 지역에 자리 잡은 몽골의 후
계 제국 일칸국의 정사인 『집사(集史)』에 그 기원 설화와 족보 등이 남
아 있다. 보르지긴이 바로 몽골의 정통이자 훗날 칭기스칸을 배출한 씨
족이다.

　보르지긴계가 본격적으로 초원지대에 정착한 시기는 칭기스칸의 6
대조인 카이도 때부터이다. 카이도는 잘라이르 부족을 격파하면서 본
격적으로 세력을 확장했고, 보르지긴계는 오논강 일대의 새로운 강자
로 자리를 잡았다. 보르지긴계는 초원의 강자 케레이트족의 용병으로
활동하면서, 독자세력으로 거듭날 수 있는 기회를 노리고 있었다. 그 기
회는 카이도의 증손자에 해당하는 카불칸과 암바가이칸 때에 찾아왔다.

키타이(거란, 遼)가 기울어져 가고, 새로이 주르첸(여진, 金)이 일어나던 시기인 12세기 초엽, 몽골족은 그들이 세운 최초의 국가 몽골 울루스(Mongol Ulus)를 건설한다. 칭기스칸이 몽골초원을 통일하여 세운 국가를 예케 몽골 울루스(대몽골제국, Eke Mongol Ulus)라고 하는데 대하여, 대제국의 전조(前兆)였던 이 시기를 몽골 울루스라고 부른다. 10~11세기의 몽골은 부족국가의 시대였다. 울루스(Ulus)란 부족국가의 연맹체를 지칭할 때 사용하는 용어였다.

그 주역은 칭기스칸의 증조부 카불칸과 그의 동맹자 암바가이칸이었다. 칭기스칸이 제국을 성립하기 이미 칠십 여 년 전에 카불칸은 최초로 칸(황제)이라는 칭호로 얻었다. 카불칸은 탁월한 지도자였다. 그는 당시 유목세력에 대한 통제권을 가진 금나라의 권위를 대담하게 부정했다. 그로 인해 결국 금나라와 싸웠고 승리했으며 그 대가로 상당수의 소와 양 그리고 곡식을 제공받았다. 그러나 카불칸의 통일 세상은 오래 가지 못했다.

3. 고원을 떠도는 다섯 마리의 맹수들

몽골왕국이 성립될 당시 유력한 유목 부족들이 고원의 곳곳에 자리 잡고 있었다. 고원의 절반은 광활한 대초원 지대지만, 그 나머지는 원시림과 호수, 그리고 반(半)사막 지대로 이루어져 있었다. 때문에 고원에 거주하던 유목 부족들 간에는 살고 있는 지역에 따라 사육하는 가축의 종류는 물론 생활양식도 차이가 있었다.

서로 다른 길을 선택해 살아가는 여러 부족들 중 몽골고원의 정세를 변화시킬 수 있는 세력은 타타르·케레이트·나이만·메르키트·몽골 등 다섯 부족이었다. 그들은 달라도 너무나 달랐다.

첫째, 야생의 사냥개 타타르족

동몽골의 광활한 초원 지대인 케룰렌호, 보이르호 일대에 거주하던 타타르족은 여섯 개 씨족 집단으로 이루어진 부족이었다. 그러나 타타르는 시라무렌강 일대에서 발원한 거란의 견제를 받으면서 분열됐다. 타타르의 유목지인 보이르호 일대는 몽골고원에서 가장 풍요로운 초지를 자랑하는 곳이다. 오늘날 메넨긴탈(풍요의 들판)이라 불리는 광대한 초원 지대는 몽골 최대의 말 산지이자 명마의 고향으로 유명하다. 우리나라 제주도 조랑말의 고향이기도 하다. 천혜의 목마장을 장악한 타타르족은 고원 내의 유목 부족 중 가장 많은 말들을 소유하고 있었다. 그들은 은제 요람과 진주가 달린 비단 이불을 사용할 정도로 생활수준도 높은 편이었다.

일칸국의 역사서 『집사』는 12세기 무렵 타타르의 인구가 6만 호에 달한다고 기록하고 있다. 타타르가 얼마나 무서운 부족이었는가는 거란의 통제가 느슨해진 요나라 말기에 타타르족의 한 씨족에 불과한 알치 타타르가 고원 중부의 강자인 케레이트족을 공격하여 케레이트군 4만 명을 죽였다는 기록에서도 입증된다.

타타르는 풍부한 인적·물적 자원에 힘입어 몽골고원을 통일할 수 있는 가장 유력한 후보라고 할 수 있었다. 그러나 타타르에게는 요나라와 금나라 같은 중원의 강대국과 변경을 맞대고 있다는 치명적인 약점이 있었다. 거란족이나 여진족은 타타르의 씨족들을 서로 분리·대립시켜, 그들이 지닌 잠재적인 위협을 제거함은 물론 그들을 통해 고원 내의 세력들을 통제하려 했다. 그로 인해 타타르는 동족상잔의 비극을 맞게 되고, 고원 내의 부족들과도 철천지원수가 된다.

칭기스칸의 비수가 눈앞에 닥친 순간까지 타타르가 서로 연합을 이루지 못해 각개격파를 당했다는 사실은 금나라의 타타르 분열 정책이 얼마나 철저하고 집요했는가를 보여준다. 이 점에서 타타르는 울부짖는 늑대라기보다는 스스로를 방어하고 물어뜯는 사냥개 부족이었다. 그러나 주인에게 틈이 보이면 언제든지 늑대로 돌아갈 준비가 되어 있는 야생의 사냥개였다.

둘째, 중앙의 사나운 늑대 케레이트족

몽골고원의 중부인 토올라강과 오르혼강 일대에 자리잡은 케레이트족은 일찍이 중앙 집권이 이루어진 부족으로, 도합 여섯 개 씨족 집단으로 이루어져 있었다. 케레이트족은 족장들이 요한이나 마르코스라는 기독교의 세례명을 자신들의 이름으로 사용할 만큼 서방 문화의 영향을 강하게 받고 있었다. 당시 몽골고원에 진출한 기독교는 경교, 즉 네스토리우스교였다. 케레이트족은 거란이나 금나라와 떨어져 있어 비교적 자유로울 수 있었으나 그것으로 인해 오히려 견제의 대상이 되기도 했다. 그들은 몽골고원에서 가장 유리한 조건을 갖춘 거친 늑대였다. 이 사나운 늑대는 늘 초원의 맹주를 갈망했다. 또 항상 그러한 꿈을 지닌 채 인근의 메르키트나 보르지긴계 몽골족과 이합집산을 거듭하며 초원을 누비고 다녔다.

그러나 이 사나운 늑대에게도 피할 수 없는 아킬레스건이 있었다. 하나는 그들과의 공존을 거부하는 서쪽의 나이만족이고, 다른 하나는 거란과 금나라였다. 거란과 금나라는 케레이트족이 고원의 맹주가 되는 것을 막기 위해 타타르를 움직이곤 했다. 타타르족은 케레이트족 사람들을 무차별 공격했다. 두 부족의 관계는 같은 하늘 아래에 공존할 수 없을 정도로 악화됐다.

셋째, 서몽골 고원의 하이에나 나이만족

눈 덮인 알타이 산맥과 그 사이에 펼쳐져 있는 초원 지대에서 살던 나이만족은 케레이트와 쌍벽을 이루는 유목부족이었다. 서몽골고원의 맹주인 나이만은 오이라트족 및 엉구트족과 정치적 연합을 결성하고 있었으며, 케레이트족처럼 네스토리우스교를 숭배했다. 12세기 초에 이르러서는 유목 제국이라는 표현이 더 어울릴 만큼 잘 정비된 군사·행정 체제를 갖추었다.

거란이나 금나라의 변방에서 멀리 떨어져 있는 나이만족은 케레이트족과 천적이었다. 그들은 케레이트족이 타타르 등의 공격을 받아 곤경에 빠질 징후만 포착하면 어김없이 습격했다. 이런 점에서 나이만족은 하이에나와 같은 집단이었다.

넷째, 북쪽의 여우 메르키트족

몽골고원의 중북부인 셀렝게 강변에 살던 메르키트족은 세 개의 씨족집단으로 이루어져 있었다. 그중 오도이트 씨족은 세습 군장을 배출하는 지배 씨족으로, 거란 말 금나라 초 고원의 강자인 케레이트족을 추종하며 몽골고원을 누비고 다녔다.

메르키트족은 몽골고원의 정세를 결정적으로 변화시킬 만큼 규모가 크지는 않았다. 그러나 결집력이 강한 그들은 주변의 몽골족이나 케레이트족이 위기에 처하면 서슴지 않고 공격하는 이율배반적인 집단이었

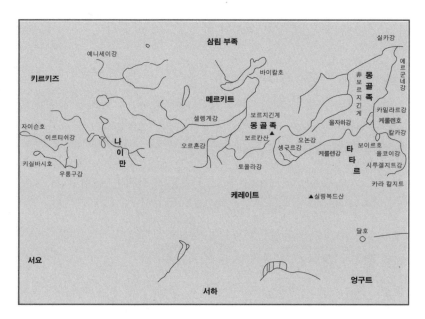

칭기스칸 발흥 당시 몽골고원의 형세도

다. 이런 기회주의적 성격은 훗날 몽골부가 내부 분열에 휩싸였을 때 칭기스칸의 아내를 빼앗아왔던 것에서도 잘 나타난다.

　메르키트족은 규모는 작았지만, 전갈과 같은 독을 지니고 있는 여우였다. 이 여우는 몸집 큰 늑대들의 밥이 되지 않기 위해 본능적으로 주변정세에 민감하게 반응하는 후각을 겸비하고 있었다. 유리하면 적극적으로 참가하되, 불리하면 바이칼호 주변의 밀림 속으로 몸을 숨기는 영악함도 지니고 있었다. 그러나 생존을 위해 지녀야만 했던 영악함은 자신들을 파멸시키는 촉매제가 됐다. 파멸을 부른 촉매는 칭기스칸 일가와 맺은 전생의 업보 같은 악연이었다.『집사』에 의하면 칭기스칸은 메르키트족을 이렇게 평하고 있다.

이 세상에서 메르키트족보다 더 나쁜 부족은 없다.

다섯째, 굶주린 푸른 늑대 몽골족

케룰렌강이 있는데 거기서부터 멀리 흥안령산맥에 이르는 지역에 타타르가 있었다. 바로 그 오른쪽 위, 그러니까 케룰렌강과 오논강 사이에서 계절이동을 하며 유목생활을 하던 초라한 세력이 있었는데, 그들이 바로 몽골족이었다. 말하자면, 그들은 굶주린 푸른 늑대였다.

이 다섯 세력이 차지하고 있던 전체 면적은 넓은 땅이 아니었다. 정착 농경민들이 아닌 유목민으로서는 방목조차도 안정적으로 펼치기 곤란한 척박한 땅이었다. 과거 흉노제국에 비하면 그 3분의 1, 돌궐제국과 견주면 그 절반 정도나 되었을까? 그 안에서 다시 사분오열해 있는 민족들, 또 그 안에서 다시 여러 개의 작은 부족별로 나뉜 채 전개하는 무서운 대립갈등 ……. 몽골 세력은 그 수난의 한복판에 자리해 있었다.

4. 손가락이 닳도록 원수를 갚아라

몽골족이 다섯 부족을 통일했을 때 고원을 둘러싼 3대 세력은 금·서하·서요였다. 그중 고원의 정세에 가장 민감한 반응을 보인 세력은 중원의 금나라였다. 금나라는 자신들의 확고한 무력적 우위를 내세워 대화와 타협을 인정치 않았다. 그들이 몽골고원에 개입하자 고원은 재앙에 휩싸일 수밖에 없었다.

금나라의 대(對)북방 유목민 정책의 초점은 거란과 마찬가지로 몽골고원에 대세력이 형성되는 것을 사전에 막는 데 있었다. 고원 내의 제 세력을 서로 분열·대립시키는 정책은 최소 비용으로 최대 효과를 거둘 수 있는 방법이기도 했다. 금나라는 먼저 타타르족을 분열시킨 뒤 자신들의 변방 용병 부대로 삼았다. 그들을 통해 고원 내의 유력 집단들이 힘을 결집하지 못하도록 감시했다.

타타르족을 앞세운 금나라의 북방 정책은 즉각 효력을 발휘해 고원 내 세력들은 서로 물고 물리는 싸움을 벌이기 시작했다. 금나라의 개입으로 가장 큰 피해를 입은 곳은 몽골족이었다. 몽골족은 카불칸 때 몽골 울루스라는 정치적 독립체를 결성한 후 인근의 타타르는 물론 금나라의 변방까지 침입하였다. 금나라의 입장에서 몽골족은 제거해야 할 고원의 골칫덩이였다. 결국 몽골족은 금나라와 타타르족의 집중 견제를 받아 2대 칸인 암바가이가 사로잡히는 최악의 상황으로까지 몰렸다.

타타르의 용병 부대에 사로잡힌 암바가이칸은 금나라로 끌려가 나무로 만든 당나귀 형틀에 못 박혀 죽었다. 『몽골비사』에는 그가 죽음을 앞두고 행한 유언이 다음과 같이 실려 있다.

나는 타타르인에게 잡혔다.
너희들은 다섯 손가락의 손톱이 모두 닳아 없어질 때까지,
열 손가락이 모두 마모될 때까지 나의 원수를 갚아다오.

당시 몽골족의 처절한 상황을 그대로 반영해 주는 유언이었다. 타타르 용병 부대를 통한 금나라의 납치와 테러는 귀천(貴賤)을 가리지 않고 행해졌다. 위기에 쌓인 몽골족은 최후의 결전을 준비했다.

암바가이칸은 유언을 통해 후계 칸의 자격을 제시했다. 그에 따라 키야트 씨족 출신 괴력의 용사 코톨라가 3대 칸으로 선출됐다. 코톨라를 옹립한 몽골족은 출정에 나섰다. 그러나 역사상 '13차전'(몽골족과 타타르족이 열세 번 전쟁을 했다 하여 붙여진 이름)으로 알려진 몽골족과 타타르족 간의 전쟁은 분전에도 불구하고 몽골 측의 패배로 끝났다. 전쟁의 패배로 코톨라칸은 전쟁 수행능력과 지도자의 자질을 의심받았다. 지도력의 약화는 귀족들의 반발과 내분으로 발전했고, 몽골 울루스는 결국 역사 속으로 사라졌다.

몽골 울루스의 붕괴는 몽골고원의 기존 질서를 무너뜨리고 판도의 변화를 몰고 왔다. 그들은 끼리끼리 무리를 지어 적과 동지를 가리지 않고 서로 싸웠다. 금나라가 원한 대로 몽골고원은 싸움터로 변했다. 당시의 상황을 『몽골비사』는 다음과 같이 전하고 있다.

> 수많은 별을 가진 하늘도 돌고 있었다.
> 모든 나라는 우리를 배반했다.
> 편안히 침대 위로 들어가 자지도 못하고 서로 노략질했다.
> 푸른 풀로 덮인 대지도 구르고 있었다.
> 온 나라가 서로 다투고 있었다.
> 편안히 이불 속에 들어가 눕지도 못하고 서로 공격했다.

이 혼란의 시기에 금나라의 북방정책은 날이 갈수록 잔인해져 세종 (1161~1189)은 나치의 유대인 학살과 같은 감정(減丁) 정책을 마련했다. 이 정책은 '몽골고원의 남자들을 모두 죽여 없앤다' 는 프로그램이었다. 세종의 유목민 학살 프로그램은 3년마다 어김없이 실행되었고,

그것은 몽골 부족들에게 골수에 박힌 원한을 심어주었다. 건장한 남자들은 무참히 학살당하고, 여자나 어린아이들은 노예가 되어 산동이나 하북의 농가로 팔려나갔다. 그 와중에 몽골족의 새로운 시대를 꿈꾸는 자들이 기지개를 펴기 시작했다.

유목민들의 투쟁은 목지·가축·약탈물 그리고 다른 유목집단의 복속을 둘러싸고 일어났다. 주로 힘의 균형이 깨어진 시기에 대부분의 전투가 벌어졌다. 하지만 당시에 가장 중요하게 작용한 원인은 유목 세력 내부는 분열되어 있는 반면, 그를 둘러싼 주변의 정착문명 세계는 이들의 분열을 조장, 획책하고 있었던 탓이었다. 특히 남쪽의 비옥한 땅을 차지하고 있던 당시의 중국 왕조 금나라는 이들을 북방으로 몰아넣고 서로 분열시킴으로써 유목세력의 이동성을 그들 내부로 한정시키는 억제 전략에 성공하고 있었다. 몽골고원의 유목민들은 서로 다른 부족들 간에는 물론이고 자기들 내부에서조차도 끊임없이 서로 싸우며 물어뜯었다.

칭기스칸! 그가 태어난 곳은 척박한 땅이었다. 그 땅에서 생산된 것으로는 모든 사람이 먹을 수 없었다. 살기 위해서는 누군가의 것을 뺏어야 했고 뺏기 위해 죽여야 했다. 누군가의 죽음이 유예한 시간만큼을 겨우 살아갈 수 있는 땅. 1162년 칭기스칸이 그 땅에서 태어난다.

어린 시절 칭기스칸은 개를 무서워했고, 잘 울었다. 아버지는 독살당했고 어머니는 납치되어 왔다. 청년이 되기 전까지 그는 초원의 변방에서 들쥐와 물고기를 먹고 살았다. 부모로부터 비운의 생애가 대물림되어 그 자신에게까지 이어진 것이다. 그리하여 아무도 가족을 보호해줄 사람이 없는 처지에 놓여 있었던 그들의 운명은 누구나 처분 가능한 것이 되었다. 어린 테무진은 자신과 어머니와 동생들의 운명을 지킬 유일한 수호자의 임무를 악조건 속에서 펼쳐간다. 칭기스칸의 유년 시절에 대해 『유라시아 유목 제국사』에서 르네 그루쎄는 이렇게 말한다.

유년기의 방랑, 매서운 추위와 숨막히는 더위에 대한 저항력,
비상한 참을성, 패배·후퇴·포로 상태에서의 부상과 학대에

개의치 않음은 모두 칭기스칸의 놀라운 생명력을 입증한다. 칭기스칸의 육체는 청년기부터 더할 수 없이 한랭한 기후와 한없이 불확실한 환경에서의 단련으로 가장 가혹한 시련에도 길들여져 있었다. 테무진의 정신은 자기가 받았던 시련으로 인해 처음부터 담금질되어 있었다. 이러한 경험들은 그를 철인(鐵人), 세계를 경악케 한 사람으로 만들게끔 되어 있었다.

1. 납치당한 어머니 허엘룬

몽골 울루스의 붕괴 후 몽골족의 내부 혼란은 극에 달했고, 자신의 이익에 따라 이합집산이 난무하는 약육강식의 시대로 변했다. 이 같은 상황에서 내부의 갈등을 마감할 날을 꿈꾸는 사나이가 있었다. 그는 예수게이라는 쇠락한 몽골 부족의 리더였다. 피와 울음이 대지를 적시는 분열의 시대를 끝내고 초원을 통일하고자 꿈꾸었던 그는 한때 몽골의 지도자였고 짧은 동안이나마 몽골 전체를 다스린 적이 있었던 카불칸의 손자였다. 예수게이의 할아버지 카불칸 시절을 몽골인들은 두고두고 추억했다. 그것은 후손들에게 당연히 선대로부터 물려받은 유업이 되었다. 그 유업을 자신의 정치적 과제로 내세웠던 사나이 예수게이는 웅대한 야심을 품고 다섯 세력 가운데 가장 강력한 힘을 지닌 타타르와 맞서 싸웠으며 제법 교활한 행동으로 다른 부족들과의 관계에서 세력 균형을 꾀했다.

예수게이는 고원에 그의 이름을 먼저 알릴 필요가 있었다. 기회는 기다리는 자의 것이라 했던가. 예수게이에게 바로 그 기회가 찾아왔다. 메르키트의 젊은 지도자 칠레두와 결혼을 하러 가는 허엘룬을 약탈하기로 작정한 것이 바로 그 기회였다. 그 여인을 약탈했을 경우 생기는 이익은 두 가지였다.

하나는 몽골족의 오랜 처족인 옹기라트 씨족과 몽골족의 적대 세력인 메르키트족 간의 결혼 동맹 시도를 사전에 파괴했다는 상징성이었다. 이 영웅담은 청년 예수게이를 순식간에 몽골족의 자랑스런 용사로 만들어줄 것이 분명했다.

또 하나는 올코노오트 씨족장의 사위라는 칭호였다. 올코노오트는 옹기라트족의 중요한 씨족 중에 하나였다. 몽골족의 맹주를 꿈꾸는 이 청년에게 올코노오트 씨족이라는 강력한 처갓집의 존재는 큰 힘이 될 것이었다. 용의주도한 사나이 예수게이는 허엘룬과 칠레두가 몽골의 결혼 관습에 따라 초원의 신성한 장소에서 첫날밤을 치르기 전에 기습해 신부 허엘룬을 약탈했다. 예수게이와 허엘룬은 그렇게 만났다. 야수 같은 사나이의 습격에 허엘룬은 입맞춤 한번 못하고 오직 눈빛만 마주쳤던 신랑을 애절한 슬픔 속에 떠나보내야만 했다. 칭기스칸을 낳아 황금씨족을 탄생시킨 몽골의 성스러운 어머니 허엘룬. 『몽골비사』는 그녀가 겪었던 비련의 사연을 구슬프게 묘사하고 있다.

사랑하는 나의 님에게 내 속옷을 바칩니다.
그대는 다시 사랑하는 여인을 만나
내 속옷의 향기처럼 그 여인을
나를 대하듯 사랑하소서.
그리고 영원토록 그대를 사모할 내 사랑의 향기도 잊지 마소서.
그대는 비바람 휘몰아치는 광야에서 나를 그리며 울고 있지는 않나요.

배고픔에 쌓인 채 흐르는 눈물을 두 손으로 닦고 있지는 않나요.
그대는 그 고운 머리칼을 휘날리며 지금 어디쯤 가고 있나요.
아, 나의 사랑! 칠레두 …….

여인은 오논강에 물결이 일어나고 숲이 흔들릴 정도의 큰소리로 울었다. 하지만 이 아름다운 마음씨를 가진 비련의 주인공은 꼼짝없이 예수게이의 아내가 되어야 했다.

여인이여! 슬퍼하는 여인이여!
그대가 그토록 포옹하고 싶어 하는 사람은 이미 수많은 고개
를 넘어갔다.
지금 그대가 울어주는 그 님은 이미 수많은 강을 건너갔다.
모든 것은 흘러 원점으로 돌아가듯
아무리 애달픈 사연도 세월의 바다에 파묻혀 사라지리니
울음을 멈추고 예수게이 바아토르의 뒤를 따르라.

몽골족 보르지긴계의 귀족인 예수게이에게 딸을 약탈당한 옹기라트 씨족은 이 냉혹한 현실 앞에 눈을 감은 채 그들의 좌우명을 어루만질 수밖에 없었다. 그것은 생존을 위한 좌우명이었다.

우리는 다른 씨족의 사람들처럼 나라의 지배권을 둘러싸고
다투지 않는다.
오직 아름다운 여인으로만 승부할 뿐이다.
또 혼인의 과정이 아니라 결과만 인정할 뿐이다.

약탈혼은 유목민족의 전통적인 혼인 방식으로 우리에게 알려져 있다. 그러나 이는 잘못된 것이다. 예수게이의 허엘룬 납치 사건으로 인해 메르키트족은 몽골족에게 뿌리 깊은 원한을 갖게 되고 이는 예수게이의 아들 칭기스칸 대에 이르러 '메르키트 혈통 콤플렉스'라고 불리는 비극의 씨앗을 제공한다. 그것은 다름 아닌 메르키트족이 역으로 칭기스칸의 아내를 납치한 사건이었다. 황금씨족의 역사에 씻을 수 없는 분노와 좌절을 안겨주었던 그 사건은 허엘룬 납치 사건에 대한 메르키트족의 보복이었다.

2. 독살당한 아버지 예수게이

고원에 자신의 이름을 알린 예수게이가 처음으로 능력을 과시한 것은 몽골족과 타타르족 간에 벌어진 13차전이었다. 그 전쟁에서 예수게이는 코리 보카와 테무진 우게를 비롯한 타타르족의 귀족들을 사로잡았다. 몽골족이 타타르족에 밀리는 상황에서 거둔 예수게이의 공적은 주위의 주목을 받기에 충분했다.

예수게이가 타타르와 싸울 때 허엘룬은 첫 아이를 잉태했다. 공교롭게도 허엘룬은 예수게이가 적장 테무진 우게를 포로로 잡던 날 아이를 낳았다. 1162년 한 사내아이가 양의 복사뼈만한 핏덩이를 주먹에 꽉 쥔 채 태어났다. 아이의 주먹에 쥐어진 복사뼈만한 핏덩이는 사람들에게 용기, 전투, 그리고 승리의 표시로 해석되었다. 예수게이가 그때 태어난 첫아들에게 적장의 이름인 테무진이라는 명칭을 붙여준 것은 자신의 공적을 과시하려는 의도와 무관치 않을 것이다. 『몽골비사』에는 테무진, 즉 칭기스칸이 태어날 때의 상황을 다음과 같이 묘사하고 있다.

> 허엘룬이 오논강의 델리운 볼다크에 있었을 때 칭기스칸을 낳았다. 칭기스칸은 태어날 때 오른손에 양의 복사뼈 정도 크기의 핏덩어리를 쥐고 나왔다. 예수게이 바아토르는 이 아들이 타타르족의 테무진 우게를 잡아왔을 때 태어났다고 하여 테무진이란 이름을 지어 주었다.

그러나 예수게이가 주목받는 지도자로 인정받는 진짜 배경은 다른 데 있었다. 예수게이에게는 누구도 갖지 못한 특출한 능력과 자질이 있었다. 바로 대화와 타협에 관한 탁월한 능력이었다. 그러나 그는 정직한 대화나 타협보다는 권모술수로 무장된 타협을 하는 냉혹한 사람이었다. 상대편에게 두려움을 선사하는 그의 능력은 타타르와의 13차에 걸친 전쟁 이후 본격적으로 나타나기 시작했다.

당시 몽골족의 최고 강자는 타르코타이 키릴토크였다. 타르코타이 키릴토크는 타이치오트족과 극력하게 대립하며 무력으로 그들을 장악하고 있었는데, 예수게이는 타르코타이 키릴토크를 설득해 동맹을 맺는 한편, 케레이트족의 실력자인 토오릴(옹칸)을 도와 그의 입지를 회복시켜 주었다. 자칫하면 권력을 잃을 위기의 순간에 예수게이의 도움을 받은 토오릴은 감격에 겨운 가운데 형제의 맹약, 즉 안다를 맺었다. 이것이 그 유명한 '카라툰(검은 숲)의 맹약' 이다.

태어난 곳은 달라도 죽는 곳은 같다.

칭기스칸의 아버지이자 반면교사(反面敎師)였던 예수게이 인물도(추정화).
부족의 배신, 이복형제의 싸움, 지독히도 가난한 어린 시절,
이것들이 바로 예수게이가 칭기스칸에게 물려준 유산들이다.

토오릴이 예수게이에게 얼마나 감격했는가는 『몽골비사』의 다음과 같은 구절에서도 드러난다.

> 토올라 강변의 카라툰에서 나의 아버지인 칸(옹칸)은 예수게이칸과 안다의 맹을 맺었다. 그곳에서 맹을 맺을 때 옹칸(토오릴)은 '너의 이 은혜에 대한 보답은 네 자손의 자손에 이를 때까지 반드시 갚겠다. 나는 이를 하늘과 땅에 맹세한다' 라고 하면서 나의 아버지인 예수게이칸에게 아주 감격했었다.

이것은 1203년 케레이트족과의 싸움에서 칭기스칸이 패배를 당한 뒤, 사신을 파견해 옹칸을 맹비난하고 있는 부분을 묘사한 대목이다. 당시 칭기스칸은 옹칸의 법적인 아들이었기 때문에 옹칸에게 아버지란 호칭을 붙이고 있다. 이 카라툰의 맹약은 비명횡사한 예수게이가 생존했을 때 이루어 놓은 야망의 결정판인 동시에 아들 칭기스칸에게 남겨 준 가장 긴요한 선물이었다. 예수게이와 토오릴 사이에 맺어진 이 맹약은 당시 몽골족 사람들에게는 큰 충격이었다. 이는 임종을 앞둔 몽골 울루스의 마지막 칸인 코톨라가 예수게이에게 남겼다는 충고를 『집사』는 생생히 전하고 있다.

> 네가 옹칸과 안다를 맺는다는 것은 결코 좋은 일이 아니다. 나는 옹칸을 누구보다도 잘 알고 있다. 차라리 구르칸(옹칸의 숙부)과 안다를 맺는 편이 훨씬 낫다. 구르칸은 온유한 성격을 가지고 있지만, 옹칸은 자기의 형제들을 죽이고 빛나는 부족기(部族旗)들을 피로 물들인 자다.

예수게이는 타르코타이 키릴토크, 토오릴(옹칸)과는 안다의 협약을 체결했고 그밖에 중립적인 태도를 취하던 몽골의 유력 씨족들에게는 정략결혼을 내세워 접근했다. 예수게이는 아들 테무진이 아홉 살에 이르자 곧바로 옹기라트의 지도자 데이 세첸에게 데릴사위로 주었다. 곧 장성할 아들이 줄줄이 남아 있던 예수게이에게 정략결혼이라는 유혹은 달콤한 꿈이었을 것이다. 그러나 그 꿈은 아이들이 미처 자라기도 전에 예수게이 자신이 독살을 당함으로써 산산이 깨지게 된다.

예수게이는 칭기스칸이 열세 살 되던 해 타타르인들에게 독살당했다. 잔인하고 냉정한 타협자였던 예수게이가 자신이 구축한 인적 시스템을 가동해 보기도 전에 죽음을 맞은 것이다. 예수게이가 죽자 그가 구축한 시스템은 사상누각에 지나지 않았다. 이는 예수게이의 죽음 뒤에 전개된 비극적인 상황들이 말해 준다.

예수게이의 무력 기반은 자신이 구축한 키야트 보르지긴이라는 직계 집단과 그 연합체인 타르코타이 키릴토크의 타이치오트 씨족 무력 집단이었다. 그들의 동맹은 밖에서 보기엔 단단했지만 자세히 들여다보면 충성심이 없는 너커르(동지)들, 체계적인 조직 없이 구성된 예속민 부락, 믿음 대신 야욕으로 가득 찬 동맹 파트너 등으로 이루어진 자신의 이익에 눈 먼 모래알 같은 집단에 지나지 않았다.

이런 내부의 문제점들은 예수게이가 죽자 송두리째 드러났다. 타르코타이 키릴토크를 정점으로 이루어진 동맹은 예수게이의 사망과 함께 파기되었다. 파기 선언은 『몽골비사』에 다음과 같이 적혀 있다.

깊은 샘물은 말랐고 단단한 돌은 깨어졌다.

타르코타이 키릴토크는 동맹을 파기하면서 남은 자가 죽은 자의 모든 것을 차지한다는 제로섬 게임의 규칙을 적용했다. 그는 이 규칙에 이의를 제기한 예수게이 측의 너커르인 차라카를 부족민 모두가 보는 앞에서 창으로 난자했다.

예수게이의 야망은 그의 죽음과 함께 물거품으로 변했다. 예수게이가 어린 아들 테무진에게 남긴 것은 아무 것도 없었다. 테무진은 냉혹한 적들과 혹독한 초원에 홀로 남겨졌다.

3. 늑대를 길러낸 철의 여인

예수게이의 시대는 안팎으로 불길한 구름들이 고원의 곳곳에서 피어나고 몰려오던 격동의 시기였다. 허엘룬은 남편 예수게이가 세력을 확대한 덕택에 잠시나마 몽골부의 존경받는 귀부인으로서 행복을 누렸다. 하지만 예수게이의 죽음과 함께 허엘룬의 짧은 행복은 끝나버렸다. 그녀를 기다리고 있는 것은 기나긴 고통의 세월뿐이었다.

예수게이가 죽은 뒤, 허엘룬은 씨족의 제사 후에 씨족 사람이면 누구나 분배받는 음식물까지도 제대로 받지 못했다. 예수게이가 거느렸던 용사나 예속민들도 새로운 씨족장 타르코타이 키릴토크에게 전부 헌납해야 했다. 그러나 허엘룬은 어떠한 역경에도 굴복치 않는 강철 같은 여인이었다. 그녀는 고난의 시대를 살았던 우리의 어머니들처럼 자식을 위해 모든 것을 바쳤다. 『몽골비사』에는 허엘룬이 타르코타이 키릴토크에게 예수게이의 모든 것을 약탈당할 때 취한 행동이 다음과 같이 실려 있다.

어린 테무진은 울고 있었다.

타르코타이 키릴토크가 모든 것을 빼앗았다.

동맹자들은 냉혹히 예수게이의 아들들을 저버렸다.

이 비극의 순간에 어머니 허엘룬은 키야트 보르지긴 씨족을 상징하는

그 빛나는 깃발을 움켜잡았다.

그리고 절규하듯 그들의 앞길을 막았다.

그러나 모든 백성들은 동맹자의 뒤를 따라 떠나갔다.

허엘룬에게 남겨진 일생은 험난하기만 했다. 예수게이가 남긴 잔혹한 업보까지 뒤집어써야 했다. 모든 키야트계 귀족들은 이 과부와 고아들을 싸늘하게 외면했다. 허엘룬은 수혼제(嫂婚制)의 대상에서도 제외됐다. 수혼제란 고구려나 부여에서도 흔히 발견되는 제도로, 죽은 자의 형이나 아우가 그 미망인과 결혼하는 관습(형사취수제)을 말한다.

그러나 허엘룬은 야망에 가득 찼던 예수게이 바아토르의 부인이 아니었던가. 모든 난관을 극복하고 아들 테무진을 남편에 버금가는 인물로 키울 의무가 있었다. 이 여인은 배고파 울부짖는 어린 것들의 먹이부터 찾아야 했다. 강한 자가 모든 것을 차지하는 법칙만 통용되는 초원에서 허엘룬은 강인하게 아들들을 키워갔다. 『몽골비사』는 이러한 어머니 허엘룬을 다음과 같이 찬미하고 있다.

여장부로 태어난 어머니 허엘룬!

복타모자를 단단히 매고 허리띠로 델을 치켜올리며

아이들을 키운 어머니 허엘룬!

밤낮으로 오논 강변을 오르내리며

얼리르순(야생 과일)과 모일손(야생 과일)을 주워
배고픈 아이들을 먹였다.
위엄과 행복을 가지고 태어난 어머니 허엘룬!
삼나무 막대기로 수둔(식용 식물)이나 치치기나(식용 식물)를 파서
축복받은 아이들을 먹였다.
어머니 허엘룬이 야생파와 망기르손(야생 마늘)으로 키운 아이들은
이윽고 칸들이 될 만큼 크게 자랐다.
엄격한 어머니 허엘룬!
그녀가 자오가소(야생 과일)로 키운 아이들은 법도 있고 현명하게 자랐다.
아름다운 어머니 허엘룬!
그녀가 캐온 부추와 망기르손을 먹고 자란 철부지 아이들은
두려움을 모르는 훌륭한 용사들이 됐다.

이 싯귀는 육식 생활을 하는 유목 사회에서 초근목피로 연명해야 했던 칭기스칸 일가의 처참한 상황을 전해준다. 그러나 허리띠로 델(한국의 두루마기와 같은 옷)을 치켜 올려 매야 했던 비참한 생활의 와중에도 그녀는 권위의 상징인 복타모자만큼은 벗지 않았다. 허엘룬은 강철 같은 여인이었다.

4. 형제 살해 사건

비극은 가난한 생활 속에서 발생했다. 가족들은 때때로 타르박(몽골 초원의 들쥐)을 사냥하거나 오논강에서 낚시를 했다. 겨울이면 테무진

칭기스칸의 어머니 허엘룬 인물도(추정화). 인간이 겪을 수 있는 극적인 삶을 다 살아낸 여인 허엘룬은 칭기스칸을 야생의 푸른 늑대로 길러냈다.

의 가족들은 가축 몇 마리를 잡았다. 그러나 식량은 늘 부족했다. 테무진의 이복 형제 벡테르는 사냥한 물고기와 동물들을 가로채는 이기심을 자주 드러냈다. 온 가족의 단결이 절실한 상황에서 그런 행동은 치명적인 불신을 초래하는 배신행위였다. 여기서 테무진의 최초의 정치적 행동이 연출된다.

『몽골비사』에 기록된 형제 살인 장면은 이렇다.

어느날 테무진과 동생 카사르는 작은 언덕에서 벡테르를 발견하고는 양쪽 방향에서 다가갔다. 손에는 활이 들려 있었다. 그들의 결심을 알아차린 벡테르는 평소의 오만함을 버리고 체념했다. 테무진이 활 시위를 팽팽하게 당겼다. 벡테르는 자신은 죽이되 남동생 벨구데이만은 죽이지 말아달라고 간청했다. 그리고 죽음을 기다리듯 팔짱을 꼈다. 테무진의 활에서 화살이 날아갔다. 벡테르는 앞으로 쓰러져 고개를 숙인 채 죽었다.

그러나 가족 사이의 문제를 이렇게 푸는 데 대한 어머니 허엘룬의 생각은 달랐다. 허엘룬은 분노했다. 『몽골비사』에는 이복형제를 죽인 뒤 집에 들어온 두 아들에게 미친 듯이 욕을 퍼붓는 한 여인의 피맺힌 절규가 실려 있다.

구제 불능의 망종들!
너는 나의 음부에서 기세 좋게 나올 때
손에 검은 핏덩이를 움켜쥐고 태어났다.
너희들은 자기의 태반을 물어뜯는 맹견처럼
바위에 돌진하는 산 고양이처럼
스스로 분노를 억누르지 못하는 사자처럼

살아 있는 것을 통째로 삼키는 이무기처럼

자신의 그림자를 보고 달려드는 송골매처럼

소리 없이 집어삼키는 식인어(食人魚)처럼

어린 새끼의 뒷다리를 물어뜯는 수낙타처럼

눈보라 속에서 먹이를 찾아헤매는 늑대처럼

날지 못하는 어린 새끼들을 잡아먹는 오리처럼

보금자리를 건드리면 무리 지어 덤비는 승냥이처럼

순식간에 덮치는 호랑이처럼

미친 듯이 날뛰며 공격하는 개처럼

그렇게 벡테르를 죽였다.

그림자밖에는 친구가 없고, 꼬리밖에는 채찍이 없는 이 때에

타이치오트 씨족의 형제들이 준 고통이 끝나지도 않은 이 때에

복수를 누가 할 것인가라고 말하고 있는 이 때에

너희들은 어떻게 이런 일을 저질렀단 말인가.

아, 하늘이여! 도대체 내가 어떻게 살아야 한다는 말인가!

비극은 여기에서 그치지 않았다. 허엘룬은 다시 한번 깊은 좌절을 맛보았다.

5. 테무진! 고난에 찬 이승을 잊으라

눈에 불이 있고 뺨에 빛이 있는 새끼 양의 솜털이 빠졌다.

테무진의 성장을 지켜본 타르코타이 키릴토크는 두려웠다. 그 소년에게서 예수게이의 그림자가 보였던 것이다. 예수게이의 동맹자였던 타르코타이 키릴토크는 훗날 자신의 생존을 위협할 테무진을 제거하고자 했다. 소년 테무진은 목에 나무 형틀이 씌워진 채 어머니를 목 놓아 부르며 타르코타이 키릴토크에게 끌려갔다. 허엘룬의 가슴에는 슬픔의 바다만이 남았다.

나의 아들, 테무진!
너의 아버지 예수게이 곁으로 가거라.
그리고 이 고난에 찬 이승을 잊으라.
너를 구하지 못하는 이 한 많은 어머니를 용서해 다오.

타르코타이 키릴토크는 매우 간교한 자였다. 그러나 테무진에게 어느 정도 호감을 갖고 있었다. 그는 예수게이와의 동맹 시절, 적대 세력에 의해 무인지경의 들판에 내팽개쳐진 어린 테무진을 찾아 데리고 온 자였다. 그리고 테무진을 친아들처럼 다루면서 말 타는 법을 가르쳐준 자이기도 했다. 뚱뚱한 키릴토크란 이름을 가진 이 인물은 테무진의 극렬한 적으로 역사에 많이 묘사되고 있다. 그러나 키릴토크는 매우 다른 이중적인 성격을 가지고 있었던 것이 분명하다. 키릴토크는 한편으론 테무진을 두려워하고 경계했지만 다른 한편으로는 어느 정도 애정을 가지고 있었던 것 같다. 그리고 테무진 역시 키릴토크의 이런 마음을 이해하고 있었다.

한 예로, 훗날 칭기스칸이 1200년 타이치오트 씨족을 공격할 때 나아야란 인물이 이 키릴토크를 잡았는데, 키릴토크는 자신과 테무진의 어릴 적 일들을 들먹이며 나를 잡아간다면 오히려 네가 죽임을 당할 것이라고 말한다. 나아야는 그 말을 듣고 키릴토크를 풀어주는데, 칭기스칸은 그 점에 대해 나아야에게 칭찬을 아끼지 않았다.

타르코타이 키릴토크 일파에게 잡혀간 소년 테무진이 사형을 면한 채 소르칸 시라의 도움으로 탈출하게 된 이면에는 키릴토크의 말없는 방조가 있었기에 가능한 일이었다.

타르코타이 키릴토크는 부족민들에게 포로가 된 테무진을 교대로 감시하게 했다. 테무진은 그곳에서 소르칸 시라의 아들 칠라운 형제들을 만나 평생의 친구가 된다. 테무진이 소르칸 시라의 집에 가게 됐을 때 그에게 우호적이던 칠라운 형제는 자신의 집에 온 테무진에게 편히 쉬고 잠을 잘 수 있도록 도와주었다. 그리고 자신의 활과 화살을 내주어 탈출을 위한 결정적인 도움을 준다. 『몽골비사』는 테무진이 탈출에 성공해 어머니를 찾아가는 과정을 슬프고도 담담하게 묘사하고 있다.

소르칸 시라는 어린 테무진에게 활 하나와 화살 두 개만을 주었다. 테무진은 소르칸 시라의 겔을 나와 오논강을 따라 내려갔다. 그 가엾은 소년은 그렇게 내려가다 자기가 잡혀갔던 곳에 이르렀다. 그리고 풀이 밟힌 흔적을 따라 오논강을 거슬러 올라가다 서쪽에서 흘러 내려오는 키모르카 냇물로 들어섰다. 그 작은 냇물을 거슬러 그리운 어머니의 흔적을 찾아 계속 올라갔다. 그리하여 어머니가 키모르카 냇가의 베데르산 산마루에 위치한 코르초코이 볼다크에 있을 때 눈물로 상봉했다.

아들을 되찾은 어머니 허엘룬은 보르칸산의 남쪽에 위치한 푸른 호수 곁으로 삶의 터전을 옮겼다. 허엘룬이 삶의 터전으로 정한 보르칸산은 몽골족의 기원 설화가 숨쉬고 있는 심장과도 같은 곳이다. 테무진 일가는 그 산 주변에서 타르박이나 쿠추구르를 잡아먹으며 연명했다. 그러는 사이 어린 테무진은 점차 초원을 호령할 전사로 변해갔다. 그때 어머니 허엘룬이 했던 말을 『몽골비사』는 이렇게 기록하고 있다.

내 아들, 테무진!
그 옛날 알랑 고아 어머니가 늘 말했던
다섯 개의 화살 이야기를 잊지 말라.
하나하나면 모두 꺾이지만 그것들이 모두 모이면 꺾이지 않는다.
하나하나를 소중히 하라! 그리고 그들을 뭉치게 하라!

6. 고통을 함께 나누는 것이 벗의 의무다

사람은 누구나 피할 수 없는 운명의 지점들을 통과하게 된다. 대표적인 것은 태어남과 죽음, 그리고 만남이다. 그러나 이것들은 같은 운명의 지점이라 하더라도 성격에는 미묘한 차이가 있다. 예컨대 태어남은 주어지고 죽음은 맞는 것이지만 만남은 스스로가 선택하는 것이 아닌가?

태어남도 비극이며 삶 자체도 괴로움이었던 12세기의 몽골고원에서, 더 나빠지려 해도 나빠질 게 없었던 고난의 고원에서 아주 아름다운 만남이 하나 목격된다. 테무진과 보오르초의 만남이 그것이다. 이들의 만남은 몽골고원의 시련을 끝마치고 세계사에 폭풍을 몰고 올 최초의 전주곡이었다.

『몽골비사』는 칭기스칸의 일대기를 읊은 대서사시이다. 칭기스칸의 동지 중 보오르초의 이야기는 멍리크와 소르칸 시라에 이어 세 번째로 나온다. 그러나 앞의 두 사람이 소년 테무진을 죽음에서 구해준 인물이라는 점을 감안하면, 실제로는 보오르초와의 만남이 대외적 인간관계를 맺은 최초의 사건이 된다.

『몽골비사』는 이들의 만남이 테무진 일가가 소유한 수말 여덟 마리의 도난 사건에서 비롯됐다고 기술하고 있다. 공동 유목생활에서 추방되어 고립무원의 쓰라린 삶을 살아야 했던 테무진 일가는 테무진의 성장과 더불어 가난의 굴레에서 벗어나기 시작했다.

그 시기에 발생한 것이 수말 여덟 마리의 도난 사건이었다. 고원을 포효하는 야성의 호랑이가 되고자 몸부림치고 있던 테무진은 먹이를 만난 듯 말도둑들을 추격했다. 말젖 짜는 청년 보오르초를 만난 것은 그 때였다.

벗이여! 홀로이 고생하고 있구나.
무릇 대장부란 고통을 함께 나누는 법이다.
나는 너의 동지가 되어주겠다.
나의 이름은 보오르초, 나코 바얀의 외아들이다.

테무진과 보오르초는 사흘 밤낮을 추격해 잃어버린 말들을 되찾는 데 성공했다. 보오르초는 말을 분배해 주겠다는 테무진의 제의를 정중히 거절했다.

벗의 고통을 함께 나누는 것이 벗의 의무다.

도움의 대가로 말을 받는다면 그가 무슨 벗이겠는가.

북방 유목 사회에서 말(馬)은 정치와 경제의 기초를 이루는 가축이었다. 따라서 중앙 집권화가 이루어진 유목 제국들의 말도둑에 대한 처벌은 가혹하리만큼 매우 엄격했다. 그러나 약육강식이 판치는 12세기 몽골고원에서는 그런 원칙이 통하지 않았다. 말도둑이 극성을 부렸다. 테무진이 약탈당한 말을 되찾은 후 보오르초에게 분배를 제의했던 것은 당시의 일반화된 관행이었다.

그러나 이들의 만남은 마음의 만남이었다. 물질의 만남이 아니었다. 이 만남은 배반과 거짓이 물결치는 땅에 최초로 뿌려진 믿음의 씨앗이었다. 몽골제국이 탄생한 1206년 멩리크에 이어 두 번째로 천호장(千戶長)에 임명되고, 제국의 우익만호장(右翼万戶長)으로 제수된 인물 보오르초. 그는 미래의 칭기스칸을 알아본 최초의 용사였다.

테무진과 함께 말도둑을 잡으러 간 아들 보오르초의 소식을 알지 못해 눈물에 젖어 있던 나코 바얀은 무사히 돌아온 아들 보오르초와 테무진에게 다음과 같이 말했다.

이제 너희들은 벗이 됐으니, 항상 서로를 생각해야 한다!

오늘 이후 너희들은 서로를 버리지 말라!

여덟 마리의 수말을 데리고 푸른 호숫가의 집으로 돌아온 테무진은 결혼과 동시에 보오르초를 불러들였다. 그렇게 몽골 세계 제국의 역사

보오르초와 함께
말도둑을 잡은 테무진.
몽골 역사서의 삽화

는 시작됐다.

테무진에게 또 한 사람의 동지가 찾아 왔다.

젤메. 오늘날까지도 몽골 사람들의 마음을 울리며 살아 있는 충용(忠
勇)의 상징인 젤메였다. 보오르초가 믿음의 보석이라면 젤메는 충성의
보석이었다. 『몽골비사』의 찬미를 들어보자.

오리양카이 씨족 출신의 대샤먼인 자르치오다이 에부겐은 등

에 풀무를 짊어진 채 한 청년을 데리고 테무진을 찾아왔다. 그리고 말하기를, 오논강의 델리운 볼다크에서 당신이 태어났을 때, 나는 담비털 포대기를 예물로 주었다. 그리고 나의 아들인 젤메도 주었다. 당시 젤메가 너무 어리다고 해서 지금 다시 데리고 왔다. 이 아이에게 말안장을 얹거나 문을 여닫게 하는 일을 시켜라고 했다.

젤메는 보오르초와는 출신 성분이 비교가 안될 만큼 비천한 계층의 인물이었다. 그러나 젤메 역시 배반의 고원을 충성의 고원으로 바꾸어 놓는 밑알이 됐다. 테무진을 목숨 바쳐 섬겼던 젤메는 대몽골제국이 탄생하던 날 신분의 속박에서 영원히 벗어난다는 다르칸(자유자재라는 뜻) 칭호와 함께 천호장직을 제수 받았다. 리더를 의심치 않는 동지애 하나로 전투 때마다 맨 앞에서 진격했던 젤메. 테무진을 위해 자기의 생명을 돌보지 않았던 자, 그는 전사의 모델이었다.

테무진은 첫 출발에서 믿음과 충성이라는 두 개의 보석을 얻었다. 그는 불신과 배반만이 불타올랐던 12세기의 몽골고원에 이 두 가지 보석을 들고 대장정의 험난한 첫발을 내딛었다.

7. 아버지가 물려준 두 개의 선물

테무진은 본격적으로 대야망의 길을 걷기 시작했다. 드디어 테무진은 아버지 예수게이의 욕망이 남겨준 두 가지 선물 가운데 첫 번째 선물 보따리를 열었다. 보스카올 씨족장의 딸인 버르테와의 결혼이 그것이었다. 이 보따리는 고립무원의 테무진이 도약을 위해 최소한의 발판을 삼을 수 있는 무기였다. 테무진은 아홉 살 때 자신과 약혼했던 버르테를 데려오기 위해 케룰렌강을 따라 내려갔다. 테무진의 홀연한 방문에 버르테의 아버지인 데이 세첸은 매우 기뻐하면서도 한편으로는 전율을 느꼈다. 데이 세첸은 '초원에 뜨는 별' 테무진에게 그동안 도와주지 못했던 자신의 심정을 다음과 같이 피력했다.

> 나는 타이치오트 씨족의 형제들이 너를 제거하려 한다는 것
> 을 알고 무척 걱정했고, 또 절망했다. 그러나 너는 모든 것을
> 아주 잘 극복해 왔다.
> 내가 지금에야 너를 만나다니!

테무진의 대야망은 그 옛날 수줍은 소녀에게 바쳤던 결혼의 서약을 준수하는 것으로부터 시작됐다. 믿음의 씨앗은 배신에 물든 몽골고원에서 이처럼 서서히 싹을 틔워갔다. 황금씨족의 어머니, 버르테. 칭기스칸의 내조자이자, 동반자인 그녀의 험난한 인생은 그렇게 시작됐다.

결혼 후 테무진은 아버지 예수게이가 남겨준 두 번째 선물보따리를 풀었다. 그것은 토올라 강변의 카라툰에 머물고 있던 아버지의 안다이자 케레이트족의 칸인 토오릴을 찾아간 것이다. 토오릴은 고립무원 상태에 있는 테무진이 기댈 수 있는 유일한 언덕이었다. 토오릴은 언젠가 야심에 찬 삼촌들에게 위협을 당하는 절망적인 상황에서 테무진의 아버지 예수게이에게 도움을 청한 적이 있었다. 예수게이는 그것이 우호적인 이웃을 가질 수 있는 기회라고 믿고 토오릴과 의형제가 되었으며

토오릴을 위기에서 구해줬다. 테무진은 토오릴을 방문하여 아버지 예수게이와의 약속을 상기시켰다. 그리고 자신을 아들로 삼아줄 것을 간청했다. 테무진은 아내 버르테가 시집을 때 혼수로 가져온 최고급 검은 수달피 외투를 토오릴에게 바쳤다.

테무진이 토오릴에게 제시한 '아들'이라는 단어와 '수달피 외투'는 거래를 암시하는 상징어들이다. '아들'은 옛날에 예수게이가 거느렸던 예속민들을 찾아주면 테무진이 토오릴을 죽을 때까지 아버지로 모시겠다는 뜻이며, '수달피 외투'는 이후 생기는 모든 재물을 토오릴에게 바치겠다는 의미였다.

토오릴은 자신이 곤경에 빠졌을 때 구해주었던 예수게이 바아토르의 아들 테무진을 말없이 바라보았다. 그리고 테무진이 바친 검은 수달피 외투를 어루만지며 그의 눈빛을 주시했다. 눈에 불이 있고, 뺨에 빛이 있는 청년, 테무진이 소문보다 더 강한 지도력을 가졌다고 믿게 됐다. 뿐만 아니라 그 청년이 제시한 것들은 토오릴의 마음을 사로잡았다.

> 검은 수달피 외투의 보답으로 흩어진 너의 백성들을 모아주겠다. 수달피 외투의 답례로 사방으로 흩어진 너의 백성들을 모두 모아주겠다.

토오릴의 약속은 테무진이 거둔 최초의 외교적 승리였다. 테무진은 더욱 자신감 있게 진영을 꾸렸다. 당시 예수게이의 예속민이 몽골족의 실력자인 자모카의 수중에 들어가 있었다는 것을 상상한다면 이들의 거래가 무엇인가는 불을 보듯 자명했다. 토오릴과 테무진은 자모카의 행동을 주시하면서 어떤 계기가 나타나기를 기다렸다.

계기는 좀처럼 오지 않았고, 시간은 자모카를 위해 움직이고 있었다. 테무진이 계기를 기다리는 동안 자모카는 타이치오트 씨족 계열의 유력한 무력 집단인 치노스(늑대) 씨족을 접수하는 등 맹렬한 기세로 세력을 확장해 가고 있었다. 테무진이 바라는 변수가 형성될 기미는 보이지 않았지만, 테무진은 좌절하지 않고 미래를 위한 준비를 조금씩 아주 느리게 진행하고 있었다. 그러나 운명은 테무진에게 새로운 시련을 준비하고 있었다.

8. 아내를 약탈당하다

테무진을 깊은 슬픔에 잠기게 하면서 또한 새로운 도약의 지평을 열어준 사건은 그가 케룰렌강의 상류에 위치한 보르기 에르기(물안개 피는 언덕)에 머물고 있을 때 일어났다. 희뿌연 안개가 피어오르는 고요한 새벽, 3백 명의 메르키트족의 전사들이 그곳에 도착했다. 그들은 그 옛날 예수게이가 칠레두로부터 허엘룬을 약탈한 것에 대한 보복으로 테무진의 아내 버르테를 약탈해 갔다. 칠레두는 토크토아의 형이었고, 토크토아는 강력한 메르키트의 족장이었다. 그들이 그 치욕적인 과거를 잊고 있을 리 없었다. 토크토아는 테무진의 세력이 약해 빠진 상태에서 보르칸 칼돈 산자락에 숨어살고 있음을 알게 됐다. 토크토아는 20년 동안 간직해 온 수치를 일거에 털어 버릴 기회가 왔다고 판단했다.

일찍이 예수게이 바아토르가 허엘룬을 예케 칠레두에게서 약탈했다.

우리는 오늘 그들의 여인을 잡았다. 우리는 원수를 갚았다.

테무진은 쫓기는 신세가 됐다. 가족은 붙잡혔고, 겔은 불태워졌으며, 얼마 되지 않는 식량과 재산들은 약탈당하거나 흩어졌다. 아내 버르테를 발견한 적들은 추격을 멈추었다. 메르키트는 예수게이가 허엘룬을 약탈한 보복으로 정확히 테무진의 아내를 약탈해 간 것이다.

황금씨족의 역사에 가장 큰 슬픔을 안겨준 버르테 납치 사건은 몽골고원에 엄청난 파장을 몰고 왔다. 사랑하는 아내를 빼앗긴 테무진은 슬퍼했고, 또 분노했다. 그러나 테무진은 자신의 앞에 밀어닥친 엄청난 비극 속에서도 냉정을 잃지 않았다. 그는 낙관론자였다. 비관론자는 결과를 알기 때문에 책임 문제부터 따져보지만, 낙관론자는 미래로 가는 방법을 생각하는 법이다.

테무진은 먼저 메르키트의 침입으로부터 자신을 지켜준 보르칸산에 감사를 올렸다. 그리고 토올라 강변의 카라툰에 머물고 있던 토오릴을 찾아가 이 비극적인 사실을 알렸다. 역사는 테무진을 도왔다. 교활한 토오릴은 테무진의 요청에 흔쾌히 응했다.

네가 작년에 수달피 외투를 가지고 왔을 때, 내가 수달피 외투의 답례로 사방으로 흩어진 너의 백성들을 모두 모아 주겠다라고 말하지 않았는가. 지금 그 말을 실현할 때가 왔다.
나는 수달피 외투의 답례로 모든 메르키트족을 공격하여 섬멸시키고, 너의 사랑하는 아내 버르테를 찾아주겠다.

몽골고원을 피바람의 소용돌이 속에 몰아넣고 자신을 추종하는 또 하나의 세력을 창출하려는 토오릴의 음모는 냉혹하고도 잔인하게 추진됐다. 음모는 1년에 걸쳐 치밀하게 진행됐다. 버르테의 납치 당시 토오릴은 메르키트족의 토크토아 베키나 몽골족의 자모카 모두와 우호 관계를 맺고 있었다. 토크토아 베키나 자모카는 날로 세력을 확장해가는 새로운 강자들이었다. 그들을 더 이상 방치하면 감당할 수 없는 날카로운 비수가 되어 자신을 위협할 가능성이 있었다. 토오릴은 결단을 내렸다.

하나는 죽이고 하나는 반으로 가른다.
나와 자모카가 힘을 합쳐 토크토아 베키를 죽인다.
테무진은 자모카의 세력을 반분한다.

토오릴은 교묘한 방법으로 테무진과 자모카를 조우시켰다. 테무진은 자모카에게 눈물로 구원을 요청했고, 토오릴은 자모카를 부추겼다. 토오릴은 테무진을 자모카의 진영으로 밀어 넣기 위해 원정군 사령관을 자모카가 맡도록 강력히 요구했다. 메르키트족에 적지 않은 원한이 있던 자모카는 토오릴의 요청을 받아들였다. 자모카는 자신도 모르는 사이에 거대한 음모의 덫에 걸려들고 있었던 것이다.

자모카는 메르키트의 모든 부족을 일시에 섬멸시키려는 계획을 수립한 뒤 토오릴에게 통고했다. 연합군의 공격은 테무진의 아내 버르테가 적장의 아이를 가져 출산일을 얼마 남겨놓지 않은 시기에 기습적으로 감행됐다. 메르키트족의 퇴로를 차단한 채 이루어진 공격은 메르키트 씨족이 전멸될 만큼 토크토아 베키에게 큰 타격을 입힌 뒤 끝났다. 이로써 토크토아 베키와 자모카는 불구대천의 원수가 됐다. 토오릴은 흐

못했고, 테무진은 감격했다.

토크토아 베키의 진영을 습격한 테무진은 버르테를 소리쳐 찾았다. 『몽골비사』에는 사랑하는 두 사람의 만남이 다음과 같이 극적으로 묘사되어 있다.

한밤의 기습에 메르키트 백성들은 허둥대며 셀렝게강을 따라 급하게 도망쳤다. 우리의 군대는 필사적으로 도주하는 그들을 추격해 사로잡기 시작했다.

테무진은 사방으로 흩어져 도주하는 사람들 사이를 누비며 버르테! 비르테!를 절규하며 외쳐댔다. 그리운 아내를 애타게 찾았다. 방황하는 군중들은 곳곳에서 칼에 맞아 쓰러졌다. 그들은 피바람 속에서 눈물 흘리고 울부짖으면서 필사적으로 도주했다.

테무진은 말을 이리저리 몰면서 계속 버르테를 불러댔다. 바로 그때 도망치는 한 무리의 백성들 가운데 그 소리를 듣고 우차(牛車)에서 뛰어내리는 여인이 있었다. 여인은 자기를 부르는 곳으로 미친 듯이 달려갔다. 그리고 번쩍번쩍 빛나는 테무진의 말고삐와 말에 맨 끈들을 움켜잡았다. 밤하늘에는 둥근 달이 휘황하게 빛나고 있었다.

아, 버르테! 말없이 흐르는 격정의 눈물 속에 테무진과 버르테는 서로를 맹렬히 끌어안았다.

버르테는 집으로 돌아온 후 곧 사내아이를 출산했다. 모두는 말이 없었다. 테무진도 말이 없었다. 몽골의 샤먼들은 이 핏덩이에게 백색 밀가루를 뿌리며 사악한 영혼을 정화시켰다. 그리고 몽골인에게 나그네 처럼 다가온 아이라 하여 조치(나그네)라는 이름을 붙여 주었다. 훗날 대몽골제국의 칸위 계승과 제국의 분열에도 결정적인 변수로 작용하는 조치의 비극은 여기서 기인한 것이다.

9. 동지여, 나의 배반자여!

메르키트족을 물리친 후 테무진의 명성은 한없이 높아졌다. 토오릴 과 자모카의 군대에 테무진 한 명이 결합된 형태의 전쟁이었지만 전쟁 의 명분이 '테무진 아내 되찾기'였기 때문에 테무진은 자연스럽게 주 인공이 되었던 것이다. 또한 강력한 부족과 동맹을 맺은 덕택에 군사들 이 따르기에도 매력적이었다. 몽골족 사내들은 모험과 약탈물과 가축 과 여자를 얻기 위해 자신들의 무리를 떠나 테무진에게로 모였다.

메르키트족과의 전쟁에서 획득한 전리품들은 승리자들이 공평하게 나눠가졌다. 테무진을 따랐던 자들은 처음 출발할 때보다 부자가 되어, 그리고 테무진의 부하가 되어 집으로 돌아왔다. 그들은 테무진의 덕을 톡톡히 보았기 때문에 한없이 감사하면서 충성을 맹세했다.

하지만 이 전투가 테무진에게 준 가장 큰 선물은 따로 있었다. 어린 시절 친구 자모카와의 우정을 되살린 것이었다. 어린 시절 테무진과 자 모카는 매우 친했으며, 피를 나눈 형제의 의식을 치르기도 했다. 그들 은 강이 얼었을 때 빙판 위에서 주사위 놀이를 하면서 의형제를 맺고, 어른들처럼 선물을 교환한 적도 있었다. 자모카는 테무진에게 노루 뼈 로 만든 주사위를 주고, 동을 부어 만든 주사위를 받았다. 하지만 자모카는 이미 고원의 강력한 리더로 성장해 있었다. 자모카는 자신에 비해 너무 초라한 처지에 놓인 의형제 테무진의 간청을 듣자 즉시 도와주기로 했던 것이다.

자모카는 슬픔에 싸인 의형제를 위로했고, 테무진은 그 보답으로 공동유목을 제의했다. 공동유목은 유목민들에게는 매우 중요한 삶의 방식이었다. 토오릴은 이들의 아름다운 우정을 기리며 자모카가 테무진의 제의를 받아들였다고, 군사들 앞에서 선언했다. 이것은 자모카에게는 악몽의 시작이었다.

자모카의 진영 속으로 파고들어 가는 데 성공한 테무진은 드디어 숨겨왔던 야망을 드러내기 시작했다. 고원의 유목민들을 통일하고 안정된 국가를 이끄는 것, 이는 테무진을 사로잡았던 선대의 유업이자 시대적 요구였다. 믿음과 충성의 두 보석인 보오르초와 젤메는 테무진의 비밀 지령에 따라 테무진의 친위 군단인 너커르 집단을 구축하기 시작했다. 자모카의 세력권에서 진행된 테무진 측의 포섭 활동은 주로 소외되고 가난한 자들에게 집중됐다.

그대 원한다면 우리의 손을 잡으라!
빛나는 보석이 되게 해주겠다!

포섭된 인물들은 테무진이 아니면 도저히 갈 데가 없고, 출세를 꿈꿀 수도 없는 자들이 주류를 이루었다. 가난한 몽골족 중에서도 가장 가난한 하류층의 용사들이 테무진 주위에 모여들었다. 테무진은 그들에게 말했다.

나와 너희들이 힘을 합쳐 더 이상의 배고픔과 차별이 없는
새로운 사회를 만들 것이다.

그들은 열광했다. 하류층의 용사들에게 테무진은 구원의 빛이었다.
보오르초와 젤메가 친위부대를 구축하고 있는 동안 테무진은 자모카
세력의 한 축을 이루고 있던 키야트계 귀족들을 집중 공략했다. 분위기
가 점점 무르익어 키야트계의 야심에 찬 귀족들이 호응했고, 연합정권
탄생이라는 대세로 번져나갔다. 결별의 순간을 앞두고 행해진 테무진
의 포섭활동은 형과 동생이 갈라선다는 느낌이 들 정도로 냉철하게 진
행되었다.

오논강의 상류에 자리잡고 있는 코르코나크 조보르는 하늘의 수많은
신탁(神託)이 내려오는 성스러운 지역이었다. 어릴 적부터 세습 샤먼 집
안인 멍리크와 인연이 있었던 테무진은 누구보다도 샤먼의 위력을 잘
알고 있었다. 백성들의 마음을 휘어잡는 데에는 샤먼과 같은 예언자적
능력이 필요했다.
이 성소에서 테무진은 보오르초와 더불어 평생 잊을 수 없는 또 하나
의 감격적인 만남을 가졌다. 고려 유민의 후예로 알려진 잘라이르 씨족
의 모칼리였다. 대몽골제국이 탄생하던 1206년 세 번째 순위로 천호장
에 임명되고, 제국의 좌익만호장(左翼万戶長)으로 제수된 인물 모칼리.
칭기스칸의 서역 원정시 권황제(權皇帝)의 자격으로 금나라를 통치했던
자. 그는 몽골고원에 뜬 별을 알아본 최초의 샤먼이었다. 테무진은 모
칼리를 통해 미래의 통치자가 출현했음을 알리기 시작했다. 그 작업에
는 멍리크의 아들인 텝 텡그리도 동참했다.

하늘은 테무진에게 이 대지를 통치케 할 것이다.

엄청난 파문이 몽골족 내에 일었다. 모든 백성들은 두려움에 떨었다. 자모카는 분노로 불타올랐다.

안다여, 나의 배반자여!

자모카는 그제야 테무진의 야망과 토오릴의 음모를 알아차렸다. 그러나 때는 늦었다. 더 이상 테무진을 지지하는 신탁들이 퍼지기 전에 조치를 취하지 않으면 안됐다. 그 시점에 테무진은 샤먼 집단을 장악한 모칼리에게 또 하나의 임무를 주었다.

너는 내가 신호를 보낼 때까지
세체 베키가 이끄는 주르킨 씨족에 남아
그들의 동태를 감시하는 눈 속의 가시가 되어라.

테무진은 서서히 앞으로 태어날 키야트계 연합 정권의 파워 게임에 대비하는 여유까지 갖게 됐다. 역사는 이렇게 시작되는 것인가. 사랑하는 아내를 적에게 빼앗겼던 자, 첫아들의 탄생에 기쁨 대신 침묵을 지켜야 했던 자. 테무진은 아내가 희생된 대가로 자신의 무력 집단을 만들었다. 이제는 자모카와 헤어지는 시기만 남았다. 그들이 헤어진다는 소문은 사람들이 모인 곳마다 흉흉하게 나돌았다. 누구를 선택할 것인가? 사람들은 술렁거렸다.

선택의 고민은 샤먼 집단의 또 하나의 대부이자 바아린 씨족의 족장이었던 코르치에게도 다가왔다. 모칼리와 텝 텡그리는 엄청난 파급 효과를 지닌 이 인물을 집요하게 설득했다.

대샤먼 코르치여, 테무진을 선택하라.
테무진의 뒤에는 옹칸이 버티고 있다.
테무진은 그대가 원하는 모든 것을 들어준다고 약속했다.

긴 설득의 시간이 지나고, 테무진과 코르치는 마주앉았다. 그는 직설적으로 물었다.

"테무진, 당신이 나라의 주인이 된다면 나의 예언에 대해 어떠한 보답을 하시겠소?"

대답은 간단했다.

"만일 하늘이 정말로 고원의 통치권을 내게 선사한다면, 당신을 1만 명의 우두머리로 봉하겠소이다."

코르치는 그것으로 만족하지 못했다.

"나를 1만 명의 우두머리로 봉하시거든, 고원에서 가장 아름답고 훌륭한 여인들 중 서른 명을 선택하여 아내로 삼을 수 있는 권리를 허락하시오."

그리고 운명의 날은 왔다. 자모카는 측근들과 협의를 거쳐 테무진과의 연합을 파기하기로 결정했다. 『몽골비사』는 최후의 순간을 다음과 같은 상징적인 말로 전하고 있다.

테무진 안다, 안다여!
산 근처에 자리를 잡자.
그러면 우리의 말치기들이 움막에 다다를 것이다.
계곡 근처에 자리를 잡자.
그러면 우리의 양치기나 새끼 양치기들이 먹을 것을 얻을 것이다.

암호와 같은 이 말을 전해들은 테무진은 즉각 헤어지겠다는 신호를 보냈다. 대낮에 엄청난 무리의 사람들이 각기 자기가 지지하는 인물을 따라 발길을 달리했다. 거대한 분열이었다. 형과 아우는 서로 증오의 눈빛을 교환했고, 아버지와 아들은 서로를 저주했다. 그들은 돌아올 수 없는 다리를 건너고 있었다. 이 숨막히는 분리의 순간에 대샤먼 코르치는 말했다.

나와 자모카는 성조(聖祖)인 보돈차르가 잡아온 여인으로부터 태어난 자들이다. 우리 집단은 원래 자모카와 헤어져서는 안된다. 그러나 나에게 신의 계시가 내려왔다. 나는 그 계시의 내용을 목격했다. 하늘과 땅이 서로 논의하여 테무진을 국가의 주인으로 삼기로 했다. 이 신탁을 나는 온 백성에게 전한다.

테무진은 감격했다. 테무진은 즉석에서 코르치에게 만호장과 미녀 30명의 선택권을 줄 것을 약속했다. 그리고 그것은 훗날 이루어졌다.

제3장 | **테무진, 칭기스칸이 되다 (1196~1206)**

한 사람의 지도자로서 칭기스칸은 사려 깊은 심성과 건전한 상식을 가진 균형 잡힌 사람이자 남의 말을 잘 경청하는 사람이었다. 그는 전투 전문가로서의 자질 뿐만 아니라 행정가로서의 자질도 뛰어났다. 이전까지 유목사회의 본질은 타민족에게 또한 자신들에게도 약탈과 침략이었다. 그러나 칭기스칸은 공정한 분배와 균등한 기회의 제공을 통해 몽골고원에 분산되어 있던 힘을 통일시킨다. 그것은 세계의 정복자를 향해 가는 칭기스칸이 역사 속에서 옮긴 최초의 발자국이었다.

『전쟁의 역사』를 쓴 버나드 몽고메리는 칭기스칸을 이렇게 설명한다.

과거 한 부족이 다른 부족에게 승리한다는 것은 보통 파괴와 학살을 의미했다. 그러나 칭기스칸은 승리를 건설적으로 이용함으로써 처음부터 탁월한 사고력을 보여주었다. 즉 그는 파괴나 학살이 아닌 민족 통일을 이룩했던 것이다. 그는 정복민들을 자신의 백성으로 삼았고, 그러한 리더십 때문에 정복민들은 새로운 신분을 자랑스러워했다. 그는 의지력과 가공

할 세력으로 유목민들을 통일했지만, 한편으로는 보다 나은
생활이 뒤따를 것이라는 희망을 정복민들에게 심어 주었다.

1. 푸른 호수의 서약

자모카의 세력권에서 떨어져나온 집단은 테무진이 고난의 시절을 보
낸 푸른 호수에 모여들었다. 그리고 예정된 절차에 따라 키야트계 연합
정권을 탄생시켰다. 테무진을 칸으로 봉하는 역사적인 자리에는 유력
한 족장이 세 명이나 참석했다. 테무진은 칸위에 등극하기에 앞서 연합
정권의 탄생에 공이 큰 세체 베키와 알탄, 코르치에게 연합 정권의 대
표직을 맡아줄 것을 요청했다. 그러나 테무진의 목적을 애초부터 간파
하고 있던 그들은 이를 사양했다. 그리고는 테무진을 칸으로 모시며,
전투에 나가 선두에 서서 말을 달리고, 모든 약탈물의 처리를 칸의 뜻
에 맡기겠다는 푸른 호수의 서약을 읊으며 공손히 몸을 굽혔다.

> 테무진이 칸이 된다면 우리는 수많은 적 앞에 초병으로 먼저 나아가
> 자색이 아름다운 처녀나 부인들을 약탈하여
> 귀족의 집인 오르도나 평민의 집인 겔을 약탈하여
> 모두 그대에게 바칠 것이며,
> 타부족의 용모가 고운 처녀나 부인들을 약탈하여
> 엉덩이가 잘생긴 거세마도 약탈하여
> 모두 그대에게 바칠 것이다.
> 놀라 도망치는 짐승들을 사냥할 때 우리는 그것을 잘 포위해

모두 그대에게 몰아줄 것이다.

초원에 사는 짐승들을 사냥할 때 그 뒷다리가 하나로 될 때까지

힘껏 눌러서 모두 그대에게 바칠 것이다.

전투할 때 우리가 그대의 명령을 듣지 않는다면 우리를

우리의 씨족으로부터 분리하여 우리의 검은 머리를 땅에 내던져라.

평화로울 때 우리가 그대의 평화를 깨뜨린다면 우리를

우리의 가신들로부터, 처자로부터 분리하여 죽음의 들판에 내버려라.

이것으로 테무진을 옹립하는 절차는 끝났다. 서약의 마지막 부분을 주목해야 한다. 그때까지 테무진과 동급의 위치에 있었던 사람들, 혹은 종족의 상하 계보상 테무진보다 더 높은 위치에 있었던 사람들이 이제 스스로를 '검은 머리'라 칭했다. '검은 머리'는 예속된 낮은 부족을 일컫는 말이었다.

테무진의 추종자들은 테무진의 새로운 지위를 보여주는 칭호를 놓고 고심했다. 테무진이 그들 몽골전체를 통치하는 것은 아니기 때문에 몽골제국의 칸이라고 불릴 수는 없었다. 그러나 테무진은 더이상 누군가의 부하가 아니라 하나의 부족을 거느린 리더가 되었다.

테무진은 모든 것이 만족스러웠다. 푸른 호수의 서약은 몽골고원에 작은 태풍의 눈이 탄생됐음을 알리는 서막이었다. 몽골고원의 새로운 질서를 창조해 나갈 칸의 출현이었다. 푸른 호수의 서약이 있은 뒤 테무진은 자기가 몽골족의 칸으로 등극했다는 것을 고원의 주요 세력들에게 알렸다. 케레이트의 지도자 토오릴은 자기가 테무진의 대부이며, 그에게 도전하는 자들은 죽음만이 있을 뿐이라는 메시지를 보냈다.

평화를 상징하는 하얀 술데와
용맹을 상징하는 검은 술데.

나의 아들인 테무진을 칸으로 뽑은 것은 아주 옳은 일이다.
너희들은 이 협의를 절대로 와해시키지 말라.
그리고 옷의 깃을 절대로 찢지 말라.

테무진과 토오릴의 음모에 빠져 자기 세력의 절반을 상실한 자모카
는 격노했다. 자모카는 키야트계 귀족들의 배반을 질타한 뒤 테무진의
칸위 계승을 인정하지 않는다고 선언했다.

테무진 안다와 내가 분리하지 않고 한곳에 같이 있었을 때,
왜 테무진 안다를 칸으로 뽑지 않았는가?
너희들은 지금 어떠한 생각을 품고 그를 칸으로 뽑았는가?

고원에는 팽팽한 긴장감이 맴돌았다. 타이치오트계의 세력을 흡수해 완벽한 형태로 몽골족의 칸위에 등극하고 싶었던 자모카의 계획은 물거품이 됐다. 자모카는 휘하 세력이 자기의 능력을 더 의심하기 전에 자신이 살아 있음을 과시하면서 이후의 생존을 위해서도 토오릴에게 충성심을 보일 필요가 있다고 판단했다.

2. 자모카, 너는 고립되었다

테무진은 자모카의 행동을 주시했다. 그리고 옹칸의 의도대로 자모카의 자존심을 세워주면서 기존의 판세를 자모카가 인정하도록 교묘한 절차를 밟아갔다. 그것이 테무진과 자모카가 분리하자마자 일어난 달란 발조트 전쟁이었다. 그 전쟁은 테무진이 치밀하게 자모카의 도발을 유도한 것이었다. 테무진은 자모카가 발을 뺄 수 없도록 자모카의 동생을 말도둑이라는 누명을 씌워 살해했다. 덫에 걸린 자모카는 전쟁을 일으키지 않을 수 없었다.

자모카는 휘하의 세력을 점검이라도 하듯 13개의 군단으로 이루어진 3만 명으로 테무진을 공격했다. 곳곳에 정보의 안테나들을 세워 가동하고 있던 테무진은 자모카와 맞먹는 13개의 군단 3만 명으로 그들을 맞았다. 그리고 고의로 패했다. 자모카는 테무진의 의도를 뻔히 알기 때문에 전쟁의 의미와 한계를 축소할 수밖에 없었다. 자모카는 정말 비통했다. 하지만 어쩔 도리가 없었다. 그는 추격을 멈춘 채 상징적인 승리 선언으로 화를 풀었다. 정작 무서운 함정은 거기에 있었다.

테무진은 처음부터 자모카를 교묘한 함정에 빠뜨리고 있었다. 눈물로 몽골고원에 등장했던 테무진은 어느새 채찍을 든 잔혹한 칸으로 변해 있었다. 테무진은 후퇴하면서 자모카가 세력 확장을 위해 확보해 두었던 치노스 씨족을 희생물로 남겨놓았다. 그리고 자모카가 치노스 씨족을 어떻게 처리하는가를 모든 몽골 백성들이 살펴보게 했다. 테무진의 의도대로 자모카는 사로잡은 치노스 씨족을 무자비하게 살해했다.

자모카는 회군할 때 사로잡았던 치노스 씨족의 족장 및 귀족 자제들을 70개의 가마솥에 집어넣어 끓여 죽였다. 그리고 이 씨족의 족장인 네우데이 차카안 고아의 머리를 잘라 말꼬리에 매달고 갔다.

사람들은 치노스 씨족의 최후를 보았다. 자모카와 라이벌이었던 타이치오트계 귀족들은 격노했다. 자모카는 뜻하지 않게 타이치오트라는 벌집까지 건드린 꼴이 됐다.

자모카, 너는 고립되었다.
옹칸만이 너의 운명을 좌우할 것이다.

치노스 씨족의 처참한 최후는 타이치오트계와 관계를 맺고 있던 자모카 내의 세력들에게 큰 동요를 불러일으켰다. 그들 일부는 자모카와 헤어져 테무진에게 갔고, 또 일부는 원래의 동맹자인 타이치오트계의 품으로 돌아갔다.

테무진은 달란 발조트 전쟁을 기점으로, 멍리크 일가 및 사전에 밀약을 맺었던 망코트 씨족의 족장 코일다르 세첸을 불러들였다. 텝 텡그리로 대표되는 몽골의 샤먼 일가가 귀부(歸附)했다는 것은 코르치의 귀부 때와 마찬가지로 몽골 백성들에게 큰 파문을 일으켰다. 이렇게 달란 발조트 전쟁은 끝났다.

테무진은 이제 자모카로부터 면죄부를 얻었다. 달란 발조트 전쟁을 기점으로 몽골족에는 실력이 엇비슷한 세 개의 무력 집단이 존재하게 됐다. 하나는 테무진이었고, 나머지 둘은 자모카와 타이치오트계의 귀족들이었다. 절묘한 공포의 균형이었다.

이 세 개의 세력은 토오릴이 누구를 확고하게 지지하지 않는 한 서로가 서로를 공격할 수 없는 처지가 됐다. 그렇게 해서 몽골족에게는 일시적인 평화의 시대가 찾아왔다. 몽골의 샤먼들은 이 평화를 몰고 온 지도자가 테무진이라고 퍼뜨리고 다녔다. 이 평화의 무드를 이용해 테무진은 내부의 시스템 개혁에 들어갔다.

3. 7년 동안의 침묵

테무진과 그의 추종자들은 평화롭게 7년을 보낸다. 『몽골비사』는 테무진의 인생 중 이 7년 동안에 대해 침묵하고 있다. 그동안 테무진은 동몽골 초원에서 오합지졸에 불과한 자신의 부족민들을 단련시켰다. 『몽골비사』의 기록은 정치적, 군사적 상황이 테무진에게 결정적으로 유리하게 변화된 시기, 즉 금의 타타르 정벌부터 다시 시작된다.

자모카의 세력권을 이루고 있던 케룰렌호 일대의 몽골족들은 평화기를 틈타 금나라의 변방을 누비고 다녔다. 그들의 발호는 금나라의 주목을 끌었다. 금나라는 1194년부터 그들을 대대적으로 토벌하기 시작했다. 타타르의 용병 집단과 함께 전개된 그 토벌은 뜻하지 않게 타타르족의 단결을 불러일으켜 대반란으로 비화됐다.

1196년, 금나라 황제는 타타르족의 족장 메구진을 응징하기 위한 동맹군을 필요로 했다. 중국 북쪽의 지배자로 등장한 지 채 백년이 되지 않은 금나라는 초원의 동맹자들과 좋은 관계에 있지 않았다. 그런 중에 금의 편에 서서 출정을 계획했던 타타르가 약탈물의 분배를 놓고 반발하는 사태가 발생했기 때문이었다.

테무진은 금나라의 군대가 올자하 계곡으로 출발했다는 급보를 입수했다. 드디어 아버지를 죽인 세력을 벌할 수 있는 기회를 포착한 것이다. 그는 이 기회를 이용해 토오릴에게 충성을 보이는 한편 주르킨 씨족을 삼키기로 결정했다.

테무진은 자모카와의 전쟁을 벌이기 전부터 키야트계 세력의 적자(嫡子)인 주르킨 씨족을 주시했다. 심장이란 뜻을 지닌 주르킨 씨족은 키야트계 가운데 가장 강력한 무력을 소유한 집단이었다. 그들은 테무진을 정점으로 한 키야트계 연합 정권을 창출하는 실질적인 주역이었다. 뿐만 아니라 이후 연합 정권의 운명을 좌우할 수 있는 세력이기도 했다. 테무진은 자모카와 분리한 후 패권 장악의 원활한 진행을 위해 그 씨족을 소유하고자 했다. 그러나 주르킨 씨족의 족장인 세체 베키는 교활했다. 테무진은 주르킨 씨족이 푸른 호수의 서약을 깨뜨리기를 원했다. 무려 7년 간이나 내부 체제를 정비하면서 그날을 기다렸다. 몽골 고원에 거대한 파란을 몰고 온 타타르족의 대반란이 달콤한 열매를 맺게 해주었다.

테무진은 재빨리 토오릴에게 통고했다. 참가하면 힘 안 들이고 타타르족의 재물도 획득할 수 있는 어부지리의 전투라는 점을 강조했다. 테무진은 이전의 서약에 따라 주르킨 씨족의 세체 베키에게도 통고했다. 그러나 그에게는 참전의 의미에 대해 아무런 설명도 하지 않았다.

테무진의 소식을 전해들은 토오릴은 3일만에 군대를 이끌고 약속장소에 도착했다. 그러나 테무진은 움직일 생각을 하지 않았다.

나는 전에 맺은 푸른 호수의 서약에 따라
세체 베키의 군대가 올 때까지 기다려야 합니다.
옹칸이여, 조금만 기다려주십시오.

그러나 테무진의 속셈을 모르는 세체 베키가 군대를 파견할 리 만무했다. 테무진은 토오릴을 6일 동안 잡아두었다. 토오릴은 주르킨 씨족이 오지 않는 데 격노했다. 테무진은 서약을 위반한 세체 베키를 만인 앞에서 비난한 뒤 금나라 군대가 있는 올자하로 향했다. 그는 토오릴과 키야트족의 귀족들 앞에서 세체 베키를 칠 수 있는 명분을 쌓는 데 성공한 것이다.

토오릴의 군대와 함께 테무진은 올자하 계곡으로 말을 달렸다. 이 타타르와의 전쟁은 토오릴에게 많은 재물을 가져다주었다. 금나라의 우승상 완안양은 토오릴과 테무진에게 타타르족을 약탈할 수 있는 권리를 주었다. 완안양은 케레이트족의 토오릴과 몽골족의 테무진이 타타르족과의 원한이 더 깊어지는 것을 흐뭇하게 바라보았다. 토오릴은 그약탈의 공로로 금나라로부터 '왕'이라는 호칭도 받았다. 그때부터 토오릴은 왕의 칸, 즉 몽골 말로 '옹칸'이라고 불리게 되었다. 테무진은 '자오트 코리', 즉 '국경지역의 반란을 진압하는 위임권자'라는 칭호를 받았다. 옹칸의 가신들이 받는 등급과 같았다. 테무진은 이때 자오트 코리라는 칭호로 금나라의 연감에 등장한다. 그러나 기뻐할 사람은 옹칸이 아니라 테무진이었다. 반대로 옹칸은 난처한 일을 겪어야 했다. 그것은 대파란의 서곡이었다.

4. 나는 텃새고 너는 철새다

옹칸이 타타르 정벌을 위해 동부고원으로 나간 사이, 천적인 나이만이 침공했다. 예수게이가 옹칸을 권좌에 복귀시키기 전부터 욕심이 있었던 옹칸의 형제 중 한 명이 기습공격을 한 것이다. 옹칸에게 추방당한 후 나이만 군대의 우두머리가 된 이난차 빌게는 스스로를 케레이트의 칸이라고 선언했다. 옹칸은 급히 군대를 몰고 돌아갔지만 격파 당했다. 다급해진 옹칸은 테무진에게 구원을 요청했다. 그러나 테무진은 회답하지 않았다. 옹칸이 정신을 못 차리는 틈을 타 테무진은 주르킨 씨족을 급습했다. 주르킨 씨족을 이끌던 세체 베키와 타이초는 생포돼 테무진을 선출할 당시 그들이 맹세한 약속에 대답하도록 만들어졌다.

> 전쟁할 때 우리들이 너의 명령을 듣지 않는다면 우리들의 검
> 은머리를 땅에 내던져라! 평화로울 때 우리들이 너의 평화를
> 깨뜨린다면 우리들을 죽음의 들판으로 내버려라!

그들의 머리는 잘려져서 대초원에 던져졌다. 테무진이 계획했던 두 번째 목표가 달성된 것이다. 「집사」에서는 주르킨 씨족의 멸망이 어떤 의미를 가지는지를 다음과 같은 말로 표현하고 있다.

칭기스칸의 지위와 사업은 아주 공고해졌다.

한편, 위기에 몰린 옹칸은 나이만족의 적국인 서요(카라 키타이)로 달려가 구원을 요청했다. 그러나 싸늘하게 거절당했다. 그는 앞날을 기약할 수 없는 불안감에 싸인 채 몽골고원으로 발걸음을 옮겼다. 테무진은 나이만의 공세로 지리멸렬의 위기에 처한 케레이트족의 여타 세력들을 곧바로 수습해 나갔다. 케레이트족을 노리고 쳐들어오는 메르키트족의 공격도 막아냈다. 옹칸이 돌아오자 테무진은 군대를 파견해 그를 맞았다. 케레이트족의 군대들은 테무진의 행적을 찬양했다. 이제 테무진은 자신의 계획을 진행시켰다. 그는 옹칸에게 유산을 상속받을 수 있는 정식 아들로 인정해 달라고 요구했다. 힘이 빠진 옹칸은 승낙할 수밖에 없었다. 두 사람은 예수게이와 옹칸이 안다를 맺었던 카라툰에서 아들과 아버지의 맹약을 맺었다. 그리고 다음과 같은 서약을 했다.

수많은 적을 공격할 때에는 같이 함께 공격하며
놀라 잘 도망치는 짐승을 사냥할 때에도 서로 함께 사냥한다.

1196년 가을, 옹칸은 이 맹약에 의거해 테무진의 지원을 받아 메르키트족 공격에 나섰다. 그래서 테무진도 옹칸의 군대를 빌려 자모카를 비롯한 적대세력을 공격할 수 있다고 생각했다. 그러나 옹칸은 노회한 인물이었다. 카라툰 맹약의 어디에도 테무진이 원하는 적을 공동으로 공격한다는 구절이 없었다. 옹칸의 공격대상에만 적용되는 군사동맹이었다. 또 옹칸이 요구할 때에만 군대를 파견할 수 있는 불평등 조약이었다. 『몽골비사』에는 당시 테무진이 느꼈던 배신감과 당혹감을 직설적으로 표현하고 있다.

옹칸은 칭기스칸에게 그 무엇 하나 주지 않았다.

테무진은 옹칸을 결정적으로 옭아맬 맹약이 필요했다. 그는 기다릴수밖에 없었다. 인내의 끝은 의외로 빨리 왔다. 1199년, 나이만족에 내분이 일어났다. 족장이 죽은 후, 형제 간에 권력 투쟁이 일어나 부족이동서로 갈라지는 대분열이 일어난 것이다. 복수의 때가 왔다고 판단한옹칸은 테무진과 자모카를 위시한, 자신이 동원할 수 있는 모든 세력을총동원했다. 나이만 침공은 옹칸의 연합군에게 유리한 상황에서 감행되었다. 문제는 회군 과정에서 발생했다.

나이만족의 실질적인 후계자인 동부 나이만이 이들의 회군을 저지하고 나섰다. 한밤에 나이만족의 대군을 맞이한 옹칸의 연합군은 각기 포진해 있을 수밖에 없었다. 다음 날 아침이면 전투가 재개될 예정이었다. 그때 자모카는 신경이 극도로 예민해진 옹칸에게 오랫동안 준비해둔 카드 하나를 던졌다.

테무진은 이전부터 나이만족에 사신을 파견해 놓았다.
보라, 지금 그는 오지 않았다.
칸! 칸이여! 나는 항상 한 곳에만 머무르는 텃새다.
테무진은 한 곳에 머물지 못하고
늘 이곳저곳으로 날아다니는 철새다.
아마 지금 그는 나이만족의 대군과 함께 있을 것이다.

칭기스칸의 의부(義父)인 옹칸 인물도(추정화). 옹칸은 몽골고원에서 가장 강력한 군대를 보유하고 있던 강자 케레이트의 족장이었지만 결국 칭기스칸군에게 쫓기다가 죽는다.

그는 나이만족에 항복했을 것이다.

자모카는 미소지었다.

테무진, 너는 제거 당한다.
너 혼자 나이만족의 대군을 맞게 된다.

청천벽력 같은 자모카의 말은 옹칸의 마음을 흔들기에 충분했다. 옹칸과 자모카의 군대는 밤사이에 이동했다. 새벽이 오자 테무진은 자신이 사지에 빠졌다는 것을 알고 경악했다.

이들은 우리들을 제삿밥으로 만들려 한다.

연합군은 대혼란에 빠졌다. 그리고 제각기 후퇴했다. 테무진의 군대는 행로를 바꿔 누구도 예상치 못한 북쪽으로 달아났다. 나이만족은 이들을 추격하지 않았다. 잘 훈련된 몽골족과는 전투를 하지 않기로 결정했던 것이다. 그들이 노리는 것은 멀리서 자신들을 지켜보고 있는 옹칸의 군대였다. 옹칸과 자모카는 당황하지 않을 수 없었다. 나이만족의 힘을 빌려 테무진을 제거하려던 자모카의 꿈은 보기 좋게 깨졌다. 옹칸의 연합군도 제각기 도주했다. 나이만은 끈질기게 옹칸을 추격했다.
옹칸의 군대는 곳곳에서 나이만족에게 패했다. 옹칸은 최악의 상황이 되자 테무진에게 구원을 요청했다. 테무진은 옹칸이 자모카와 연합하는 동안에는 절대로 도와줄 수 없다는 강경 자세를 취했다. 다급한 옹칸은 그가 원하는 모든 것을 들어줄 수밖에 없었다. 테무진은 옹칸을 구해준 뒤 약속에 따라 새로운 군사동맹을 강요했다.

　테무진과 옹칸은 콜라안 코트에서 자모카를 위시한 모든 테무진의 적들을 공동으로 공격한다는 맹약을 맺었다. 이른바 콜라안 코트 맹약이다.『몽골비사』에는 다음과 같이 실려 있다.

　　칭기스칸과 옹칸 두 사람이 서로 말하기를,
　　"우리들은 질투가 심하고 사나운 이빨을 가진 독사의 꼬드김을 받더라도 그 꼬드김에 넘어가지 않는다. 우리들은 반드시 서로 만나 이빨과 입으로 서로 대증(對證)한 다음에만 믿는다. 큰 이빨을 가진 독사에 중상을 받더라도 그 중상을 받아들이지 않는다. 우리들은 반드시 서로 만나 입과 혀로 서로 맞추어본 다음에만 믿는다"라고 했다.

　테무진의 요구는 여기에서 끝나지 않았다. 그는 자신을 옹칸의 아들인 셍굼의 법적인 형으로 인정해 줄 것을 요구했다. 케레이트족의 칸위 계승권을 노린 것이다. 옹칸의 동생인 자카 감보를 비롯한 케레이트족의 장군들도 테무진의 말에 맞장구를 쳤다. 옹칸은 체념하고 서약서에 사인했다. 당시 옹칸의 씁쓸한 마음을『몽골비사』는 다음과 같이 전하고 있다.

　　내가 이 세상을 떠나 높은 산에 올라가면 나의 백성들을 누가 다스릴 것인가. 나의 아우들은 덕이 없다. 나의 유일한 아들은 셍굼 하나뿐이다. 그러나 아들이 하나라는 것은 아들이 없다는 것이나 마찬가지다. 칭기스칸을 셍굼의 형으로 하면 두 명의 아들이 있는 것이니 나는 안심이 된다.

이것으로 테무진은 케레이트족의 정책결정에 참여하는 주요 멤버가
됐다. 이제 테무진은 자신의 적대 세력들을 공격할 수 있었다. 고원에
는 피의 제전을 예고하는 차디찬 바람이 불고 있었다.

5. 나를 택하라, 아니면 죽음을 당하리라

새로운 군사 동맹의 체결 소식은 순식간에 고원에 퍼져나갔다. 메르
키트족의 토크토아 베키는 절망했다. 자신이 첫 희생물이 될 가능성이
크다고 판단한 것이다. 그는 필사적으로 동맹자를 구했다. 그는 테무진
내부의 적인 타이치오트 씨족 귀족들에게 접근해 테무진의 공격에 두
려움을 느끼고 있었던 그들의 동의를 받아내는데 성공했다. 테무진은
이를 말없이 지켜보았다.

1200년 봄, 타이치오트 씨족의 귀족들은 군대를 이끌고 오논강에 모
였다. 그리고 하늘의 가호를 바라는 맹세를 하면서 메르키트족의 군대
를 기다렸다. 그러나 이들에게 다가온 것은 옹칸과 테무진의 연합군이었
다. 타이치오트 씨족은 전멸 당했다. 이 전투는 테무진도 목에 심한 상처
를 입을 정도로 치열했다. 그 전투의 결말을 『몽골비사』는 다음과 같이 묘
사하고 있다.

타이치오트 씨족의 혈통을 지닌 유력한 사람들을 모두 죽였
다. 아오초 바아토르·코돈 오르창·코도오다르 베키 등과 관

련된 타이치오트인들을, 자손의 자손에 이르기까지 재를 날
리듯 남김없이 살해했다.

테무진은 경고했다.

나를 택하라, 아니면 죽음을 당하리라.

전투가 끝났을 때 소르칸 시라와 그의 아들들이 테무진 앞에 끌려왔
다. 그들은 어쩔 수 없이 타르코타이에게 충성한 점을 용서해달라고 빌
었다. 테무진은 기꺼이 받아들였다. 그리하여 마침내 테무진이 자랑하
는 '네 명의 준마'가 탄생했다. 그들은 아주 오래 전 테무진이 죄수였
을 당시 그를 도왔던 소르칸 시라의 아들 칠라운, 의형제 보오르초, 잘
라이르족의 모칼리와 주르킨 출신의 보로콜이었다. 네 명의 용맹하고
충성스런 사령관들은 테무진의 힘을 더욱 강화시켰다.

한편 옹칸과 테무진군에 의해 타이치오트 씨족이 궤멸된 것은 그동
안 테무진의 외압을 덜 받고 있던 케룰렌호 일대의 씨족들에게 큰 충격
을 주었다. 자모카의 세력권을 이루고 있었고, 평화 시에는 금나라의
변방을 쳐들어갔던 그들은 선택의 갈림길에 놓였다. 그들은 항복 대신
대결을 택했고, 강력한 무력을 지닌 타타르족과 결합하기를 원했다. 타
타르족은 분열된 상태지만 제각기 상당한 무력을 지닌 공포의 집단이
었다. 테무진은 이 사냥개들이 케룰렌호수 일대의 배신한 몽골족들과
결합하는 것을 목격했다. 타타르족과 일부 몽골족이 연합한 세력들은
백마의 허리를 자르며 서약했다.

천지를 주관하는 신이여!

지금 우리가 어떠한 서약을 했는가를 들으소서!

그리고 저 동물들의 말라비틀어진 모습을 보소서!

만약 우리가 서약을 준수하지 않거나 파괴한다면

저 가축들처럼 죽음에 떨어뜨리소서!

그들은 서약 후 옹칸과 테무진을 공격하러 떠났다. 그러나 그들의 움직임은 버르테의 아버지인 데이 세첸에 의해 곧바로 테무진 측에 전해졌다. 옹칸과 테무진의 군대는 그들을 보이르호수에서 철저하게 격파했다.

그리고 테무진은 자모카와 옹칸을 주시했다. 옹칸은 마지막으로 자모카를 이용할 가능성이 컸다. 그때가 조만간 닥쳐오리라는 것은 의심할 바 없었다. 그 순간을 위해 테무진은 먼저 타타르라는 거대한 세력을 말살시킬 필요가 있었다. 타타르족은 단결하기 시작했다. 그들은 무서운 사냥개들이었다. 또한 자모카와 결합할 가능성이 컸다. 테무진은 결단을 내리고, 급속히 남쪽으로 이동했다.

영하의 찬바람이 몰아치는 1200년 겨울의 어느 날, 테무진은 옹칸 몰래 남쪽으로 이동했다. 그리고 타타르의 4개 씨족을 무차별 공격했다. 차디찬 겨울비가 주룩주룩 내리는 가운데 진행된 이 전투는 매우 치열했다. 주력군이 섬멸 당한 타타르의 백성들은 공포에 싸여 무릎을 꿇고 투항했다. 그로부터 이루 헤아릴 수 없는 말떼들이 테무진 측으로 양도되었다. 이 타타르와의 전쟁에서 테무진은 두 자매를 첩으로 취했다. 타타르 족장의 딸들로, 언니 예수이와 동생 예수겐이었다. 미모의 예수이는 얼마 전 결혼한 새댁이었다. 전쟁의 패배로 색시를 빼앗긴 신랑은 그녀를 잊지 못하고 근처를 배회하고 있었다. 테무진은 보오르초를 시켜 그 남자를 잡아들였다. 참으로 잘생긴 남자였다. 예수이에게 마음이 빼앗긴 테무진은 간첩죄를 씌워 보오르초로 하여금 그 남자의 목을 베게 했다. 전리품에 대한 양도가 끝나자 타타르의 멸족이 시작되었다. 『몽골비사』는 타타르인들이 겪었던 종말을 다음과 같이 전해주고 있다.

> 옛날부터 타타르족은 우리의 선조들과 부친들을 살해해 왔다. 지금 그 원수를 갚겠다. 모든 타타르의 살아있는 남자들을 마차바퀴 앞에 세워라. 바퀴보다 큰 자들은 모두 죽인다. 전멸시킨다. 어린이와 여자들은 모두 노예로 삼는다.

마차바퀴보다 큰 사람은 목을 베고, 그보다 작은 사람들은 노예로 분배되었다. 타타르의 주력 씨족들은 거대한 핏줄기와 함께 역사 속으로 사라져갔다.

6. 또 하나의 칸

초원의 판도는 테무진과 옹칸과 자모카의 3자 구도로 명백해졌다. 그러나 옹칸은 약화되었다. 따라서 테무진이 당면한 위협은 자모카였다. 테무진은 미소 지었고, 자모카는 고뇌했다. 테무진이 옹칸의 손발을 묶은 채 시시각각 자모카에게 다가오고 있었기 때문이다. 테무진은 교묘히 자모카의 수족들을 자르며 다가갔다. 그러나 자모카는 테무진과 옹칸의 연합 군대와 대적할 수 없었다. 그렇다고 일전을 피할 수도 없었다. 자모카는 옹칸을 짓누르는 테무진의 덫을 제거할 필요가 있었다. 자모카의 입장에서는 반드시 옹칸의 중립 속에 양자 간의 대결이 이루어져야 승산이 있었다.

자모카의 희망은 머지않아 실현되었다. 그것은 1200년 겨울 케레이트족 내에서 발생한 쿠데타 사건이었다. 자카 감보가 주동이 된 쿠데타가 실패로 끝이 났는데, 이 실패한 쿠테타는 옹칸이 테무진을 의심하는 계기를 만들어주었다. 결국 테무진과 자모카가 고원의 패권을 놓고 충돌할 시점이 임박하고 있었다.

1201년 여름, 자모카는 에르군네(케룰렌강의 하류) 강독에서 열린 대표자들의 모임에서 칸으로 선출되었다. 그에게는 몽골부의 진정한 칸이라는 구르칸(유일한 지도자)이란 칭호가 주어지고 부족 대표들이 서약했다.

우리의 서약을 누설하는 자는 폭풍에 강독이 무너지듯이 저주를 받으리라!
우리의 동맹을 깨뜨리는 자는 번개에 나무 가지가 잘려나가듯 죽음을 당하리라!

그러나 테무진은 테니 코르칸에서 자모카의 군대를 격파했다. 구르칸인 자모카의 세력은 뿔뿔이 흩어졌다. 자모카는 더 이상 자력으로 테무진의 군대를 상대할 수 없었다. 몽골의 푸른 하늘은 패배자에겐 아주 가혹했다. 테무진의 군대는 말머리를 남쪽으로 돌렸다. 마지막 남은 두 개의 타타르 씨족, 즉 알치 타타르와 차강 타타르를 공격했다. 두 씨족은 자모카의 구르칸 맹약에 참가하는 등 생존을 위해 몸부림치고 있었다. 그 몸부림이 테무진의 군대를 불러들인 것이다. 타타르족을 역사속으로 영원히 사라지게 한 테무진의 공격은 영하 40도의 찬바람이 몰아치는 1201년 겨울에 감행됐다.

자모카 세력의 붕괴와 타타르의 멸망은 메르키트의 토크토아에게는 악몽이었다. 그는 동맹자들을 구하기에 여념이 없었다. 나이만, 메르키트, 오이라트, 그리고 몽골의 패잔 씨족들로 이루어진 연합군단이 창설됐다. 1202년 겨울, 이들은 케룰렌강의 북쪽 쿠이텐이라는 곳에서 옹칸과 테무진의 연합군을 만났다. 처음으로 고원의 전 부족들이 동시에 참가한 쿠이텐의 전투는 옹칸, 테무진의 일방적인 승리로 끝났다.

7. 악의 화신 테무진을 제거하자

테무진은 마지막 박차를 가했다. 테무진은 지난날 옹칸과 맺은 맹약에 따라 케레이트족의 칸위 계승자임을 셍굼에게 주장했다. 대세는 테무진의 편이었지만, 옹칸의 외아들인 셍굼은 반발했다. 그런 셍굼에게 자모카가 접근했다. 자모카는 셍굼과 키야트계 귀족들에게 말했다.

제거당할 것인가? 싸워 권리를 회복할 것인가?
힘을 합쳐 악의 화신인 테무진을 제거하자.

그리고 자모카는 이렇게 말했다.

칭기스칸의 안다 자모카 인물도(추정화).
자모카는 칭기스칸에게 긴장감을 유지시키게 하고 전의를 불태우게 만든 평생의 적,
그러나 우정을 잃지 않은 최초의 안다였다.

생굼이여! 키야트계 귀족들이여!
나 자모카는 나무의 끝단까지,
깊은 물의 바닥까지 그대들과 같이 갈 것이다.

테무진은 쿠이텐 전투의 승리 후 옹칸에게 양가의 결혼을 요구했다. 옹칸이 거부할 만한 명분은 없었다. 옹칸은 자신의 시대가 끝나가고 있음을 느꼈다. 하루가 다르게 케레이트의 귀족들은 테무진의 개혁 정책에 감동받았고, 케레이트족은 옹칸의 침묵 속에 서서히 테무진에게 합병되기 시작했다. 테무진의 개혁이란 다름이 아닌 개인적인 약탈을 금지한 것이었다.

적을 물리쳤을 때 전리품 근처에 서 있는 것을 금지한다. 적을 완전히 제압한다면 결국 그 전리품은 우리의 것이다. 우리는 그것을 공평히 분배해야만 한다. 적에게 패배당했을 때에는 자기가 처음 돌격한 지점으로 반드시 돌아가라. 자기가 처음 돌격했던 지점으로 돌아가지 않는 자들은 참수한다.

테무진은 자신을 추종해 온 가난한 너커르들에게 약탈한 재물들을 나누어주었다. 너커르들은 환호했다.

빛나는 구원의 별, 테무진!

모든 일이 너무 순조롭게 진행되었다. 테무진은 내부의 적대 세력들을 어떻게 제거할 것인가만을 곰곰이 생각했다. 그 무렵 생굼은 아버지 옹칸을 찾아가 울부짖었다.

만약에 대칸인 아버지께서 우유나 물조차 드실 수 없는 때가
온다면 케레이트족의 백성을 저에게 통치하게 하시겠습니
까, 아니면 테무진에게 통치하게 하시겠습니까?

셍굼은 끈질기게 아버지를 설득했다. 키야트계 귀족들까지 반기를
들었다는 증거도 제시했다. 옹칸은 지쳤다. 그는 아들 셍굼의 요구를
받아들였다. 셍굼은 택일을 강요한 끝에 옹칸을 새 연합세력에 끌어들
이는 데 성공했다. 전쟁의 낭비학보다 배신의 경제학을 먼저 익힌 셍굼
은 테무진이 제의한 결혼동맹에 동의하는 척하면서 은밀히 그가 함정
에 빠지도록 만들었다. 셍굼은 테무진을 암살하려는 음모를 세웠다.

테무진은 기쁜 마음으로 약혼식을 향해 케레이트로 출발했다. 도중에
그는 사촌의 겔에 잠시 들렀다. 그 사촌은 여러 해 전 아버지의 임종에 어
린 테무진을 데려다 준 인물이었다. 수십 차례의 전쟁과 음모에서 살아
난 사촌은 약혼식 얘기를 듣고 뭔가 수상쩍다고 여겨 만류했고, 그 말을
들은 테무진은 집으로 돌아가 버렸다. 암살 계획이 수포로 돌아가자, 음
모를 꾸민 세력은 테무진을 추격하기 시작했다. 그들은 새벽에 출발하기
로 했다. 칭기스칸이 집에 닿기 전에 해치우기 위해서였다. 하지만 계획
을 알게 된 두 명의 양치기가 테무진에게 그 사실을 알리기 위해 정신없
이 말을 달렸다.

8. 흙탕물을 나누어 마시다

도망친 칭기스칸은 보르칸 칼돈에서 세력을 규합한 뒤 '카라 칼지트(검은 자갈)'에 모여 셍굼과 자모카의 군대를 기다렸다. 때는 1203년 봄이었다. 그 위기의 순간에도 테무진의 주변에 포진한 너커르들은 동요하지 않았다. 그리고 운명의 장소인 카라 칼지트에서 셍굼이 이끄는 케레이트의 대군과 대치했다. 『몽골비사』에는 당시 테무진의 군대가 얼마나 위기에 처해 있었는가를, 그 전투의 영웅인 코일다르 세첸의 다음과 같은 말로 나타내고 있다.

내가 테무진 안다의 앞에서 싸우겠다.
안다여! 내가 죽은 후 나의 자식들을 잘 보살펴다오!

카라 칼지트 전투는 치열했다. 천우신조로 테무진군은 옹칸의 아들 셍굼에게 심한 부상을 입히는 데 성공했다. 셍굼의 부상으로 케레이트군이 머뭇거리자 테무진군은 필사의 도주를 시작했다. 코일다르 세첸은 창에 찔린 상처가 도져 숨져갔다.

아! 나의 안다! 코일다르 세첸!

테무진은 눈물을 흘렸다. 수많은 용사들도 칼과 창에 찔려 죽어갔다. 『몽골비사』는 당시 죽어간 수많은 영웅들을 코일다르 세첸의 장례라는 형식을 통해 추모하고 있다.

코일다르 세첸은 상처가 도져 세상을 떠났다. 칭기스칸의 군대는 일시 멈춘 뒤 칼카 강변의 어르 노오 산봉우리에 그의 뼈를 묻었다.

테무진의 군대는 적의 추격권에서 벗어날 때까지 밤낮없이 보이르 호수쪽으로 후퇴했다. 그리고 폭우와 번개가 휩쓰는 날, 쏟아지는 빗물에 흙탕으로 변한 초원의 자그마한 호수인 발조나에 도착했다. 테무진은 자신을 따라 수많은 고통을 견뎌온 너커르들에게 한없이 감격했다. 그곳에서 테무진은 새로운 시대를 열기 위하여 카라 칼지트 전투에서 칼과 창에 찔려 죽어간 수많은 동지들을 추모했다. 그는 두 손을 모아 하늘을 향하면서 부르짖었다.

내가 이 모든 고난을 극복하고 대업을 이룰 수 있게 도와주소서!
나와 함께 고난의 대업에 참가한 모든 병사들을 기억하소서!
내가 이후 나의 맹세를 저버린다면 이 흙탕물처럼 나를 죽이소서!

테무진 주변의 모든 용사들은 발조나호수의 흙탕물을 나누어 마시며 울었다. 흩어졌던 나머지 용사들도 속속 집결했다.

아들이 다쳐 싸움에 흥미를 잃은 옹칸은 추격해 오지 않았지만 테무진은 여전히 불안했다. 자모카와 옹칸이 한편이 되어 테무진과 대결해 있는 상황에서 초원의 사람들은 전통적으로, 그리고 필요에 의해서 대군의 편에 가담했다. 테무진의 야영지에는 3천 명도 되지 않는 숫자만이 머무르게 되었다.

작은 호수 둔덕에서 테무진은 기회를 찾기 위해 골몰했다. 어느 날

동생 카사르가 돌아왔다. 그는 카라 칼지트 전투에서 옹칸의 공격을 간신히 피해 여기저기로 해매다가 우연히 형이 있는 곳을 알게 된 것이었다. 여기서 테무진은 가능성을 발견했다.

그는 옹칸에게 카사르의 병사 두 명을 보냈다. 더 이상 형을 찾을 수 없게 된 카사르가 옹칸에게 합류하길 원한다는 내용을 전하기 위해서였다. 옹칸은 카사르가 만날 곳으로 제안한 케룰렌강의 한 장소에 그를 환영하고 안전을 보장한다는 표시로 자신이 총애하는 이투르겐을 보냈다. 이투르겐에게 이 일은 사형선고였다. 카사르가 그의 머리를 베어버렸기 때문이다. 동시에 그 일은 테무진에게 옹칸이 어디에 있는지 정보를 제공했다. 테무진의 군대는 이를 악물고 돌격했다.

1203년 가을, 케룰렌강 상류에 위치한 제르 캅찰에서 벌어진 전투는 사흘 낮 사흘 밤을 끈 끝에 테무진의 승리로 끝났다. 『몽골비사』는 이 감격을 다음과 같이 묘사한다.

나 칭기스칸은 영원한 하늘의 가호로 케레이트를 정복하고
높은 자리에 올랐다.

옹칸과 그의 아들은 도망쳤다. 칭기스칸은 그들의 재산을 빼앗고 수족들을 노예로 삼았다. 도망친 옹칸은 나이만족의 영토 근처에서 살해당했다. 남아있던 추종자들에게 배신당한 셍굼은 강도가 되어 노략질을 하다가 죽었다. 케레이트족의 멸망으로 몽골고원에서 숨막히게 전개된 제로섬 게임의 긴 여정은 끝이 났다. 테무진은 몽골고원의 패권을 완전히 장악했다.

9. 하늘에는 두 개의 태양이 있을 수 없다

이제 역사의 발걸음은 빨라졌다. 역사의 바람을 분명하게 목격한 몽골의 모든 씨족과 부족들은 차례로 테무진에게 복종했다. 테무진은 고원의 동쪽을 지배하게 되었다. 그러나 알타이 부근의 서쪽은 아직도 나이만이 지배하고 있었다. 나이만의 족장 타양칸은 테무진 정도야 가벼운 놀이상대에 불과하다고 생각했다.

> 하늘에는 두 개의 밝은 빛이 있을 수 있다. 해와 달이 있으니.
> 그러나 지상에 어찌 두 왕이 있을 수 있겠는가? 자, 우리 그리
> 로 가서 얼마 안되는 몽골족을 끌고 오자.

테무진은 고원의 패자를 겨루는 마지막 전투에 대비해 가공할 군대를 창립했다. 저승사자 군단이라는 친위대였다. 친위대는 그를 형제처럼 가깝고 벽처럼 안전하게 만들었다. 낮에는 70명, 밤에는 80명이 보초를 섰다. 그리고 점점 수를 늘려 천명을 넘어섰다. 이 부대를 지휘한 자가 제베였다. 그는 본부의 안위를 위해서 족장들의 아들 1,000 명으로 부대를 구성했다.

반면 나이만의 타양칸은 우물쭈물하다가 병사들의 사기가 한없이 떨어진 후에야 타미르강을 따라서 오르콘족과 만나기로 한 장소로 갔다. 타양칸이 도착한다는 정보를 접한 테무진은 전투준비를 하고 지휘자들을 불러 모았다. 그리고는 자신이 완성한 암호체계를 사용하여 명령을 내렸다. 진군명령은 '무성한 풀밭', 전투 명령은 '호수', 전투 방법은 '나사송곳' 이었다.

타양칸은 군사를 산기슭 경사면에 배치시켰다. 몽골군들은 그 아래 있었다. 만일 타양칸이 먼저 공격했다면 유리했을 것이다. 또 참호를 팠다면 그는 얼마든지 방어할 수 있었을지 모른다. 그들이 훨씬 대군이 었기 때문이었다. 그러나 그는 끝까지 우유부단한 태도로 군대가 밀리 도록 내버려두었다. 타양칸은 산꼭대기까지 밀린 후에야 싸우기 시작 했다. 그러나 이미 늦었다. 자모카까지 결합된 전투였지만 전략과 전술 에서 모두 실패했다. 그 마지막 전투를 『몽골비사』는 사실적으로 묘사 하고 있다.

그날 밤 나이만은 군대를 일으켜 포위망을 뚫으려 시도했다. 그들은 절벽에서 떨어졌다. 한 사람 뒤로 또 한 사람이 계속 밀려들어서는 한꺼번에 떨어졌다. 처참하게 으깨진 시체들 이 쌓였다. 그들은 마치 넘어진 나무들이 널브러져 있는 것처 럼 차곡차곡 쌓여 죽었다.

1204년 여름, 타양칸은 포로가 돼, 곧 죽었다. 그의 아들 쿠출루크와 자모카는 도망쳤다. 테무진은 사아리 초원에서 마지막 남은 메르키트 잔당들도 무찔렀다. 메르키트의 족장 토크토아는 아들들과 함께 도망 쳤다. 테무진은 알타이 산맥 기슭까지 그들을 추적했다. 1205년, 테무 진은 그들을 따라 잡았다. 토크토아는 전사했고, 그의 아들들은 아버지 의 머리를 들고 도망쳤다.

제4장 | 칭기스칸, 세계의 주인이 되다 (1206~1227)

칭기스칸은 고원의 완전한 주인이 되었다. 시베리아의 타이가 지역에서 고비알타이까지, 투르키스탄의 문턱에서 동쪽 만주벌판까지, 남북으로는 1500킬로미터, 동서로는 3000킬로미터에 이르는 광대한 영토에서 적은 모두 사라졌고 전사들은 오직 하나의 깃발 아래 모두 모였다. 고원은 통일되었다. 그 동안 몽골족 내부의 에너지는 과부하가 되었다. 칭기스칸은 집결된 에너지를 사용할 새로운 지향점이 필요했다. 칭기스칸은 고원의 바깥으로 눈을 돌렸다.

세계는 고요했다. 당시 중국과 이슬람은 안정된 문명 국가였고 유럽은 아직 개발되지 않은 미개척지였다. 칭기스칸의 에너지가 발현되지 않았다면 세계는 그 상태를 유지한 채 몇 백 년이 더 흘러갔을지도 모른다. 칭기스칸은 손을 들어 '해가 뜨는 곳에서 해가 지는 곳까지 우리의 땅'이라고 말했다. 전사들은 말위에 올라탔고 세상의 끝까지 '질주'하기 시작했다. '해가 뜨는 곳에서 해가 지는 곳까지 칸의 땅'이라는 그 말은 불과 20년 만에 증명되었다. 문명이 만들어 낸 숱한 국경과 성벽들은 황색의 질주자에 의해 무너졌다. 이전까지의 세계는 파괴되었고 새로운 세계가 문을 열었다.

1. 예케 몽골 울루스의 탄생

초원에는 마지막 경쟁자가 남아 있었다. 자모카였다.

테무진과 숙명적이라 할 정도로 경쟁과 협력의 길을 걸어야 했던 자모카는 테무진, 옹칸과 함께 몽골고원에서 태어난 세 개의 태풍의 눈 중 하나였다. 자모카는 비범한 재능과 함께 끈질긴 인내까지 겸비한 뛰어난 지도자였다. 그러나 그는 결국 테무진에게 몽골고원의 패권을 넘겨주어야 했다. 『몽골비사』에는 자다란 씨족 자모카의 선세도(先世圖)가 이례적으로 특기되어 있다. 이는 자모카가 테무진에게 어느 정도의 라이벌이었는가를 암시해 준다.

자모카와 테무진의 첫 인연은 테무진이 데이 세첸의 데릴사위였던 때에 이루어졌다. 이들은 열한 살 때 서로 동물의 복숭아뼈를 주고받으며 안다의 맹약을 맺었고, 이듬해에도 활과 화살을 주고받으며 안다의 맹약을 재확인했다. 그러나 어린 시절의 우정은 예수게이가 독살당하면서 끝났다.

일칸국의 정사인 『집사』에는 자모카에 대해 다음과 같이 평한 글이 실려 있다.

> 자모카는 흔히 세첸(현명한 자)이라고 불렸다. 이는 그가 매우 총명하고 교활했기 때문이다. 칭기스칸은 그를 안다라고 불렀다. 그러나 자모카는 테무진에 대하여 항상 음모를 꾸몄다. 그는 배신과 기만을 일삼으며, 나라를 자기의 수중에 넣으려 했다.

사실 테무진이 몽골고원의 패권을 장악할 수 있었던 것은 자모카가 있었기 때문이다. 두 개의 강력한 힘이 서로 경쟁하며 전개했던 전쟁은 상대편 모두에게 더욱더 강력한 친위군단을 만들도록 했다. 한순간도 방심할 수 없었던 긴장의 순간들, 그로 인해 숨막히게 가동됐던 정보의 터널들, 역전과 재역전 . 이들은 상대방이 꺼꾸러질 때까지 인간이 사용할 수 있는 모든 능력을 총동원했다.

테무진은 황야와 빈곤을 딛고 최고의 권력을 잡았다. 하지만 자모카의 추종자들은 테무진의 추종자들처럼 충성적이지 못했고, 자모카도 충성심을 불러일으킬 만한 행동을 보여주지 못했다. 남아 있던 마지막 다섯 명의 추종자들이 어느 날 저녁 그를 잡아 칭기스칸에게 넘겼다. 자모카는 쓰라린 마음으로 한탄했고 테무진은 동감했다.

"자신의 정당한 군주에게 손을 댄 자가 어찌 살아남을 수 있겠는가?"

테무진은 자모카의 눈앞에서 그를 배신한 자들의 목을 치게 했다. 그리고 나서 테무진은 자모카에게 오랜 우정을 되살리자고 제안했다. 자모카는 거절했다.

"전 세계가 그대에게 시중드는데 내가 그대에게 무슨 이익이 되겠는가?"

자모카는 마지막 특전으로 두 가지를 부탁했다. 하나는 그가 죽음을 당할 때 피를 쏟지 않게 해달라는 것이었다. 이것은 은총을 의미했다. 샤머니즘에 의하면 인간의 영혼이 피 속에 있기 때문이었다. 두 번째 부탁은 야수와 새의 먹이가 되지 않도록, 자신의 시체를 초원에 버리지 말고 '높은 곳에 안장해 달라' 는 것이었다. 칭기스칸은 그것을 받아들였다.

자모카는 죽음의 순간 자기를 저버린 하늘을 원망하지 않고 자기의 안다 테무진을 택한 몽골의 푸른 하늘을 찬양했다. 자모카의 죽음은 몽골고원의 역사에 한 획을 긋는 결정적 사건이었다. 자모카는 큰 카페트에 돌돌 말려 죽었고, 장례식은 성대하게 치러졌다. 테무진은 자모카의 죽음을 확인한 후에야 비로소 대몽골제국의 탄생을 선포할 만큼 그를 경원(敬遠)했다. 이제 테무진의 모든 장애물은 제거되었다.

테무진은 이듬해 봄 코일다르 세첸이 숨을 거둔 칼카 강변의 어르 노오에 모든 백성을 집결시켰다. 그리고 새로운 시대를 열게 해준 수많은 용사들의 죽음을 눈물 속에 기리며, 기존의 씨족제를 해체하고 천호제라는 아주 새로운 통치 시스템을 출범시켰다.

새로운 통치 시스템을 이끌어갈 지휘부는 칭기스칸과 함께 역경을 극복해 온 너커르들로 채워졌다. 칭기스칸은 새로운 통치 계층을 위해 케식텐이라는 기구를 창설했다.

이제 모래알과 같은 민족은 단단한 바위가 됐다. 바위는 거대한 굉음을 내며 구르기 시작했다. 칭기스칸은 1204년과 1205년에 각기 나이만과 서하를 상대로 새로운 통치 시스템을 시험 가동해 본 결과 큰 문제점이 없음을 확인했다. 아니 자신도 깜짝 놀랄 만큼 월등한 경쟁력을 지니고 있음을 확인했다. 1206년 봄 칭기스칸은 오논강에서 정식으로 대몽골제국, 즉 예케 몽골 울루스의 성립을 선포했다.

1206년 봄, 성스러운 오논강의 발원지에서 코릴타가 소집되었다. 각 족장들, 장로들, 전사들이 아홉 개의 꼬리를 가진 하얀 깃발들을 세워 올렸다. 테무진의 개인적인 수호신을 상징하는 깃발이었다(아홉은 성스러운 숫자였다). 그리고 몽골과 모든 종속된 부족들, 씨족들이 모인 코릴타는 테무진을 칸으로 선출했다. '가죽 천막을 사용하는 모든 종족', 즉 겔에서 사는 초원의 모든 유목민을 통치하는 가장 높은 칸이 되었음을 의미하는 것이었다.

전례 없는 단결과 하나의 목초지를 기초로 하여 매우 실용적이고 지적(知的)인 세력이 일어난 것이다. 그것은 전 세계를 놀라게 할 사건이었다. 멀리 금나라 궁전에서 매년 만들어지는 보고서에는 초원이 잠들지 않았음을 보여주는 한두 줄의 글귀가 적혀 있다. 하지만 대부분의 정착문명의 사람들은 관심 있게 바라보지 않았다.

2. 푸른 하늘로 돌아가다

칭기스칸 제국은 기존의 문명 세계에 새로운 천년의 출현을 알리는 도전장을 보냈다. 정착민들이 쌓아올린 문명과 전혀 다른 새로운 유목 이동 문명의 도전장이었다. 말이 도전장이지 이기면 살고 지면 죽는 데스 게임의 신청서였다.

금나라, 콰레즘, 서하 ……. 칭기스칸은 데스 게임에서 완승을 거두었고 정착 문명은 속수무책으로 무릎을 꿇었다. 이후의 칭기스칸 정복사는 '13세기의 세계 대전'이라고 불리만큼 엄청난 규모였다. 전선의 규모나 동원 병력의 수 모두 20세기에 들어서 벌어진 두 차례의 세계 대전 이전에는 찾아볼 수 없는 대규모의 전쟁이었다.

칭기스칸의 푸른 군대는 북쪽으로는 인간이 갈 수 없는 시베리아 삼림에서 남쪽으로는 모래와 바위 말고는 아무 것도 없는 사막에 이르기까지, 대륙의 동쪽 끝 고려에서 서쪽으로는 러시아에 이르는 광대한 영토를 정복했다. 그 모두가 칸의 땅이었다. 칭기스칸은 몽골 고원의 주인이 된 지 20년 만의 일이었다.

이 모든 일이 끝난 뒤 칭기스칸은 인간적인 고뇌와 연민에 휩싸였다. 칭기스칸은 자신이 마지막에 이르고 있다는 것을 깨달았다. 그는 대륙의 곳곳에 흩어져 있는 아들들을 불렀다. 어거데이와 차가타이는 도착했지만 조치는 돌아오지 않았다. 전령은 그가 병에 걸려 여행을 할 수 없다고 말했다. 조치는 대신 킵차크 산(産) 얼룩무늬 말 2만 필을 보냈다. 하지만 칭기스칸은 장남을 보고 싶어 했다.

수베에테이는 돌아와서 서역에서의 승리, 그리고 힘들었던 여행에 대해 보고했다. 슬픈 소식도 있었다. 제베의 죽음이었다. 처음에는 적이었지만 약속대로 끝까지 충성을 바친 인물, '화살촉' 이란 이름을 가졌고 자신의 주인이 될 사람(칭기스칸)을 거의 죽일 뻔한 인물, 그가 사망한 것이다.

또 다른 나쁜 일도 발생했다. 조치가 끝까지 오지 않자 칭기스칸의 실망이 분노로 변하면서 무력으로라도 끌어오기로 결심하게 되었다. 칭기스칸은 전쟁 준비를 했고 부자지간의 싸움이 곧 있으리라는 소문이 돌았다. 그때 조치가 아프고 쇠약해져서 텐트 안에서 사망했다는 소식이 전해졌다. 칭기스칸은 자신의 분노가 정당하지 못했다는 생각에 더욱 슬퍼했다.

1225년 초 칭기스칸은 지친 심신을 끌고 몽골로 돌아왔다. 돌아오는 길에 유일하게 기뻐한 것은, 국경에서 사냥을 할 때 세상에 태어나 처음으로 동물을 죽여 본 두 손자의 자랑을 들으면서였다고 한다. 열 한 살의 쿠빌라이와 아홉 살의 훌라구가 그들이었는데, 두 사람의 이름은 훗날 아시아의 양쪽 끝에서 울리게 된다.

이 같은 인간적인 번뇌의 와중에도 칭기스칸은 큰 일을 치르느라 빠뜨렸던 것들을 생각하고 있었다. 금나라에서 마지막까지 전쟁을 이끌었던 장군 모칼리가 1223년 죽고 난 이후 제국의 남쪽은 어려움에 처했다. 탕구트(서하)가 반란을 일으켰고, 여진족은 빼앗겼던 지역의 일부를 탈환했다. 모칼리는 사망할 당시 금 왕조의 남쪽 수도를 정복하지 못한 것에 대하여 너무도 후회했다. 그는 자신의 자리를 계승하는 아들 보로에게 "이제 그 일은 네가 할 차례다" 라고 유언했다. 그러나 칭기스칸은 훨씬 더 중요한 임무를 주었다. 탕구트 재정벌이었다. 처음 술탄 무함마드 2세에게 복수하기 위하여 출정할 때, 칭기스칸은 동맹국과 가신들에게 도움을 요청했었다. 그러나 서하의 왕은 거절했다. 그들은 그런 일을 할 수 있는 유일한 세력이었다. 서하는 칭기스칸의 군대가 혼자서 전쟁을 이길 정도로 강하지 않다면, 싸우지 않는 편이 낫다는 논리를 세웠다. 금 왕조 역시 새로운 황제 선종이 등극했다.

일 년의 휴식 기간이 지난 1226년 가을, 칭기스칸은 18만 군사를 이끌고 출정했다. 그는 지난번 서하와의 전쟁에서 실수를 했었다. 적들이 무릎을 꿇기 전에 싸움을 끝낸 것이다. 이제 그는 아들과 손자들이 그 사실을 마음에 새기길 바랬다.

그런데 진군 초기에 불길한 사고가 일어났다. 탕구트제국으로 가는 도중 겨울이 되자 칭기스칸은 유명한 아르부하의 야생마들을 잡기 위한 말몰이 사냥대회를 개최했다. 그는 얼룩말을 타고 있었다. 야생마들이 그의 앞을 지나 달려갈 때 이 얼룩말이 갑자기 멈췄고 칭기스칸은 말에서 떨어졌다. 그는 대단한 고통을 느꼈고, 즉시 진영이 세워졌다. 그는 '온 몸에 끓어오르는 신열' 로 밤을 지새웠다. 장군들은 원정을 중단할 것을 제안했지만 칭기스칸은 반대했다.

탕구트는 우리가 용기가 없어서 돌아갔다고 말하게 될 것이다.

그렇게 말하기는 했지만 칭기스칸은 마음을 고쳐 먹고 돌아가려는 듯이 보였다. 그는 탕구트의 왕인 보르칸에게 사신을 보내 협상의 자세를 내비쳤다. 하지만 돌아온 대답은 선전포고였다. 칭기스칸은 고열에 몸을 떨며 말했다.

그 자가 이렇게 큰 소리를 치는데 어찌 우리가 피할 수 있겠는가! 내가 죽는 한이 있더라도 기필코 그리로 가서 그 말을 후회하게 만들어 주리라. 영원한 하늘이 나의 증인이 되리라.

몽골군은 이번에는 다른 길을 택했다. 그들은 북서쪽 국경 황야에서 갑자기 나타났다. 1226년, 몽골군은 에트시나를 함락시켰다. 몇 주 후 간쵸우, 산쵸우를 잇따라 정복했다. 몇 달 후 그들은 량쵸우의 비옥한 지역 대부분을 파괴하고 서쪽으로 행군했다.

이제 가을이 되었고, 살을 에는 강한 바람은 곧 겨울이 올 것임을 예고했다. 몽골군들은 서하의 수도 츙싱(홍경)에 다가가고 있었다. 수도에서 60마일 떨어진 잉리가 그들의 손아귀에 떨어졌다. 수도에서 20마일 떨어진 링쵸우를 포위했을 때, 쉬고 있던 칭기스칸은 다시 지휘봉을 잡았다.

겨울이 오자 땅은 얼어 붙었다. 강물은 얼음 아래에 멈추었다. 서하의 왕은 링쵸우를 구하기 위해 3만 명의 군사를 보냈다. 몽골군은 후퇴했다. 사기충천한 탕구트 기마병은 승리가 눈앞에 보이는 듯 그들은 얼어붙은 황하를 지나 공격했다. 하지만 무모함이 그들을 파멸시켰다. 말들의 편자가 얼어 붙어버린 것이었다. 말들은 한 마리씩 한 마리씩 소리를 지르며 얽히고 넘어졌다. 편자를 박지 않은 몽골의 조랑말들이 얼

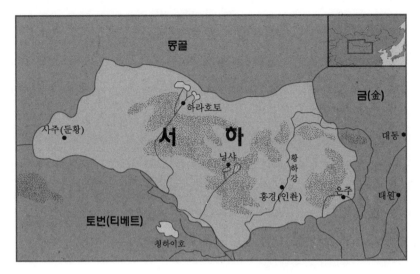

한때 동아시아를 호령했던 탕구트인의 나라 서하.

어붙은 황하 위로 달려들었다.

탕구트 병사들은 강둑으로 몸을 돌리려고 했지만 너무 느렸다. 강 위에서 공포에 떨고 있는 군사들에게 몽골군이 다가가는 동안 새로운 회오리바람이 불었다. 두 번째 몽골 기마병이 얼음을 가로질러 다가온 것이다. 그들은 탕구트군 측면을 공격했다. 양 측면을 공격당한 탕구트 부대는 뒷걸음질칠 수밖에 없었다. 얼음 위에서 살해되고 와해된 탕구트 군대의 생존자들이 서로 얽혀가며 몸을 돌리려 하는 사이, 몽골군들이 다시 돌진했다. 모든 질서는 사라졌다. 탕구트 군사들은 모두 죽었다.

서하의 왕은 산 속으로 도망쳤다. 그가 떠난 도시와 마을에서 연기가 피어올랐다. 사람들은 산기슭의 황야와 관목지대에 숨었다가 더 높이 올라가 산 속 갈라진 틈이나 협곡에 몸을 숨겼다. 하지만 그들은 모두 죽임을 당했다. 서하의 왕은 성 안에 갇혀서 죽었다.

탕구트족 새 지도자 시두르고는 수도에서 항전했다. 그곳은 지금까지 몽골군의 최신식 포위무기에도 버텼던 성이었다. 칭기스칸은 충싱산맥 동쪽에 자리를 잡았다. 그곳은 송과 금나라의 움직임을 내려다볼 수 있는 유리한 지역이었다. 탕구트족이 중국과 연결하려는 시도를 막을 수 있는 장소이기도 했다. 칭기스칸은 어거데이를 금나라로 향하게 하고 또 다른 몽골군은 서하의 서부 지역을 정복하게 했다. 시두르고는 결국 '왕위를 양도하고 도시 안의 백성들을 내보내기 위해 한 달의 말미를 달라' 고 간청했다.

이 순간 태풍 같던 칭기스칸에게도 끝이 다가오고 있었다. 부상 후유증으로 쇠약해지고 늙은 칭기스칸은 자신이 죽어가고 있음을 깨달았다. 여러 해 동안 관심을 가져온 것이 이젠 긴급한 현안이 됐다. 그는 자신의 후계자를 지명해야 했다. 적어도 언급은 해야 했다. 이미 거대한 제국은 분할된 상태였다. 차가타이는 서쪽을 소유할 예정이었다. 그곳은 카라 키타이, 아랄 해 남부의 구 콰레즘제국, 위구르 민족의 영토였다. 북서쪽은 조치의 아들, 바투의 지배를 받게 되었다. 동쪽은 어거데이의 것이 되었다. 그곳은 아직은 정복되지 않은 금나라와 동아시아의 다른 정복지들을 의미했다. 막내인 톨로이는 몽골의 전통에 따라 본토를 계승받을 예정이었다. 하지만 이러한 분할은 지도자를 결정하지 않은 연방정부와 마찬가지였다. 모두가 따를 수 있는 칸이 필요했다. 칭기스칸은 자신의 걱정을 두 마리의 뱀 우화에 비유했다. 첫 번째 뱀은 몸은 하나인데 머리가 여러 개 있었다. 두 번째 뱀은 머리는 하나인데 몸이 여러 개 있었다. 겨울이 오자 머리가 많은 뱀은 모든 머리가 동의할 수 있는 피난처를 찾을 수 없었다. 그들은 말다툼하고 서로 으르렁

거렸다. 그 뱀은 얼어죽고 말았다. 다른 뱀은 하나의 머리로 여러 개의 몸을 잡아당겼다. 그리고 겨울을 준비해 다음 해 봄을 볼 수 있었다. 교훈은 분명했다. 만일 제국이 살아남으려면 오직 하나의 머리만 있어야 했다. 누가 머리가 될 수 있을까?

아들들은 장단점을 동시에 가지고 있었다. 모두가 활기차고 용감하고 유능한 장군 이상의 능력을 가지고 있었다. 가장 약하고 가장 부드러운 성격의 어거데이는 술을 너무 많이 마시는 인물이었지만 영민하고 융화적인 성격의 소유자였다. 그는 남의 말을 잘 들어주었고, 주위의 사람들이 좋아했으며 다른 아들들의 장점을 가장 좋은 방향으로 이끌 수 있는 인물이었다. 어거데이는 필요할 때 굽힐 줄 알며, 각각의 성격 차이를 알고 타협할 수 있는 인물이었다. 어거데이는 칭기스칸이 정복한 세상의 지도자로 따라야 한다고 말한, 바로 그 인물이었다. 하지만 칭기스칸은 자신이 만든 법에 따라 코릴타에서만이 다음의 칸을 선출할 수 있다는 것을 잘 알고 있었다. 코릴타가 소집되기 전까지는 톨로이가 섭정해야 했다.

육체는 쇠약했지만 칭기스칸의 판단력은 여전히 날카로웠다. 다시한번 그는 가족이 단결하고 조화롭게 행동할 것을 촉구했다. 그는 각자가 하나의 화살을 부러뜨리게 했다. 그리고 나서는 한번에 한 통의 화살을 부러뜨리도록 했다. 그들은 서로가 실패하는 모습을 보았다. 몽골의 전설적 어머니 알랑 고아에게서 내려온 교훈이었다.

너희들은 이처럼 단단해야만 할 것이다. 아무도 믿지 말아라.
어떠한 적도 믿지 말아라. 생명이 위험할 때 서로를 돕고 의
지해라. 나의 법, 자사크를 순종해라. 결론에 이른 모든 행동

을 수행해라.

칭기스칸은 말에서 떨어지면서 입은 내상(內傷)을 끝내 이겨내지 못했다. 1227년 8월 18일, 몽골족에게는 돼지해 가을 중간 달의 15일, 칭기스칸은 세상을 떠났다. 그는 탕구트의 땅에 세웠던, 임시 주둔지에서 죽었다. 그는 죽기 몇 시간 전에 마지막 명령을 내렸다.

내 죽음을 알리지 말라. 적군이 눈치채지 못하도록 절대로 울거나 한탄하지 말라. 그리고 약속한 날에 탕구트의 왕과 백성들이 성을 떠났을 때 그들을 전멸시켜라.

몽골군은 그의 명령을 따랐다. 시두르고를 따라 사람들이 충성성의 문을 나왔을 때 몽골군들은 사방에서 달려가 그들을 죽이고 또 죽였다. 시두르고는 칭기스칸의 거대한 천막으로 안내되었다. 그는 분명 칭기스칸과 알현할 것을 기대했을 것이다. 하지만 그곳에서 그와 모든 관리, 하인들은 살해당했다.

그리고 나서야 몽골군들은 슬퍼하며 서하를 떠났다. 칭기스칸의 시신은 마차에 안치돼 오논 강변의 고향으로 옮겨졌다. 몽골족의 관념에서는 고향에서 장사지내는 것이 중요한 의미를 지닌다. 그곳에서 칭기스칸의 영혼은 그의 씨족과 전체 민족을 보호하게 되리라는 것이었다.

운구 행렬과 마주치는 모든 생명체는 죽음을 당했다. 마르코 폴로는 이렇게 쓰고 있다.

칸의 시신을 운구하던 자들이 도중에 마주친 모든 사람을,

'다른 세계로 가거라. 그리고 그곳에서 너희들이 돌아가신 군주를 모셔라' 라고 말하며 쳐죽이는 것은 당연한 일로 여겨졌다. 그들은 그러한 방식으로 죽음을 당한 모든 사람들이 실제로 내세에서 그의 하인이 되리라 믿었던 것이다. 칸이 타던 말들도 비슷하게 처리되었다.

칭기스칸의 시신은 오논강 상류 근처에 안치되었다. 그곳은 칭기스칸이 청년 시절 생존과 부와 명성을 위해 투쟁을 하던 곳이었다. 운구는 다시 보르칸 칼돈산의 가파르고 산림이 우거진 산비탈 위로 옮겨졌다. 그 산은 칭기스칸의 탄생과 성장, 승리를 내려다 본 곳이다. 꼭대기 근처에는 나무 하나가 있었다. 어느 날 사냥을 하던 칭기스칸은 그 아래에서 쉬게 되었는데, 그때 그는 다음과 같이 말했다고 한다.

이곳은 내가 묻히기에 좋은 장소구나. 잘 표시해 두거라!

그곳에 무덤이 만들어졌다. 그리고 시신을 옮긴 마차와 함께 그곳에 묻혔다. 여덟 개의 흰 천막이 세워졌다. 그를 기억하면서 기도를 하고, 명상을 하기 위한 사당이었다. 톨로이도 그곳에 묻힐 것이다. 다음 세대인 쿠빌라이도 역시 그곳에 묻힐 것이었다.

나무가 자라서 우거지고, 역사는 마침내 몽골족의 자존심을 낮추었다. 텐트들은 매서운 바람에 찢겨져 버렸다. 과거에 서 있었던 하나의 나무는 쓰러지고 많은 나무가 자라 숲이 되었다. 칭기스칸의 무덤은 잊혀졌다. 칭기스칸은 자신의 이름에 대한 천둥 같은 기억만을 남긴 채 사라져 버린 것이다.

오늘날 몽골 민족은 오논강과 케룰렌강 사이에 위치한 여러 봉우리들의 기슭에서 이 영웅을 추모하고 있지만, 그 봉우리들 중 어떤 봉우리가 실제로 성스러운 산 보르칸 칼돈인지 자신있게 말할 수 있는 사람은 아무도 없다

헨티아이막 다달솜에 있는
칭기스칸 기념 조형물

제 3 부

칸의 나라에 가다
외국인의 눈으로 본 칭기스칸 제국

제1장 | 말을 타고 새처럼 나는 사람들을 보았다

여기까지 써온 글 가운데 지나친 편견과 견강부회 같은 대목이 눈에 띈다고 느끼는 독자들도 있을 것이다. 칭기스칸에 대한 해석이나 연구에는 그 같은 논란이 많은 게 사실이다. 그를 살인마나 동양의 히틀러로 부르는 것도 오랜 세월 몽골인들의 지배를 받은 사람들의 편견이 깔려 있기 때문인지 모른다. 그럼 당시 외국인들에게 칭기스칸과 그의 계승 국가들이 어떻게 비쳤을까? 많은 자료가 있겠지만 그중에서 다음 몇 가지를 골라 소개해 본다.

카르피니 출신 존 수사나 루브루크 출신 윌리엄 수사의 여행기는 기독교도의 관점에서 칭기스칸 제국 혹은 원나라를 비롯한 계승 국가들을 관찰한 기록이다. 『흑달사략』은 적대 관계에 있다가 결국 원나라에 의해 멸망한 남송(南宋)의 관리가 군사 목적으로 파악한 비밀 보고서다. 마르코 폴로의 여행기는 당시 유럽 상인의 입장에서 관찰한 것이고, 장춘진인의 『서유기』는 도인의 관점에서 쓴 칭기스칸에 대한 체험기다.

이 글들은 서로 겹치는 부분도 있고, 각기 입장에 따라 상반되는 해석도 있으나, 전반적으로는 객관적인 거리를 유지하고 있다. 다른 사료에서 발견되는 여러 정황들과 그들의 견해가 일치하는 것이다. 귀중한 사료라 하지 않을 수 없다. 각기 분량이 많아 일부만을 요약한다.

1. 대칸의 즉위식에 4천 명의 조공 사절이 참석했다
　－『카르피니의 몽골여행기』

　카르피니 출신의 수사 존이 기행문을 쓴 배경은 이렇다. 1241년, 헝가리와 폴란드가 무너지고 신성로마제국의 기사단까지 몽골 기마 군단에게 유린 당했다. 교황 이노센트 4세는 권위를 지키기 위해서 뭔가 하지 않으면 안되었다. 그래서 생각한 것이 몽골제국의 2대 칸인 어거데이칸에게 사절을 보내 강화를 청하는 것이었다.

　이 글은 존 수사가 교황의 강화 사절로 몽골의 수도 카라코룸을 다녀와서 쓴 것이다.

　1245년, 교황 이노센트 4세는 기독교 성전군을 모으는 한편 카라코룸으로 사절을 급파해서 어거데이칸을 만나 강화를 청하도록 했다. 이 비밀 임무는 프란체스코 수도원에서 떠맡아 카르피니의 수사 존과 로렌스가 사절로 선발됐다.

　이 두 수사가 길을 떠난 시점은 바투가 카라코룸에서 귀환한 직후이자 구유크가 대칸에 즉위하기 직전이었다. 어거데이칸은 이미 사망한 뒤였지만 로마 교황은 아직 그 사실을 알지 못했다.

　두 수사는 당시 대칸 자리를 둘러싼 몽골제국 내의 분란에 대해서는 전혀 알지 못하고, 오로지 바투의 유럽 정벌군이 더 이상 유럽 국가들을 침공하지 말아주기를 간청하고자 길을 떠났다.

두 수사가 키예프에 이르렀을 때 그곳 사람들은 이들이 타고 있는 유럽 말을 보고는 킬킬거리면서 웃었다.

"그런 말로는 카라코롬은커녕 바투 장군의 오르도에도 이르지 못할 거요. 몽골 말은 눈 속에 파묻힌 마른풀도 찾아내 먹는다는데, 이 말들은 가다가 눈에 파묻혀 죽거나 굶어죽기 딱 알맞지요."

기독교도들의 수레 한 대를 얻어 탄 두 수사는 눈이 내리는 것을 보면서 몽골을 향해 길을 떠났다. 몽골군의 첫 번째 군영지에 다다른 것은 이듬해인 1246년 2월 19일이었다.

코렌자에 이르자 이름을 알 수 없는 장수가 두 수사의 방문 동기를 듣고 글로 적었다. 그 장수는 왜 왔느냐, 무엇 하러 가느냐, 선물은 충분히 가져왔느냐 등을 물은 뒤 몇 가지 주의를 주었다.

겔에 들어갈 때는 절대로 문지방을 밟아서는 안된다. 만일 실수로 그것을 밟게 되면 사형에 처한다. 그리고 겔에 들어서면 한 사람 한 사람마다 왼쪽 무릎을 세 번 굽혀 절해야 한다.

길을 떠날 무렵, 6만 명의 기마 군단을 거느리고 있던 그 장수는 우선 카라코롬에 바칠 선물 목록을 작성하라고 했다.

두 수사는 무려 10여 일이나 지난 다음에야 바투를 만날 수 있었다. 바투의 알탄 오르도는 그야말로 어마어마한 대형 겔이었는데, 그 안의 치장은 궁전이나 다를 바 없었다. 두 사람은 문지방을 밟지 않으려고 조심조심하면서 오르도 중앙으로 들어가 미리 교육받은 대로 바투에게

절을 세 번 올렸고, 바투의 좌우에 늘어선 사람들에게도 일일이 절을
올렸다.

바투는 높은 단 위에 앉아 있었고 좌우에는 부인과 첩들이 앉아 있었
다. 그리고 베르케, 세이반, 토카 티무르 등 그의 형제들과 사르타크,
톡토 등 자식들은 조금 더 낮은 자리에 줄지어 앉아 있었다. 그 밖에 여
자들은 왼쪽, 남자들은 오른쪽에 앉아 있었다.

바투는 백성들에게는 매우 친절하고 관대한 것으로 알려져 있었지만
사람들은 그를 몹시 두려워했다. 일단 전투에 임하면 더없이 잔인하며,
빈틈없이 군대를 지휘했기 때문이다.

바투의 체구는 그다지 크지 않았고, 39세란 나이보다 더 어려 보이
는 얼굴에는 자애로움이 가득했다.

"너희 교황의 군대는 얼마나 되느냐?"

"교황은 나라를 가지고 있지 않기 때문에 군대가 없습니다."

"텝 텡그리라더니 겨우 그런 정도로군. 그런데 왜 국왕이 사절을 보
내지 않고 한낱 무당이 너희를 보냈지?"

"그렇지 않습니다. 교황이 명령하면 국왕들도 받듭니다."

"그래? 그곳 무당은 또 이상한 데가 다 있군. 너는 어느 나라 백성인
가?"

"프랑스입니다."

"프랑스 국왕도 교황의 명령을 받는다 이 말이지? 그렇다면 국왕들
은 기독교 제국의 제후들이구나?"

"그렇습니다. 교황의 명령이 가장 중요합니다."

"너희 나라 프랑스의 국왕은 양이나 소를 많이 기르는가? 프랑스에

는 목축할 만한 초원이 있는가?"

"프랑스 국왕은 목축을 하지 않습니다. 그리고 프랑스인들은 농사를 주로 짓기 때문에 역시 목축은 거의 하지 않습니다."

"집집마다 양은 몇 마리씩이나 기르는가?"

"있는 집도 있고 없는 집도 있는데, 있어봐야 서너 마리씩 기르면서 젖이나 짜먹습니다."

"형편없이 가난한 나라로군. 그럼 무얼 먹고 살지?"

"감자나 밀로 빵을 구워 먹습니다."

존 수사가 그렇게 대답하자 바투의 첩들과 자식들이 깔깔거리며 웃었다.

코릴타에 참석한 칭기스칸 가문의 자손들, 이른바 황금씨족과 각 부족장들이 타고 온 말들이 늘어서 있는 모습은 그야말로 장관이었다. 말의 안장이나 재갈에는 적어도 수십 돈의 금붙이가 달려 있었고, 그 밖의 보석이나 은 따위도 눈이 부시도록 번쩍거렸다.

족장들은 대칸 선출 문제를 의논한다고 대형 천막에 모여서는 하루 종일 떠들면서 말젖술만 마셔댔다.

두 수사를 호위하던 병사들도 걸핏하면 말젖술을 마셔댔는데, 수사들은 그 술을 입에 대지도 못했다. 호위병들은 말젖술을 마시지 못하면 몽골인을 이해할 수 없다면서 재촉하기도 하고 강요하기도 했지만, 두 수사는 끝내 말젖술을 마시지 못했다.

코릴타가 열리는 한쪽에서는 대칸 즉위식을 기념해 조공을 바치러 온 속국의 사신들이 서성거렸다. 서요의 왕족, 고려의 왕족, 남송의 대신 등 수없이 많은 사절들이 각기 엄청난 양의 선물을 싸들고서 차례를 기다리는 중이었다.

그 사절들은 수행원들까지 합쳐 대략 4천 명이 넘었다. 그들은 목책 안에는 들어가지 못하고 밖에서 코릴타가 끝나 즉위식이 열리기를 기다렸다. 그러다 보니 두 수사들도 마치 유럽을 대표하여 교황청이 보낸 축하 사절처럼 인식됐다.

코릴타는 무려 4주 동안이나 계속 열렸다. 그동안 목책 안에서 어떠한 일이 일어나고 있는지 밖에서는 전혀 알 수 없었으나 소문으로는 구유크가 대칸에 선출됐다고 했다. 왜냐하면 구유크가 겔 밖으로 나올 때마다 사람들이 찬가를 불렀고, 꼭대기에 빨간 술이 달린 일산(日傘)을 받쳐주었는데, 코릴타 전에는 구유크에게 해주지 않던 의식이었다.

2. 칸의 천막 궁전은 커다란 도시 같았다
- 『루브루크의 몽골여행기』

루브루크 출신의 수사 윌리엄은 프랑스 국왕 루이 9세의 비밀 명령에 따라 카라코룸을 방문했다. 그는 1253년에 여행을 떠나 1255년에 귀환했다. 이 여행기는 루이 9세에게 바치는 보고서 형식으로 작성됐다. 몽골과 몽골군의 문화에 관해 꽤 예리한 통찰을 보여준 대목이 많다.

고난의 여행을 한 끝에 저는 바투를 만날 수 있었습니다. 저는 바투의 알탄 오르도를 보고 깜짝 놀랐습니다. 마치 궁전 자체가 커다란 도시처럼 보였기 때문입니다. 사람들은 서너 무리로 흩어져 살았습니다.

이스라엘인들처럼 자기들이 천막을 쳐야 할 곳이 어디인지 잘 알고 있었습니다. 궁전 바로 옆에 거주지를 정한 사람들은 계속 그곳에서 살아야 했습니다. 그들은 궁전을 '오르도'라고 불렀습니다. 궁전 정남방에는 입구가 있어서 그 앞에는 아무도 살지 않았습니다.

병사들은 저희를 오르도로 데려갔습니다. 저희는 천막 중앙으로 나아갔는데 그들은 여태까지 저희가 수차 들어야 했던, 무릎을 꿇으라든가 하는, 요구는 하지 않았습니다. 저희는 "미세레레, 메이, 데우스(자비를 베푸소서)"라고 말하고 가만히 있었습니다. 바투는 소파만큼 긴 의자에 앉아 있었습니다. 모든 것에 금박이 입혀져 있었고 그의 의자는 평지에서 계단 세 개를 더 올라간 곳에 놓여 있었습니다.
그리고 바투의 옆에는 한 귀부인이 앉아 있었습니다. 그의 오른편에는 남자들이, 왼편에는 여자들과 남자들이 앉아 있었습니다. 거기 있는 여자들은 모두 바투의 부인들이었는데 여자쪽의 자리가 남아 남자들이 앉았기 때문입니다.
말젖술이 담긴 금은제 잔들이 놓여 있고 귀한 돌로 장식된 긴 의자가 천막 입구에 있었습니다. 바투는 저희를 찬찬히 바라보았고 저희도 그렇게 했습니다. 그의 얼굴엔 빨간 점이 빽빽하게 나 있었습니다.
저는 바투가 수행원들과 함께 말을 타는 것을 보았습니다. 지체 높은 부하들이 전부 그를 수행하고 있었습니다. 제 판단에 따르면 5백 명 정도였습니다. 그러던 중 9월 14일에 한 몽골인이 찾아왔습니다. 그는 몽골인 1천 명을 거느린 천호장이었습니다.
"내가 당신들을 멍케칸께 데리고 가겠소. 여행은 넉 달 가량 걸립니다. 이제부터는 추워져 돌이나 나무가 전부 갈라지고 시드오. 그러니 당신들이 추위를 견딜 수 있을지 잘 생각해 보시오."

"신의 은총으로 보건대 다른 사람들이 견딜 수 있다면 우리 역시 그럴 수 있다고 믿습니다."

"만약 당신이 견디지 못한다면 나는 당신을 길에 버리고 갈 것이오."

"그건 옳지 않습니다. 우리가 당신의 보호를 받는 것은 우리의 의지로 가는 것이 아니고 멍케칸의 의지로 가는 것이기 때문입니다. 그러므로 당신은 우리를 버려서는 안됩니다. "

그러자 그는 말했습니다.

"다 잘되겠지요."

다음날 그들은 저희에게 몽골식으로 만든 양가죽 겉옷과 장화를 주었습니다. 그리고 누가 쓰던 것 같은 모자와 펠트로 만든 양말도 주었습니다. 9월 15일에 저희 일행 세 명은 말 두 마리에 나누어 타고 출발했습니다.

한편 타타르족은 위구르 문자를 차용해 씁니다. 그들은 글씨를 위에서 아래로 내려쓰며 읽는 방식도 그와 같습니다. 또 그들은 매번 왼쪽에서 오른쪽 방향으로 써나갑니다. 그들은 예언에 쓰는 그림과 문자(부적)를 많이 만들어냈으며, 그들의 사원에는 짧은 문구를 쓴 종이(주련)가 가득 매달려 있습니다. 그 글자는 멍케칸이 몽골어로 써서 저희에게 보낸 것과 같았지만 필체가 달랐습니다.

그들은 고대 관습에 따라 시체를 화장하며 그 재는 피라미드 위에 안치합니다. 저는 사원으로 들어가 크고 작은 우상들을 구경하고 난 뒤 사원 입구에 앉아 있는 사제들 곁에 앉았습니다. 저는 그들과 논쟁을 벌였는데 도중에 통역관이 지쳐버려 그만두었습니다.

몽골인이나 타타르족은 이단(샤머니즘)을 믿고 있었습니다. 그들은 말로는 유일신을 믿는다면서 자신들이 죽으면 상(像)을 만들어 펠트로 옷을 해서 입히고 값진 장식을 달아 짐수레에 싣습니다. 아무도 그 짐수레를 감히 만지지 못하며 사제인 무당들이 그 짐수레를 관리합니다.

이 예언자(무당)들은 항상 멍케칸이나 부유한 사람들, 즉 칭기스칸의 친족들이 사는 겔 앞에 대기하고 있습니다. 그도 그럴 것이 가난한 사람들은 아무것도 가지고 있지 않기 때문입니다. 부유한 자들이 행군에 나서면 이 무당들은 이스라엘의 어린이들을 이끌어준 구름 기둥처럼 그들 앞에서 걷습니다. 그러다 무당들이 어디에서 야영을 할 것인지를 결정하고 거주지를 정하면 모든 겔이 그들의 말을 따릅니다.

1254년 1월 3일, 저희는 멍케칸의 오르도로 갔습니다. 네스토리우스교 사제들이 먼저 와 있었습니다. 그들은 제게 어느 방향으로 기도를 드리느냐고 물었습니다. 저는 "동쪽을 향해서"라고 답했습니다. 그러자 그들은 왜 수염을 깎았느냐고 물었습니다. 저희는 대칸 앞에 나아가기 전에 우리나라의 풍습에 따라 수염을 깎았다고 말했습니다. 그들은 대칸에게 절을 할 때 우리 방식으로 할 건지 아니면 몽골인의 풍습대로 할 것인지 물었습니다.

"우리는 신을 섬기는 사제들입니다. 우리나라의 귀족들은 신께 경의를 표하는 의미에서 자기들 앞에서 사제가 무릎을 꿇지 않게 합니다. 그럼에도 우리는 신에 대한 사랑으로 자기 자신을 누구보다 낮추기를 원합니다. 주님의 영광과 찬양에 위배되는 것만 아니라면."

멍케칸은 포도주, 테라키나(쌀로 빚은 술), 카라코스모스(말젖을 증류한 술), 발(벌꿀술) 중에서 어느 것을 마시겠느냐고 물었습니다. 몽골인들은 겨울이면 이 네 가지 술을 주로 마신다고 합니다.

"대칸, 저희는 음주로 위안을 찾는 사람들이 아닙니다. 그러나 대칸께서 주시는 것이라면 즐겁게 받겠습니다."

그러자 멍케칸은 저희에게 쌀로 빚은 술을 주었는데 백포도주 맛이 났습니다. 저는 멍케칸에게 존경을 표하는 의미에서 조금 마셨습니다. 그러나 운 나쁘게도 통역은 술통 관리인 옆에 서 있었던 관계로 주는 대로 마시다가 금방 취해버렸습니다.

멍케칸은 매와 새 몇 마리를 가져 오라 해서 손에 앉히고 바라보더니 한참 뒤에야 저희에게 말을 해도 좋다고 허락했습니다. 저희는 무릎을 꿇어야 했습니다. 멍케칸은 네스토리우스교도 한 명을 불러 통역을 시켰는데, 그 통역 역시 곤드레만드레가 되어 있었습니다.

"주님께서는 대칸께 지상의 많은 권력을 주셨고 저희를 대칸께로 인도해 주셨습니다. 또 저희에게 삶과 죽음을 주시는 주님께서 대칸의 장수를 허용하시기를 빕니다."

누군가의 장수를 빌어준다는 것은 그들이 몹시 좋아하는 일이었습니다.

한편 저는 로렌 지방의 메스에서 온 파케트라는 여자를 만났습니다. 그 여자는 헝가리에서 감옥 생활도 했다고 하더군요. 파케트는 할 수 있는 한 가장 좋은 음식을 저희에게 갖다 주려고 했습니다. 파케트는 멍케칸의 기독교도 부인이 사는 오르도에 속해 있었습니다. 그곳에 속하기 전까지는 상상도 못할 비참한 생활을 했다고 합니다. 그러나 지금은 아주 잘 지내고 있다고 했습니다.

그 여자는 젊은 루테니아인 남편과의 사이에서 잘생긴 아들 셋을 두고 있었습니다. 또 그 남편은 천막으로 겔을 짓는 법을 알고 있었는데 그것은 그들 사이에서 아주 유용한 직업이었습니다. 그녀는 우리에게 뛰어난 금세공 장인이 카라코롬에 있다는 것을 알려주었습니다. 그 장인은 파리 출신으로 이름이 기욤이라고 합니다. 성은 뷔셔이고, 아버지 이름은 로랑 뷔셔라고 합니다. 로제 뷔셔라는 기욤의 동생이 그랑퐁에 살고 있다고 합니다.

기욤은 아들처럼 여기는 젊은이와 같이 사는데, 그 젊은이는 그곳에서 가장 뛰어난 통역이라고 합니다. 당시 멍케칸은 기욤에게 3백 이아스코트를 주고 일을 맡겼다고 합니다. 그것은 3천 마르크에 해당하는 돈입니다.

파케트란 여자는 기욤의 아들이 일이 바빠서 우리에게 오지 못할까 봐 걱정했습니다. 또한 황후의 오르도에서 사람들이 이런 말을 하는 것을 들었다고 합니다.

"너희 나라에서 이번에 온 사람들은 괜찮기는 한데 통역이 너무 신통치 않다."

그러면서 통역에 대해 걱정을 했습니다. 그래서 저는 기욤이라는 장인에게 편지를 써서 아들을 제게 보내줄 수 있느냐고 물었습니다. 기욤이 답장을 보내기를, 이번 달은 안되지만 다음 달에는 일이 끝나니까 그때 보내주겠다고 약속했습니다.

오순절날 멍케칸이 저를 그의 오르도로 불렀습니다. 오르도에 나가기 전 통역관(기욤의 아들)이 말하기를 저희 일행은 고국으로 돌아가게 됐으며, 멍케칸은 그 문제를 이미 결정했기 때문에 제가 문제를 일으켜서는 안된다고 귀띔해 주었습니다.

저는 오르도에서 무릎을 꿇어야 했습니다. 멍케칸은 지팡이를 저에게 내밀며 "두려워 마시오"라고 말했습니다. 저는 웃으면서 낮은 음성으로 말했습니다.

"제가 두려워했다면 이곳에 오지도 않았을 것입니다."

멍케칸은 제가 한 말을 통역관에게 물었고, 통역관은 그대로 그에게 전했습니다. 그 후 멍케칸은 자신의 교리에 대해 말했습니다.

"우리 몽골족에게는 오직 하나의 신만이 존재하오. 그 신은 우리의 삶과 죽음을 주관하며, 우리는 그 신을 위해 정의로운 마음을 가져야 한다고 믿고 있소."

"아마 그럴지도 모르지요. 하지만 주님의 은총이 없다면 이러한 것은 존재할 수 없었을 것입니다."

멍케칸은 통역관을 통해 제 말을 듣고 나서 다음과 같이 덧붙였습니다.

"신은 우리의 손에 서로 다른 모양의 손가락을 준 것처럼, 인간에게도 여러 방식의 삶을 주었소. 신은 당신들 기독교인들에게 경전을 주었으나 당신들은 그 경전의 계율을 이행하지 못하오. 예를 들어, 당신들은 경전에서 이르는 말과는 달리 서로 헐뜯고 있지 않소?"

"그렇지 않습니다, 대칸. 저는 어느 누구와도 논쟁할 생각이 없습니다. 다만 다른 종파의 교도들이 싸움을 걸어왔기 때문에 부득이 목청을 높여 대답한 적은 있습니다."

"알고 있소. 여하튼 기독교인들은 인간이 돈 때문에 정의를 저버릴 수 있다는 사실을 아직도 모르고 있소. 돈만 주면 승려나 수사는 파리 떼처럼 들끓는데 말이오."

"저는 돈을 벌기 위해 이곳에 온 것이 아닙니다. 오히려 저는 저에게 주어진 것들을 거절했습니다."

그곳에는 제가 이아스코트와 비단옷을 거절하는 것을 본 시종이 배석해 있었습니다.

"당신이 그렇다는 것이 아니오. 다만 신이 기독교인들에게 경전을 주었으나 그들이 그것을 이행하지 못한다는 뜻일 뿐이오. 반대로 우리 신은 세상에 무당을 보내주었는데, 우리는 그 무당들이 말한 것을 이행했고 그 결과 평화로이 살고 있소."

제가 보기에 멍케칸은 이 말을 끝마칠 때까지 적어도 네 번은 술을 마신 것 같습니다. 저는 멍케칸의 말을 경청했습니다. 멍케칸은 저의 귀향에 대해서도 이야기했습니다.

"당신은 이곳에 오래 머물렀으니 이제는 돌아가는 게 좋을 것 같소."

저는 그 이후로 로마 가톨릭교를 멍케칸에게 알릴 기회도, 시간도 전혀 갖지 못했습니다.

제 생각에는 또 다른 수사들을 몽골에 보내는 것은 현명한 생각이 아닐 듯합니다. 그러나 전 기독교인들의 수장이신 교황께서 주교 정도 지위의 높은 성직자를 특사로 파견하시고, 그들과 서신을 교환하실 수는 있을 것입니다. 몽골인들은 사절이 말하는 것은 무엇이든지 들으려 할 것이고, 또 항상 사절들이 말을 많이 하도록 유도할 것입니다. 하지만 무엇보다도 사절은 좋은 통역, 아니 그보다는 여러 명의 유능한 통역과 넉넉한 여비를 갖추고 있어야 합니다.

3. 그들은 네 살이 되면 활을 가지고 다닌다

　　- 서정의 『흑달사략』

　『흑달사략』은 남송 이종(理宗) 때에 몽골의 어거데이칸의 오르도로 파견됐던 팽대아(彭大雅)가 짓고, 서정(徐霆)이 소(疏)를 붙인 몽골 견문기로, 이종 가희(嘉熙) 원년에 집필됐다.

　몽골의 창업 시대, 즉 칭기스칸과 어거데이칸의 초기사를 주로 담고 있다. 특히 어거데이칸 초기의 정세가 상술되어 있으며, 몽골의 풍속·지리·기후·물산·제도 등도 기록되어 있다. 몽골제국 초기사를 연구하는 근본 자료로 활용되며 정사에 보이지 않는 귀중한 사료가 많다.

　흑달(黑韃)의 나라 대몽골은 예케 몽골 울루스라고 불린다. 사막 가운데에 몽골산이 있는데 몽골어로 은(銀)을 '멍구'라고 부른다. 여진족이 세운 나라를 대금(大金), 즉 예케 알탄 울루스라고 불렀기 때문에 몽골인들은 나라 이름을 '은의 나라'라는 뜻으로 그렇게 붙인 것이다.

몽골의 기후

　매우 춥고 4계절과 8절기가 없다. 예컨대 경칩에 번개가 친다. 4월과 8월에도 일상적으로 눈이 내리며 날씨도 걷잡을 수 없다. 거용관의 북쪽에 위치한 지방에도 6월에 눈이 내리는 일이 있다.

　▶ 서정의 목격기 : 몽골에서 돌아오는 도중 야호령 아래에서 머문 적이 있는데 그때가 7월 5일이었다. 아침에 일어나니 너무 추워서 손발이 모두 얼었다.

몽골의 산물

들판의 풀은 4월에 비로소 푸르러지기 시작해 6월에 이르러서야 겨우 무성해진다. 그러나 8월이면 시들어버린다. 풀 이외에는 실로 아무것도 없다.

몽골의 음식

고기만 먹으며 곡물은 먹지 않는다. 사냥해서 얻는 것은 토끼, 사슴, 멧돼지, 타르박, 산양, 노루, 야생마, 물고기 등이다. 키워서 잡아먹는 가축은 양이 대부분이고 그 다음이 소다. 큰 연회가 아니면 말을 죽이지 않는다. 불에 구워먹는 방식이 열이면 아홉이고 솥에 삶아먹는 방식이 열이면 둘 내지 셋이다. 고기를 발라 먼저 제사를 지낸 뒤 사람들에게 먹게 한다.

몽골의 의복

오른쪽으로 여미며 옷깃은 네모졌다. 옛날에는 펠트나 가죽으로 옷을 만들어 입었지만 지금은 모시, 비단, 금색 비단으로 만든다. 붉은색, 보라색, 감색, 녹색의 색상을 가지고 있으며 해와 달, 용과 봉황으로 무늬를 놓는다. 의복에는 귀천의 차이가 없다.

몽골의 언어

소리는 있지만 글자는 없다. 대부분 소리만을 빌려 번역하고 통역한다. 이것을 통사(通事)라고 한다.

몽골의 작명법

태어난 후 붙여준 이름만 있으며, 성이나 자(字)는 없다. 마음속에 꺼림칙한 것이 있으면 이름을 바꾼다.

▶ 서정의 목격기 : 몽골인들은 대칸부터 일반 백성에 이르기까지 단지 태어난 후 지은 이름만 부른다. 성은 가지고 있지 않다. 또한 관직의 명칭도 없다. 문서를 관장하면 비칙치라 부르며, 백성을 관장하면 다루가치라 부르고, 호위는 코르치라 부른다. 재상에 해당하는 야율초재 같은 사람은 스스로 중서상공(中書相公)이라 칭할 뿐 실제 직책명은 없다. 칸에 해당하는 이들은 스스로 이런 저런 칭호를 만들어 쓴다. 그러나 이 칭호들은 처음부터 대칸이 내려준 것이 아니다.

몽골의 예절

포옹하여 서로 인사하며 왼쪽 무릎을 꿇고 절을 한다.

▶ 서정의 목격기 : 그들의 포옹이란 서로 끌어안는 것이다.

몽골인의 자리

가운데를 가장 존중히 여기며 오른쪽은 그 다음이고 왼쪽이 가장 낮다.

몽골인의 택일

일을 행할 때면 달의 성함과 일그러짐을 보고 나아가거나 멈춘다. 초승달 이전이거나 하현달 이후는 모두 기피한다. 초승달을 보면 반드시 경배한다.

대칸의 도장

대칸의 도장은 '명령을 선포하는 보물(宣命之寶)'이라 불린다. 글자체는 전자(篆字)가 겹친 모양을 띠고 있다. 도장은 네모반듯하고 지름은 3촌(9센티미터)으로 아주 기이하다. 친카이(鎭海)라는 인물이 그것을 관장한다. 봉인을 찍어 문서를 보호하는 일은 없다. 일은 대소를 막론하고 모두 대칸이 결정하는데 야율초재, 친카이 등도 몽골에서 권력을 휘두르고 있다. 무릇 일을 행할 때 대칸의 명령이 없을 경우에는 생사여탈의 권한이 도장을 누르는 사람의 손아귀에 쥐어져 있다.

몽골의 상업

대칸으로부터 칸, 왕자, 공주 등에 이르기까지 모두 위구르인에게 은을 맡기거나 백성들에게 직접 빌려주어 이자를 늘린다. 1정(錠)을 10년 동안 굴리면 그 이자가 무려 1,024정에 이른다. 혹은 물건을 팔고 사는 장사를 벌이는데, 종종 도둑이 물건을 훔쳐갔다는 것을 구실로 백성들에게 그 변상을 지우기도 한다.

▶ 서정의 목격기 : 몽골인들은 뇌물을 몹시 탐하며 어떠한 사람도 장사하는 법을 이해하지 못하고 있다. 대칸으로부터 노얀(귀족)에 이르기까지 단지 은을 위구르인에게 맡길 뿐이다. 그리고 그들에게 장사하도록 시켜서 이자를 챙긴다. 은을 맡은 위구르인들은 이것을 남에게 빌려주어 고리대금 사업을 벌이기도 하지만 대부분은 장사에 나선다. 이들은 장사할 때 물건을 잃어버렸다고 사칭하면서 인근 백성들에게 죄를 덮어씌우기 일쑤다. 몽골인이 사는 것이라고는 고작 모시나 비단, 무쇠솥, 색목(色木) 등 단지 먹고 입는 것에 그친다. 한족과 위구르인들이 몽골에 들어가 물품을 파는데, 몽골인들은 양(羊)으로 그것과 바꾼

다. 몽골에서는 길에 떨어진 물건을 줍지 않는다. 줍는다면 도둑의 혐의를 면할 수 없다. 이러한 습속을 모르는 예속민들은 도둑으로 몰려 재산을 몰수당하는 경우가 많다. 위구르인들은 고의로 사람이 없는 곳에 물건을 둔 뒤 멀리 간다. 그리고 먼 곳에서 관망하다가 그것을 만지는 사람이 있으면 급하게 달려와서 소란을 일으킨다. 위구르인들의 교활한 마음은 가히 두려울 정도다. 또 그들은 기교가 많으며 여러 나라 말에 능통하다. 따라서 소란이 일어날 때 그들이 어느 나라 사람이라는 것을 즉시 알 수 있다.

몽골인의 말타기와 활쏘기

갓난아기 때 끈으로 요람을 묶어 말 위에 달아맨 뒤 엄마를 따라 다닌다. 3세가 되면 펠트로 만든 안장을 손으로 잡게 하여 사람들을 따라 달리게 한다. 4~5세 때부터는 작은 활과 짧은 화살을 소지한다. 이후 장성하면 1년 내내 사냥을 한다. 말을 타고 달릴 때는 앉지 않고 발돋움하여 몸을 일으킨다. 따라서 발등쪽에 8~9의 힘을 주고 넓적다리쪽에는 1~2의 힘만 준다. 속도는 회오리가 이는 것처럼 빠르며, 기세는 산을 찍어누르는 것처럼 굳세다. 또 말을 좌우로 회전시키는 기술이 마치 날아다니는 새와 같다. 따라서 왼쪽을 바라보면서도 오른쪽으로 화살을 쏠 수 있다. 말에는 밀치(마소의 안장에 딸린 기구) 같은 것이 없다. 말에서 내려서 쏠 때는 여덟 팔(八)자로 다리를 세운 뒤 보폭을 넓게 하고 허리를 뒤로 젖혀 45도 각도로 쏜다. 그렇기 때문에 매우 힘이 강해서 갑옷을 뚫을 수 있다.

몽골의 안장과 고삐

가볍고 단출하여 달리기에 편하다. 무게는 7~8근을 넘지 않는다. 안장은 기러기 날개처럼 앞은 솟아올라 있고 뒤는 평평하다. 따라서 회전할 때 어깨를 다치지 않는다. 발걸이의 위쪽은 둥글기 때문에 일어서도 몸이 한쪽으로 기울어지지 않는다. 발걸이의 바닥은 넓어서 신발이 쉽게 들어간다. 발걸이를 안장과 연결시키는 가죽은 초산을 쓰지 않고 양의 지방을 발라 손으로 무두질한다. 따라서 비를 맞아도 끊어지거나 썩지 않는다. 폭은 1촌(3센티미터)을 조금 넘으며 길이는 4총(總)에 미치지 못한다. 따라서 말에 서서 몸을 회전시키는 것이 아주 순조롭다.

몽골의 군대

나이가 15세 이상인 자는 군사가 된다. 기병만 있고 보병은 없으며, 사람마다 2~3 혹은 6~7마리의 승용마를 가지고 있다. 50기를 가리켜 1톡치라고 부른다. 몽골의 무장들은 군사 중 건장한 자들을 모아 별도의 부대를 조직하는데 이들은 무장의 좌우에 포진한다. 이들을 바아토르군이라고 부른다. 이전 서하나 금나라의 성을 공격할 때 이들을 진격시켰다.

▶ 서정의 목격기 : 내가 몽골을 왕래할 때 걸어가는 사람은 한 명도 본 일이 없다. 출정 때 그 지휘관은 누구나 타고 있는 말 외에 5~6 혹은 3~4마리의 말을 스스로 휴대하게 하여 항상 완급에 대비케 한다. 가난한 자라도 반드시 1~2마리의 말을 추가로 휴대하고 있다.

몽골군의 군량

양과 말젖술이다. 말에서 젖이 나오기 시작하면 낮에는 망아지가 먹게 놔두고 밤에 모아들인다. 모은 젖을 가죽 부대에 넣고 며칠 동안 찧으면 약간 신맛을 띠면서 마시기에 알맞게 된다. 이것을 '체게'라고 부른다. 그들은 다른 곳을 침략할 때면 반드시 노략질에 힘쓴다. 손무(孫武)가 말한 '적으로부터 식량을 구한다'는 것이 바로 이것이다.

몽골의 무덤

봉분이 없으며 말로 단단히 다져서 평지처럼 만든다. 테무진의 무덤 같은 것은 화살을 꽂아 울타리를 만든 뒤(넓이가 30리를 넘는다) 순라기(巡邏騎)가 호위한다.

▶서정의 목격기 : 테무진의 무덤은 케룰렌강 주변에 있으며 산과 강으로 둘러싸여 있다. 전해지는 이야기로는 테무진이 이곳에서 태어났기 때문에 죽은 다음에도 여기서 장사지냈다고 하는데 그 사실성의 여부에 대해서는 모르겠다.

4. 대도(大都)에는 2만 5천 명의 창녀가 있었다
– 마르코 폴로의 『동방견문록』

수도 칸발리크

칸발리크(大都)의 주위 둘레는 24마일이고 정사각형으로 되어 있다. 흙으로 된 성벽은 아랫부분의 두께가 10보이고 높이는 20보이다. 그러나 윗부분은 아랫부분만큼 두껍지 않다. 밑에서부터 위로 올라갈수록 점점 좁아져서 꼭대기의 두께는 3보 정도이다. 온통 흰색 석회로 칠해져 있다. 모두 12개의 성문이 있고 각 성문 위에는 장려한 누각이 솟아 있다.

성곽 안의 중앙에는 한 누각이 있는데 거기에는 큰 시계, 즉 거종이 매어져 있다. 이 종은 밤중에 세 번 울리는데 이것을 신호로 그 이후에는 시민의 거리 출입이 금지된다. 즉 이 종이 세 번 울리면 긴급 용건, 이를테면 임산부가 산기가 돈다든가 급한 병자가 있다든가 하는, 이외는 누구 한 사람도 거리를 왕래할 수 없다. 만약 이러한 화급한 용건으로 왕래할 경우에는 반드시 초롱을 지참하도록 되어 있다.

12개 성문에는 각각 1천 명이나 되는 수비병이 주둔하고 있다. 외적의 공격을 두려워하기 때문이라고 생각해서는 안된다. 그것은 이 도시에 거주하는 칸의 위용을 보이기 위해서이며 동시에 도둑이 성내에서 나쁜 짓을 저지르지 않도록 하려는 목적에서다.

성 밖은 어느 성문으로 나가도 곧 넓은 성외 거리로 되어 있다. 이들 성외 거리는 모두 인가로 매우 붐비고 있기 때문에 각 성문 밖의 시가는 서로 좌우로 한데 어울려 있다. 멀리 3~4마일 앞까지 뻗어 있으므로 성외 거리 주민쪽이 성내 인구를 능가한다.

이들 성외 거리에는 성문을 떠나 약 1마일 되는 곳에 근사한 상관(商館)이 많이 있어 각지에서 찾아오는 상인이 숙박한다. 그 제도로서는 일단 각 국별로, 즉 우리 식으로 말하면 롬바르디아 상인용, 독일 상인용, 프랑스 상인용 하는 식으로 저마다 특정한 상관이 지정되어 있다.

이 수도에는 새로운 성이 있고 오래된 성이 있는데 양 성내를 통틀어서 2만 5천 명이나 되는 창녀가 돈 때문에 매춘을 하고 있다. 그녀들 사이에는 총감독 한 명 외에 1백 명 및 1천 명마다 각각 한 사람의 감찰이 있어 모두 이들의 총감독과 지휘 하에 들어 있다.

허풍이 너무 심해서
별명이 백만장자였던
마르코 폴로

창녀들 사이에 감독이 있는 이유는 이렇다. 칸에 대한 용무로 궁전을 찾아오는 사절들은 언제나 조정의 비용으로 칸발리크에 체재하는데 (실제로 이 사절들은 극진한 대우를 받게 되는데) 이 경우 반드시 밤마다 창녀 한 명씩을 각 사절 및 일행에게 제공하는 것이 창녀 감독의 임무다. 창녀들은 무상으로 매일 밤 번갈아 그들의 시중을 들어야 한다. 이것은 칸에게 바치는 그녀들의 의무적인 부역에 해당한다.

그리고 또 도성 내에서는 수비병 30~40명이 한 무리를 이루면서 밤새도록 순찰을 돈다. 그들은 삼점종(三點鐘) 이후의 금지된 시각에 문밖을 배회하는 사람이 있지 않은가를 감시하고, 만약 그런 사람이 있으면 곧 붙잡아 투옥한다.

이튿날 아침, 담당 계원이 그 범인을 심문하여 뭔가 불법 행위가 있어 유죄라고 판정되면 죄의 경중에 따라 장벌(杖罰)을 가한다. 때때로 이 장형 때문에 목숨을 잃는 사람들도 있다. 이것은 피를 흘리지 않고 죄인을 처벌하는 방법으로 사용되고 있는 것이다. 그것은 타타르인들 사이의 현인인 점성가 바크시가 인간의 피를 흘리는 것은 나쁜 일이라고 말했기 때문이다.

쿠빌라이칸의 빈민 구제 사업

몽골인들은 풍습에 따라 아무한테나 동냥을 주지 않는다. 만일 가난한 사람이 동냥을 달라고 하면 몽골인들은 이렇게 말하면서 쫓아낸다.

"쓸데없는 소리 하지 말고 빨리 다른 곳이나 알아보시오. 모두 신(푸른 하늘)이 하시는 일이오. 만약 신이 나를 사랑하듯이 당신을 사랑하신다면 어떻게든지 해주실 것이오."

그런데 무당들이 쿠빌라이칸에게 빈민을 구제하는 것은 좋은 일이며, 또한 신이 기뻐하는 일이라고 말하자 쿠빌라이칸은 빈민을 대대적으로 구제하기 시작했다. 심지어 궁전에 와서 구걸하는 사람도 내쫓지 않는다. 궁중에는 이 일을 맡아보는 관리가 있어 날마다 2만 사발 가량의 쌀, 조, 피 등을 나누어준다. 이와 같은 빈민에 대한 대칸의 놀라운 자비심 때문에 사람들은 모두 쿠빌라이칸을 찬미하고 있다.

5. 불로장생의 묘약을 내놓으면 감옥에 넣으려 했소
  － 장춘진인의 『서유기』

칭기스칸은 콰레즘에 출정하기 직전인 1219년, 불로장생 비법을 알

고 있다는 장춘진인을 전쟁터로 소환한다. 산동의 도교 교주 장춘진인
은 4년에 걸친 고된 여행 끝에 칭기스칸을 만나게 된다. 장춘진인을 수
행한 제자 이지상(李志常)이 여행기 『서유기』를 남겼다.

1222년 4월 5일, 장춘진인 일행은 마침내 칭기스칸의 본영에 도착
했다. 칭기스칸은 미리 본영에 귀환해 있던 젊은 참모 야율초재를 보내
일행을 맞이하도록 시켰다. 칭기스칸은 장춘진인 일행에 앞서 리우웬
과 친카이 등을 불러 노고를 치하했다.

장춘진인은 야율초재를 따라 칭기스칸을 알현했다. 칭기스칸은 대
제국의 정복자답게 수천 명의 친위대에 둘러싸여 커다란 오르도에서
매우 위엄 있는 자세로 장춘진인을 공식 접견했다.

"남송 왕이나 금나라 왕이 진인을 초청했지만 가지 않았다고 들었
소. 그런데 지금 진인은 만리 여행을 한 끝에 나를 만나러 왔으니, 나는
이것을 내 생애 최고의 선물로 생각하오."

그러자 장춘진인이 가볍게 허리를 숙여 중국식으로 인사를 하고 대
답했다.

"산속의 은자(隱者)로서 제가 이곳에 온 것은 오로지 하늘의 뜻입니
다."

칭기스칸은 장춘진인에게 의자를 내주면서 앉으라고 권한 다음, 시
종들에게 음식을 가져오라고 명령했다.

"진인, 그대가 멀리서 가져온 생명을 연장시키는 선약이란 무엇이
오? 나를 죽지 않게 하거나 오래 살게 할 수 있소? 죽지 않는 비결을 알
려주시오. 그 비결을 알려주면 그대는 대대손손 영화를 누릴 것이오."

참으로 난처한 질문이었다. 진인은 그런 질문이 나올 수 있을 거라고

예상하기는 했지만, 처음부터 그런 질문이 떨어지리라고는 짐작도 하지 못했다. 더구나 제자를 통해 엄포까지 놓은 마당 아닌가. 장춘진인은 잠시 눈을 감았다가 가느다랗게 뜨고는 차분하게 대답했다.

"저는 하늘이 준 생명을 지키는 방법은 알고 있지만 생명을 무한하게 연장시키는 묘약에 대해서는 모릅니다."

"하하하. 그렇소? 역시 장춘진인은 도가 높은 말씀을 해주시는구려. 불사약도 없고, 생명을 연장시키는 약은 없다? 난 세상을 정복했소이다. 이 제국을 두고두고 다스려야겠는데 진인은 그런 나한테 불사약도 못 주고, 생명을 연장시키는 단약도 못 주겠단 말이오? 내가 살인이나 일삼는 정복자라고 무시하는 거요?"

이번에도 장춘진인은 잠시 생각을 가다듬어서 대답했다. 생사가 오락가락하는 순간이었다.

"대칸, 사람이 죽는 것은 병에 걸리기 때문입니다. 저는 건강을 지키고, 질병을 예방하여 사람에게 주어진 수명을 유지하는 방법은 알고 있습니다. 따라서 대칸께 침노하는 질병을 내쫓고, 건강을 해치지 않도록 조언해 드릴 수는 있습니다. 그렇지만 건강을 해치고 몸을 함부로 다루는 사람에게 한 알의 약으로 무병장수하는 길을 열어주지는 못합니다."

"그래서 나도 어쩔 수 없다는 말이오? 내가 그대를 만릿길을 무릅쓰고 초청한 것은 조금이라도 오래 살아보려 함인데, 이거 실망스럽잖소? 어서 나를 위해 만들어온 환단이나 내놓으시오."

"대칸, 저는 대칸을 위해 환단을 만들어오지 않았습니다. 그러한 약은 속임수에 지나지 않습니다. 제가 대칸을 한번 속일 수는 있어도 끝까지 속이지는 못합니다. 대칸의 용안을 뵈니 병이 침노할 자리가 한군

데도 없습니다. 보오르초 장군 같은 분도 역시 그러합니다. 인간은 누구나 육십갑자가 한 바퀴 돌 때까지 사는 게 소원이라고 합니다. 그렇게 볼 때 대칸께서는 그 소원을 이루실 수 있습니다."

칭기스칸은 그제야 빙그레 미소를 지었다.

"좋소, 장춘진인. 사실 나도 환단 따위는 믿지 않소. 괜히 그런 것을 내게 내밀었다면 진인은 꼼짝없이 검은 겔(獄舍)에 갇힐 뻔했소."

칭기스칸은 장춘진인의 솔직함에 흡족해했다. 장수 묘약이니 뭐니 해서 거들먹거렸다면 칭기스칸은 대화를 중지하고 칼을 던졌을 것이다.

8월 22일, 이번에도 장춘진인 일행은 칭기스칸 앞에서 무릎을 꿇거나 엎드려 절을 하지 않았다. 다만 칭기스칸의 오르도로 들어갈 때 합장하듯이 두 손을 모으고 몸을 약간 숙였을 뿐이다.

알현을 마치자 진인 일행에게 말젖술이 돌려졌고, 그것이 끝나자마자 일행은 작별 인사를 했다. 칭기스칸은 진인 일행에게 사마르칸트에 묵고 있을 때 불편한 것은 없었느냐고 물었다.

"전에는 몽골인들, 원주민들, 다루가치한테서 받은 것으로 충분했으나 최근에는 음식물 때문에 어려움을 좀 겪었습니다. 그렇지만 야율아해 장군이 잘 해결해 주어 큰 어려움은 없었습니다."

다음날 칭기스칸은 참모들을 장춘진인의 겔로 보내, 함께 식사를 하는 것이 어떻겠느냐고 제의했다. 그러나 장춘진인은 정중히 거절했다.

"저는 산속의 은자이므로 조용한 장소에 있는 것이 편합니다. 대칸께서 식사하시는데 방해만 될 뿐입니다."

칭기스칸은 장춘진인이 매우 유머가 있다고 말했다.

27일에 칭기스칸은 북쪽으로 길을 떠났다. 장춘진인 일행도 그 대열을 뒤따랐는데 도중에 칭기스칸은 포도주, 멜론, 푸른 채소를 보내왔다.

9월 초하루에 장춘진인 일행은 배로 만들어진 부교(浮橋)를 건너 북쪽으로 계속 갔다. 장춘진인은 자신이 강의할 때가 됐다고 하며 야율아해나 야율초재를 동석시켜 달라고 제의했다. 통역자가 필요했기 때문이다.

15일에 으리으리한 대형 겔이 세워졌고 칭기스칸의 수행원들 중 콜란 같은 부인들은 회중에 참석시키지 않았다. 좌우에는 촛불과 등으로 불을 밝혔다. 친카이와 시종 한 사람, 사신 리우웬만이 근처에 서서 경비를 했다.

장춘진인은 야율아해, 야율초재, 아리시엔을 따라 안으로 들어갔다. 진인은 자리를 잡은 후 리우웬과 친카이가 자신을 위해 기나긴 여행을 수행한 공적이 인정되어야 하는 만큼 그들도 강의를 들을 수 있어야 한다고 했다.

"그들이 오래도록 목숨을 바치다시피 하여 이 늙은이를 데리고 왔습니다. 개인적으로 그들에게도 이야기를 해주고 싶습니다."

"좋고 말구요."

칭기스칸은 장춘진인의 제의를 흔쾌히 받아들였다. 그래서 리우웬과 친카이는 정식으로 좌석에 합류했다. 리우웬과 친카이가 착석하자 장춘진인은 그동안 준비해 온 강의를 시작했다. 그의 강의는 야율아해와 야율초재가 몽골어로 통역했다.

강의 내용은 주로 마음을 다스리면 질병이 사라지고, 근심도 사라진다는 것이었다. 따라서 살생을 금해야 한다는 말이 여러 번 반복됐다.

칭기스칸은 이 강의를 통해 이제는 살육을 대신하여 백성을 다스려야 한다는 사실을 깨우쳤다. 이날 칭기스칸은 진인의 교리 강좌를 듣고 몹시 기뻐했다.

19일, 달이 환한 밤에 다시 진인의 강의가 있었다. 이때에도 역시 칭기스칸은 매우 만족해 했다. 23일에 진인의 강의를 다시 열었다. 이번에도 장춘진인은 전과 같은 대우를 받았으며, 칭기스칸은 장춘진인의 강의를 듣고 분명한 만족감을 표시했다. 칭기스칸은 진인의 말을 빠뜨리지 말고 기록하라고 명령했으며, 특별히 한자로 기록해 보존하라고 명령했다.

"장춘진인, 그대는 세 번에 걸쳐 생명의 영(靈)을 양육시키는 것에 대해 신성한 불멸의 강의를 해주었소. 그 말들이 내 가슴속 깊이 파고들었소. 나는 그대가 지적한 것을 되풀이하지 않으리라 다짐하겠소. 정말 고맙소."

몽골제국의 대군이 동쪽으로 진격하는 남은 기간에도 장춘진인은 칭기스칸에게 도(道)에 관한 강의를 계속했다.

10월 초하루에 장춘진인은 자신이 사마르칸트의 옛 숙소로 돌아갈 수 있는지 물었다. 그것은 즉시 허락됐다. 칭기스칸은 사마르칸트 동쪽 20리 되는 지점에 둔영을 설치했다. 칭기스칸은 언제나 오르도에서만 잠을 잤기 때문에 도시로 들어가는 것을 극도로 싫어했다.

12월 23일에는 눈보라가 몰아쳤고 추위가 너무 심했으므로 많은 소와 말이 길에서 얼어 죽었다. 3일 후에 장춘진인 일행은 코얀드무란을 서쪽에서 동쪽으로 통과하여 곧 칭기스칸의 본영에 도착했다. 배로 이은 다리가 장춘진인이 건넌 직후 고리가 풀려서 물에 쓸려가 버렸다. 칭기스칸이 지진이나 우레와 같은 재난의 원인에 대해 묻자 장춘진인은 이렇게 대답했다.

"저는 대칸께서 하늘의 징벌을 피하기 위해 백성들로 하여금 여름에 강에서 목욕을 하고 옷을 빨고 정결한 느낌을 갖게 하시거나, 들에 있는 버섯을 모으게 하신다는 이야기를 들었습니다. 그러나 이것만으로는 하늘을 받드는 것이 아닙니다. 3천 가지의 죄 중에서 가장 사악한 것은 자기 아버지와 어머니를 학대하는 것입니다. 이런 측면에서 볼 때 많은 몽골군들은 아주 잘못하고 있다고 생각합니다. 대칸의 영향력으로 몽골 백성들을 개혁하는 것이 좋을 것 같습니다. 군주에 대한 충성심도 사실은 부모를 섬기는 마음을 바탕으로 하고 있습니다."

이 말을 들은 칭기스칸은 역시 대단히 기뻐했다.

"진인, 그대의 말은 참으로 진실하오. 나도 정말 그렇게 믿소. 아버지나 어머니를 생각하는 마음이 간절할수록 충성심 또한 간절하다고 말이오. 나 역시 우리 아버지 예수게이께서 내 가슴에 심어주신 원한 때문에 오늘날 이 자리까지 올라왔소."

사실상 그때 칭기스칸의 장자 조치는 아버지의 명령을 저버리고 귀환을 미루고 있었다. 장춘진인의 말이 칭기스칸에게 가슴 저미게 들린 것은 바로 그 때문이었다. 칭기스칸은 강의에 참석한 사람들에게 장춘진인의 말을 위구르 문자로도 기록하라고 명령했다.

"선인의 말씀을 어느 나라 백성이나 다 읽고 들을 수 있도록 배려하라."

2월 8일에 칭기스칸은 동쪽의 산으로 사냥을 갔다. 그는 멧돼지 한 마리를 쏘았으나, 순간 말이 비틀거려 땅으로 떨어졌다. 멧돼지는 그를 덮치지 않고, 다가오기가 두려운 듯 그 자리에 가만히 서 있기만 했다. 잠시 후 친위병들이 칭기스칸에게 말을 데려다 주었고 그들은 모두 사냥을 중단한 채 둔영으로 돌아왔다. 이 사건을 전해들은 장춘진인은 바로 칭기스칸을 찾아갔다.

"하늘의 눈으로 볼 때 생명이란 어떤 것이라도 다 소중한 것입니다. 생명을 아껴야 합니다."

장춘진인이 나무라자 칭기스칸은 그저 웃기만 했다.

"몇 년 내에 몽골제국이 이렇게 강대해졌으니 가능하면 사냥을 드물게 가야 합니다. 대칸께서 낙마하신 것은 하늘의 경고이며, 멧돼지가 공격하여 주둥이로 받지 않은 것도 하늘이 개입한 것임을 아셔야 합니다."

그러자 칭기스칸이 대답했다.

"그대의 충고가 지극히 옳은 것임을 나도 잘 알고 있소. 그러나 불행하게도 우리 몽골족은 어릴 때부터 활쏘기와 말타기를 배우며 자랐소. 그런 습관을 버리는 것이 쉽지는 않소. 그리고 버리지도 않을 것이오. 하지만 나는 진인의 말씀을 가슴에 새겨두겠소."

"생명을 중시한다는 것은 남의 인명과 멧돼지 같은 짐승의 목숨만을 의미하는 것은 아닙니다. 바로 자신의 생명도 중시해야 하는 것입니다."

"그 말씀 역시 깊이 새겨두겠소."

그런 다음 칭기스칸은 푸른 하늘을 향해 다짐하듯이 덧붙였다.

"앞으로는 영원토록 진인의 충고를 따르겠소."

3월 10일에 장춘진인은 칭기스칸과 마지막 작별 인사를 나누었다.

"대칸, 부디 세상의 온 백성을 자식같이 사랑해 주시고, 대칸의 건강과 수행에도 더욱 정성을 쏟으시기 바랍니다."

"진인도 부디 건강하시기 축원드리오."

장춘진인은 칭기스칸의 환송을 받으면서 출발했다. 수많은 몽골의 관리들이 포도주와 생과일을 가지고 와서 수십 리를 동행했으며, 헤어질 때는 눈물을 흘리는 이도 많았다.

칭기스칸은 귀로중인 장춘진인에게 몇 차례나 편지를 보내 위로했다.

– 거룩한 진인, 매일 나를 대신하여 경전을 암송하고 내가 장수할 수 있도록 기원해 주시오. 그대의 고결한 가르침은 좋은 환경에서 이루어져야 하오. 그대가 살기에 가장 좋은 곳에 자리를 잡으시오. 나는 아리시엔에게 일러두었소. 진인이 매우 연로하니 특별히 잘 보살펴야 한다고 말이오. 내가 그대에게 앞서 한 얘기를 잊지 마시오.

– 그대가 떠난 이후 단 하루도, 단 한번도 그대를 잊어본 적이 없소. 그대도 나를 잊지 않기를 바라오. 그대가 몽골제국의 전 영토에서 특별히 머물고 싶은 곳이 있다면 언제라도 말씀을 하시오. 그렇다면 언제나 그곳에서 살게 될 것이오. 그대의 제자들이 나를 대신하여 끊임없이 경전을 암송하고 내 장수를 위해 기도해 주기를 바라오.

1. 워싱턴포스트 (1995.12.31)

- The Era Of His Ways ; In Which We Choose The Most Important
  Man of the Last Thousand Years

오늘 워싱턴포스트는 미국에서 처음으로 지난 1000년을 마감한다고 공식 선언한다. 우리는 이제 지난 1000년간 최고의 인물, 최고의 책, 최고의 실수 등과 같은 분야를 발표할 수 있게 됐다. 아직도 1000년이 끝나려면 5년이나 남았다. 하지만 그건 기술적인 문제에 지나지 않는다. 한마디로 우리는 1000년을 마감하고자 한다.

그는 변변찮은 장군의 아들로 태어났다. 그의 아버지가 그를 처음 봤을 때, 그는 작은 주먹에 핏덩어리를 불끈 쥐고 있었다. 아버지는 불길하게 생각했다.

그 아이는 강하고 용맹하게 자라났다. 그는 유목민과 함께 생활했고 나무도 없는 척박한 땅에서 텐트를 치고 생활하며 돌아다녔다. 그들은 글이 없었다. 그들은 다른 부족들과 끊임없이 싸웠다. 인생은 잔인하고 짧았다.

그 아이가 12살이 되었을 때, 그의 아버지와 부족민들은 전투에서 숨졌다. 이 아이는 호수에 뛰어들어 숨었다. 그는 물속에서 속이 빈 갈대를 이용해 숨을 쉬었다.

이 소년이 훗날 세계에서 가장 큰 제국을 다스리고 '위대한 정복자'라는 칭호를 얻은 '칭기스칸'이 될 줄은 아무도 예상하지 못했다. 8세기가 지나, 새로운 천년을 맞이하면서 지난 천년간 가장 위대한 인물로 뽑힐 줄은 자신조차 예상하지 못했을 것이다.

지난 1000년의 인물을 뽑을 때는 그가 어떤 시대를 살았는지 아는 게 중요하다. 그 1000년 동안에는 너무나 많은 일이 일어난다. 지난 1000년은 전염병, 전쟁, 학살, 뜨고 지는 제국들, 기술 발전, 지적 계발, 자본주의, 산업주의, 민주주의 등이 이뤄진 시대였다. 좋을 때는 매우 좋았고 나쁠 때는 몹시 나빴다.

1000년을 대표할 인물에는 루터에서 마틴 루터킹까지 역사를 장식한 많은 후보들이 있다. 당신이라면 르네상스를 숭배한 레오나르도 다 빈치를 뽑을 것인가, 프랑스를 통일하고 민족주의의 방아쇠를 당긴 잔 다르크를 뽑을 것인가. 아니면 지난 1000년간 가장 놀라운 선언서를 발표한 토머스 제퍼슨을 뽑을 것인가.

우리는 카리스마 넘치는 지도자이자 가장 위대한 제국을 일궈낸 빅토리아도 검토했다. 빅토리아는 그 이름 자체만으로도 신성한 도덕적 권위를 뜻한다. 우리는 뉴튼과 다윈, 멘델도 고려했다. 그러나 과학은 지난 1000년간의 지적 발전 중 한 부분에 지나지 않는다. 그러나 혹자들은 인본주의는 둘째 1000년과 첫째 1000년을 구분하는 기준이라고 주장하기도 한다(여기서 인본주의란 신과 천사들에 관한 공허한 신학적 논쟁과는 반대되는 것으로 사람을 강조하는 개념이다). 14세기 이탈리아의 시인 페트라르카는 첫 인본주의자로 불렸다. 그는 수도원 등에서 고대 필사본을 수집했다. 그는 중세 암흑시대로부터 서구 문명 사회를 해방시키는데 중요한 역할을 했다.

그래도 아직까지 약간은 너무 섬세하고 너무 깨끗한 후보들만 거론됐다. 과학자나 철학자, 혹은 연설가를 지난 1000년의 심볼로 뽑기에는 이 세계가 너무 드라마틱하고 격렬하게 변화해왔다. 자본주의의 민족주의, 심지어 다문화주의와 같은 사상은 모두 잊어버릴 필요가 있다. 지난 1000년간의 큰 줄기는 단일 종(種)인 인간이 지구를 향해 그들의 의지를 발휘한 것이다.

인간은 세계를 쟁취했고 정복했고, 세상을 쥐고 흔들다 세상을 바꿨다. 어떤 의미에서 인간은 성경에나 나올 법할 정도로 자연을 지배했다.

생명체는 30억 년 동안 세포 하나에 머물러 있었다. 그 이후 6억 년 동안 동물은 생태계 곳곳을 파고들었다. 그러나 뇌가 큰 영장류가 도구를 이용해 세상을 자기 입맛대로 바꾼 것은 지난 1000년에 지나지 않는다.

1000년 전에는 이 지구상에 단 3억 명밖에 살지 않았다. 문명은 일부에만 존재했고, 대부분은 문명이라는 의미를 부여할 수 있을 만한 곳이 아니었다. 당시 사람의 수명은 25년에 불과했다. 먹을 것도 충분하지 않았다. 에너지는 동물과 개인의 힘에서 나왔다. 우리가 오늘날 알고 있는 자유란 존재하지 않았고 대부분의 인간은 일종의 노예 생활을 했다.

지나고 나서 보면 가장 드라마틱 한 것은 그 당시 사람들은 자신이 어디쯤에 살고 있는지도 몰랐다는 점이다. 우리가 누구이고 우리가 왜 여기 있어야 하느냐는 문제는 차치하고라도, 사람들은 어디쯤에 위치해 있는지도 몰랐다.

예컨대, 유럽인들은 동쪽으로 가면 뭐가 나올지에 대해 가장 엉뚱한 개념을 가진 사람들이다. 지도에는 동쪽으로 가면 거인들이 산다고 믿었다. 그리고 더 동쪽으로 가면 파라다이스에 다다른다고 생각했다. 어떤 이들은 적도 밑으로 가면 배가 녹아버릴 것이라고 두려워했다. 가장 지배적인 생각은 지구는 엄청나게 넓고 의문투성이여서 어느 한 문화가 다 차지할 수 없을 정도로 광대할 것이라는 생각이었다.

오늘의 세계를 보자. 매우 작다. 지난 1000년 동안 지구가 축소됐다. 어째서 이런 일이 일어났는가? 어떻게 인구 3억 명이 60억 명으로 불어날 수 있었단 말인가?

이것이 우리가 지난 1000년의 인물을 찾는 배경이었다. 이 세계를 작게 만든, 인간과 기술이 지표면을 가로질러 이동하도록 만든, 그래서 전 지구에 인간이 지배력을 펼칠 수 있도록 만든 그 누군가를 찾는 작업이었다.

이런 정의에 딱 맞아 떨어지는 사람이 있다. 크리스토퍼 콜럼버스다. 그는 시베리아 땅에 붙어 있다가 구석기 시대 때 두 쪽으로 나뉘어진 지구를 연결한 인물이다(9세기 말, 바이킹들의 이동은 포함되지 않는다. 왜냐하면 그들은 그들이 닿은 곳이 어디인지 몰랐다). 콜럼버스의 탐험은 아메리카 원주민에게 심각하고 파괴적인 영향을 가져다 주었다. 각종 질병과 낯선 동식물이 대서양을 건너왔고 야만적인 노예 무역이 시작됐다. 콜럼버스식의 모험은 유럽이 세계를 식민지화 할 수 있는 문을 열었다. 콜럼버스는 어쩌면 약간 재미없는 선택일 수도 있다.

콜롬버스에겐 이블 크니블처럼 스턴트맨과 같은 요소가 있다. 그리고 더 중요한 건 그가 유럽인 중에서 첫 번째 탐험가가 아니라는 점이다. 그는 단지 모든 사람이 오른쪽으로 갈 때 왼쪽으로 간 것뿐이다. 바스코 다 가마가 이미 희망봉을 돌아 항해했다. 또 중국의 쳉호(정화)는 중국에서 아프리카의 동쪽 해변까지 탐험했다. 또 아조르군도와 카나리군도가 발견됐고 이미 사람이 이주해 살고 있었다. 이 섬들은 대서양을 건너는 정거장 역할을 했다.

콜럼버스가 바다를 건너면 중국이 나올 것이라고 생각한 이유는 무엇일까. 그것은 그가 2세기 전에 쓰여진 마르코 폴로의 여행기를 읽었기 때문이다. 콜럼버스는 쿠빌라이칸에 대해 방대한 설명이 담긴 마르코 폴로의 책을 갖고 있었다.

만약 이슬람제국들이 동서양 사이에 철의 장막을 치고 있었다면 마르코 폴로는 여행을 할 수 없었을 것이다. 더군다나 나침반이나 화약, 인쇄술 같은 중국의 첨단 기술도 유럽에 들어올 수 없었을 것이다.

우리는 1000년 전 지구를 지배하는 두 문명은 스페인에서부터 인도까지 퍼진 이슬람 문명과 가장 선진화된 중국 문명이었다는 사실을 기억해야 한다.

기독교 문명의 유럽은 후진국이었다. 봉건주의에, 주교가 있고, 귀족의 영지 등이 모여 있는 곳일 뿐이었다. 로마제국은 가난뱅이의 천국이었다. 1000년 전에는 아무도 유럽의 기독교인들이 이 지구를 식민지화해 나갈 것이라고 생각하지 못했다.

이 모든 것을 뒤흔든 것은 새로운 제국의 출현이었다. 역사는 짧았지만 세상을 바꿔놓았다. 바로 몽골제국이었다. 칭기스칸의 제국!

칭기스칸은 실천가였다. 로버츠는 『펭귄 역사서』에 "1227년, 그가 죽을 때쯤, 그는 세계에서 가장 위대한 정복가였다"고 썼다.

칭기스칸은 수 많은 사람들의 생명을 앗아갔다. 사실 그의 효율적인 대학살은 20세기를 통틀어 견줄만한 사람이 없다. 그가 군사적 천재였다는 사실은 아무도 의심하지 않는다. 그는 몽골의 부족을 통일했고, 10명·100명·1000명·1만명 등 십진법을 이용해 군대를 만들었다. 대개 수적으로 열세였지만 말을 탄 그의 군대는 신속했고, 훨씬 더 잔인했다. 그에게 대항한 페르시아 마을은 해골 피라미드로 변했다. 외교에 관한 한 그는 워렌 크리스토퍼 국무장관 같았다.

콜럼버스처럼 칭기스칸은 지구를 축소시킨 장본인이다. 칭기스칸은 제국이 완성되기 전인 60세에 죽었지만 칭기스칸의 제국은 13세기 무렵 태평양에서 동유럽, 시베리아에서 페르시아만까지 영토를 넓혔다. 한때 몽골군은 오스트리아까지 진출했었다. 그의 영토는 로마제국, 알렉산더 대왕, 이슬람제국, 그리고 소련을 훨씬 능가했다.

그와 그의 후손들은 유라시아를 넘어 동과 서의 문명이 연결될 수 있도록 광대한 자유 무역 지대를 만들었다. 일종의 중세의 GATT인 셈이다. 로널드 라삼은 『마르코 폴로의 여행』이라는 책에서 "칭기스칸은 잠재적 자유 무역 지대를 만들었고 외교사절, 용병, 상인들에게 이곳은 미개척지였다"고 책 서문에서 밝혔다. 로버츠는 "제국이 너무 컸기 때문에 통신은 통치의 기본"이었다고 말했다.

몽골인들은 인터넷이 발명되기 전인 7세기에 이미 글로벌 통신망을 개척했다. 비교적 짧았던 몽골의 점령은 중국인들에게 외국 문물은 무조건 나쁘고 중국 것은 좋다는 확신을 영원히 심어줬다. 그리고 그같은 믿음은 중국의 제국주의를 종식시키기에 이르렀다.

『서구의 부상』이란 책을 쓴 윌리엄 맥닐은 "몽골의 지배는 중국의 기술과 부를 중단시켰다. 정복은 피비린내나는 일이었다. 몽골인들은 중국을 세련되게 지배하지 못했다"고 말했다. 몽골의 지배는 악몽이었고, 아시아 대부분에 쇄국적 고립주의를 확산시켰다. 그리고 이 같은 점이 서양이 동양보다 한발 먼저 갈 수 있었던 배경이다.

몽골의 정복은 유럽에 또 다른 극심한 충격을 가져다 줬다. 흑사병이다. 이 전염병은 몽골의 유목민에서 유럽으로 전파됐다. 유럽 인구의 3분의 1을 쓸어간 이 병은 인구 1인당 노동의 가치를 더욱 높이는 계기가 됐고, 봉건제도를 무너뜨리고 자본주의를 등장시키는 계기가 됐다.

우리가 선택한 '천년의 인물'은 그 시대의 박애자도 뛰어난 사상가도 위대한 해방가도 아니었다. 사실 그는 깡패였다. 그러나 역사는 때때로 깡패에 의해 만들어진다. 역사는 성인이나 천재, 해방가들의 이야기로만 이루어지는 게 아니다.

지난 1000년의 사도로, 절반은 문명화됐고, 절반은 야만성을 지닌 이중 인간이었던 칭기스칸만한 후보는 없다고 자신한다. 주목해야할 점은 우리가 정교한 기술을 개발했다는 것보다는 그 기술을 사람을 죽이는데 몇 세기에 걸쳐 반복적으로 사용했다는 점이다. 인간에게 지구의 실체적 정복은 거의 완료됐다. 그러나 야만성으로부터는 아직도 벗어나지 못하고 있다.

2. 타임 (1999.12.31)

– THE MOST IMPORTANT PEOPLE OF THE MILLENNIUM

테무진은 복숭아뼈만한 핏덩어리를 손에 쥐고 태어났다. 그의 이름은 자랑스러운 전사였던 그의 아버지가 포로로 잡은 적으로부터 빼앗아 그의 첫아들에게 메달처럼 달아준 전리품이었다. 그러나 역사에는 어린 테무진이 39년 후에 받게 될 또다른 이름이 울려 퍼진다. 1206년 모든 몽골인의 갈채 속에 그는 "대해(大海)의 통치자" 칭기스칸이 되었다. 그는 이후 20년간 태평양과 흑해를 잇는 유라시아에 전리품과 노예로 제국을 건설했다. 칭기스칸의 유산은 대량 학살처럼 무섭고 역병처럼 무시무시하다. 그러나 이게 바로 모순이다. 유산은 역설적이게도 전원이 있는 마을처럼 유혹적이며 아메리카 대륙의 발견처럼 순간적이기도 하다.

그의 선조는 청회색의 늑대와 담황갈색의 암사슴이었다. 약탈자와 먹이였던 전설적인 선조들의 결합은 하나의 인간을 창조하였는데, 모든 몽골인은 그의 혈통을 이어 받았다고 주장한다. 그러나 그 신화가 바이칼호 주변에 있는 초원 지대에서 야생 동물처럼 살아온 데 대한 불길한 전조가 아니었다면, 그의 환상적인 기원은 세계 정복자의 소년 시기를 편하게 만들어주진 못했다. 그의 아버지 예수게이는 적들에 의해 독살됐고 미망인이 된 어머니 허엘룬은 맏아들인 9살의 테무진을 포함한 그의 아이들과 함께 마을에서 쫓겨났다. 추방당한 그들은 유목민 소유물의 가장 귀중한 말들을 지키기 위해 도둑들을 피하려고 노력하며 들쥐를 잡아먹었다. 원한은 강인한 마음을 길렀다. 자신이 낚은 물고기를 배다른 형이 잡아채자 테무진은 그 형을 활로 쏘아 죽였다. 그는 양심의 가책을 보이지 않았다. 그의 어머니는 부족민들에게 복수를 실행하기 위해 키워온 미래의 전사를 죽인 데 대해 격노하였다. 그녀는 "그림자를 제외하고는, 우리와 함께 싸울 사람이 아무도 없다"고 소리질렀다.

그러나 테무진은 이러한 그림자에서 벗어나, 이 세상에서 가장 기강이 센 군대를 창출해냈다. 첫째, 그는 좋은 결혼을 통해 야만적인 생활로부터 탈출했다. 테무진은 외교와 무자비한 투지를 활용하는 것을 배우면서 결혼을 통한 동맹은 더 많은 동맹으로 이어져 나갔다. 곧 그의 초자연적인 지도력은 배신자들과 '무늬만 친구'인 동지들을 상쇄하기에 충분할 정도의 충성스러운 부하들을 얻게 됐다. 그는 죽음을 기강으로 삼고 약탈물을 보상하는 데 썼다. 또 군사적인 측면에서도 같은 씨족 사람들을 서로 다른 부대로 분산 배치시켜 몽골 사람들의 폐단인 부족주의를 극복했다. 피정복자마저 군대에 편입됐고, 결과적으로 전사의 규모가 확대됐다. 정복한 문화들의 공업 기술은 전리품처럼 흡수됐고 이질 문화간의 정복 전쟁에 사용됐다. 결국 몽골군은 중앙아시아에서 개발한 투석기를 중국의 단단한 성벽에 맞서기 위해 사용했다. 그리고 중국이 개발한 폭탄과 로켓트는 메소포타미아와 유럽에서 사용했다.

그러나 칸의 가장 큰 무기는 공포였다. 몽골인들에게 저항하는 도시들은 본보기(example)가 되었다. 저항했던 도시의 사람들은 무차별적으로 학살되었고 생존자들은 몽골군의 방패막이가 돼 앞에서 행진했다(사담 후세인보다 약 8세기 이전에 인간 방패를 개발한 셈이다). 저항하지 않고 항복하는 도시들은 화를 면하는 대신 노예가 되었다.

칭기스칸의 전략은 중국 북부와 페르시아의 진보한 문명을 정복해내고, 그의 아들들과 손자들을 통해 제국을 확장하는 데 있었다. 바투(Batu)는 러시아를 깊숙이 치고 들어갔고, 폴란드를 통해 독일, 헝가리와 발칸제국을 휩쓸었다. 쿠빌라이칸(Kublai Khan)은 이후에 도시 샹투(Shangtu, 상도)에 위풍당당한 대저택을 짓고, 중국 남부와 버마를 정복한다. 그의 형제인 훌라구는 바그다드를 파괴시킬 뿐만 아니라 그곳의 농수로 등 관개 조직(irrigation network)도 황폐시켰다. 메소포타미아는 그 이후 완전히 회복하지 못한 상태다.

몽골제국에 엄청난 부(富)가 축적되고 갑작스럽게 서쪽으로부터 동방으로의 통행이 자유로워지자 상인들과 모험가들을 유혹하였고, 그들의 상품과 이야기들은 세계를 변화시키게 된다. 마르코 폴로의 무용담은 콜럼버스의 꿈이 됐다. 케세이(중국 북부 지역의 중세 이름)로 가고자 하는 탐구심은 수많은 탐험가들을 배출해냈다.

그 결과는 우연한 아메리카 대륙의 발견이었다(예를 들면, 1634년 프랑스 탐험가인 장 니콜레트는 중국을 찾기 위해 퀘벡을 떠났다가 지금의 미국 위스콘신주 그린베이를 발견했다). 한편, 교황이 이슬람에 대항하는 동맹을 구축하기 위해 칸과 협상하라고 보낸 프란체스코 수도회의의 선교사 외교관들은 옥스퍼드의 과학자 로저 베이컨에게 검은 가루를 갖다 주었다. 이로써 로저 베이컨은 화약에 대해 글을 쓴 최초의 유럽인이 되었다.

그러나 칸이 준 가장 간접적이고도 자비롭지 않은 선물은 흑사병이었다. 중국 남부와 버마의 정글에서 시작되어, 흑사병은 몽골 군대와 함께 전파되었고 사막을 오가는 상인들 사이에서 퍼져 마침내 1347년 크림반도에 도달한다. 그곳으로부터 흑사병은 유럽인의 3분의 1의 목숨을 앗아 간다. 노동력과 재능을 빼앗긴 국가들은 세금 부과, 관료화와 군대에 대한 통제권을 최대화하게 되고, 이것은 마치 유럽의 함선들이 먼 제국의 부를 얻기 위해 항해를 떠난 것처럼 서양의 경쟁력을 강화시키는 계기가 된 것이다. 이후는 또 다른 세계 정복의 역사이다.

- by Howard Chua-Eoan

282 | 밀레니엄맨 칭기스칸

에필로그 | **저 태풍의 소리를 들어라**

오늘도 나는 칭기스칸의 소리를 들었다. 채찍을 내리치고 모래 먼지를 일으키며 질주하는 소리, 대지를 울리는 말발굽이 8백 년의 시공을 훌쩍 넘어 무섭게 휘몰아치는 소리……. 이 땅에 오는 소리였다.

저 아득한 12세기의 초원으로부터 21세기를 살아가는 이곳 서울까지. 핏줄에서 핏줄로, 심장의 박동에서 심장의 박동으로, 한 가슴에서 다른 한 가슴으로 전류처럼 관류해 버리는 감전의 길이었다.

문명의 변방, 국제무대의 변두리에 살면서 밀릴 대로 밀리고 찌들 대로 찌들어 바깥은 포기하고 안에서만 싸우는, 이 지겨운 폐쇄적·수직적·정착적 마인드를 깨뜨리러 오는 그 소리에 천지가 진동하고는 했다.

아, 일어서서 대갈일성 고함이라도 지르고 싶었다.

누가 이곳을 반도 국가라고 했던가. 누가 우리는 이미 지정학적으로 시련의 숙명을 안고 살게 되어 있는 민족이라고 주입시켰던가. 누가 우리는 세상이 수십 번 뒤집혀도 애오라지 주변부일 뿐이라고 한탄하는 것부터 가르쳤던가.

아서라! 다들 저 태풍의 소리부터 들어라!

칭기스칸의 칼자루에 겉만 번지르르한 허접쓰레기의 숙명론들이 쓰러지는 소리, 좌절이며 실의며 낙담이며 하는 슬픈 어리광들이 추풍낙엽처럼 우수수 떨어지는 소리를 …….

그런데 왜 그랬을까? 왜 그런 소리들이 새삼 귓전에 들끓고, 심장을 고동치게 하며 핏줄이 불끈불끈 살가죽을 떠밀고 일어서게 했을까?

중학교 때였다. 서울에 있는 학교를 다니기 위해 고향을 떠나 멀리 형네 집에서 살아야 했다. 어머니의 품을 떠난 촌뜨기였으므로 그 나이에 무엇을 알았을까마는 늘 고독했다. 속으로는 포부가 컸지만 알아주는 친구가 없었고, 학교도 거리도 낯설었다. 그러던 어느 날, 헌책방을 기웃거리다 눈에 띈 책이 『테무진』이었던가?

그러니까 나는 아무에게도 권유받은 바 없이 순전히 우연으로 그 책을 사게 됐던 것이다. 그래서 재미있게 혹은 감동적으로 읽었다고 해야하나? 그건 아니었다. 그것은 재미가 아니라 충격이었다. 기고만장하게 펼쳐들었다가 보기 좋게 기가 꺾여버렸다. 얼마 되지 않는 기마병을 이끌고 순식간에 동양과 서양을 하나로 통일시켜 버린 사람! 보면 볼수록, 읽으면 읽을수록 공포·불안·좌절감 같은 것이 엄습해 왔다. 우와, 세상에는 이런 인물도 다 있었구나!

그후 칭기스칸에 대한 생각은 내 머리 속에서 불쑥불쑥 떠오르곤 했다. 사실 유쾌한 기분만 드는 것은 아니었다. 칭기스칸이 막연히 서양 사람처럼 생겼으리라고 믿었기 때문에 솔직히 말하면 매번 속이 상했다고 해야 옳았다. 세계사를 뒤흔드는 그런 엄청난 일은 노란 머리에 파란 눈, 큰 체격의 서양 사람들만이 할 수 있다는 고정 관념, 열등 의식, 한계 의식, 변방 의식, 피해 의식이 어린 머릿속에까지 가득가득 차 있었다.

그런데 역사 시간에 우연히 진실을 알게 됐다. "우리 민족은 기마 민족이요, 우랄알타이어족으로서……" 따위를 공부하다가 칭기스칸이 우리와 동일한 족속이었다는 놀라운 사실과 맞닥뜨렸다.

세상에! 칭기스칸이 우리와 똑같이 생긴, 숫자도 적고, 몸집도 작으며, 능력도 하찮아서 힘센 자들에게 내리 시달리기만 했다고 믿어온 그런 인종 중의 한 사람이었다? 그건 참 미묘한 감정을 발동시키는 일이었다. 그 느낌은 수십 년간 뇌리에 남아 칭기스칸에 관한 강한 호기심을 발동시켰다. 생각할수록 신기한 인물이었다. 과거사에 출현한 인간형치고는 딱히 그 '닮은 꼴'을 찾을 수 없는 전무후무한 스타일이었다. 석가니 예수니 하는 성자들도 서로 얼마간 닮았는데, 이 인물만은 어디에도 비슷한 유형이 없었다.

성(聖)도 아니고 속(俗)도 아니고, 용맹의 화신도 아니고 콤플렉스의 표상도 아니고, 지성도 아니고 야만도 아닌, 그야말로 그 모든 것을 한 몸에 지니고 있는 21세기형 종자 같은 반신반수(半神半獸)의 인(人). 칭기스칸의 마인드는 그가 살았던 중세와는 너무도 동떨어진 것이었다. 그가 준 충격은 어쩌면 거기서 나온 것인지도 모른다는 생각을 해보지 않을 수 없었다.

그러던 어느 날이다. 미국 「워싱턴포스트」 1995년 12월 31일자에서 20세기를 정리하며 지난 1천 년의 사람들 중 가장 중요한 인물로 칭기스칸을 선정했다는 기사를 읽게 됐다. 뒤통수를 한대 얻어맞은 느낌이었다. 이런 분위기라면 그동안 간직해 온 생각, 즉 칭기스칸을 수평 이동 마인드의 구현자로 보는 시각도 얼마든지 보편성을 얻을 수 있겠다 싶은 느낌이 들었다.

요지는 간단했다. 현대 사회는 이미 오래 전부터 두 개의 마인드가 충돌해 왔으며, 21세기적 삶 역시 그 두 개의 마인드 위에서 정초되고 있다. 터를 잡고 살려는 사람들의 수직적 마인드와 이동해 다니는 사람들의 수평적 마인드. 그 둘의 가치관이나 사회 작동 원리는 서로 다르다. 그리고 지난 역사에서 거의 완벽한 수평적 마인드를 구현한 인물이 칭기스칸이다.

그런데 칭기스칸에 대한 재조명 작업을 더 이상 지체할 수 없게 만드는 사건이 다시 터졌다. 바로 IMF 시대의 도래다. 또 한 차례 밀어닥친 우리 사회의 시련을 보면서 안타까움이 커졌다. 놀란 이웃들을 대할 때면 늘 칭기스칸이 입술을 달싹거리게 했다. 우리는 지금 수평 이동 마인드를 체험하지 않으면 안될 절체절명의 자리에 서 있다. 한시가 급했다.

우리는 태어날 때 엉덩이에 푸른 반점을 갖고 나왔다. 그런 우리의 마음속에 똬리를 틀고 앉은 '비관주의'라는 절망의 귀신들을 쫓아버리자! 생각이 여기에 미치자 갑자기 흥분이 됐다. 그리고 이 신바람 나는 이야기를 어서어서 전하고 싶었다. 넋을 잃고 하늘만 쳐다보는 거리의 사람들에게, 부도내고 파산한 기업가에게, 회사를 살려보겠다고 발이 부르트도록 돈을 구하러 다니는 사업가에게, 언제 해고당할지 불안해하는 월급쟁이들에게, 그리고 그런 남편을 둔 아내와 그런 아버지를 둔 자식들에게.

다들 잊고 살지만, 우리의 몸에는 칭기스칸의 피가 흐르고 있다!

■ 다시 책을 펴내며

새로운 밀레니엄 시대를 앞두고 나는 오래 전부터 생각해온 화두 하나를 정리하기로 했었다. 그것은 유목 이동 마인드와 그 주인공 칭기스칸에 관한 것이었다. 다가올 새 천년의 패러다임을 결정할 밀레니엄맨은 누구인가? 문명이 만들어낸 수많은 모순과 폐허들을 거두어내고 새천년의 비전을 제시할 인물은 누구인가? 그때 나는 그가 칭기스칸이라고 확신했다.

『밀레니엄맨』을 1998년에 출간(해냄출판사)한 이유가 그것이었다. 1999년 프랑스의 석학 자크 아탈리가 『21세기 사전』을 통해 노마디즘을 21세기의 핵심적인 주제어로 다룬데 이어, 철학자 질 들뢰즈 등 서구의 지성들이 유목주의와 칭기스칸을 거론하였다. 이러한 현상을 통해 나는 더욱 자신감을 얻었으며 『밀레니엄맨』에서 밝힌 내 생각이 결코 독단적이거나 무의미한 생각이 아니라는 것을 알았다.

이 책은 1999년 몽골어로 번역되었는데 현지 몽골 유목민들의 반응은 내가 생각한 것보다 훨씬 폭발적이었다. 몽골 대통령이 책의 내용을 인용하는가 하면, 정계와 학계 그리고 재계에서 관심과 애정을 가져주기도 했다. 그것은 아마 유목 사회 스스로도 생각지 못했던 유목 사회의 정체성을 정착 사회에서 태어나고 자란 한 기자에 의해 제기되었다는 놀라움 때문이었는지도 모른다. 그 후 나는 『유목민 이야기』『CEO 칭기스칸』『우마드』 같은 일련의 유목 관련 서적을 냈다. 물론 『밀레니엄맨』이 이 모든 책의 바탕이 되었음을 부인하지 않는다. 내가 낸 여러

권의 유목 서적들 중 나는 『밀레니엄맨』에 가장 애착을 갖는다. 그것은 『밀레니엄맨』이 첫 책이기에 앞서 유목에 관한 내 사유의 원형을 가지고 있기 때문이다.

이 책이 출간된 지 7년이 지났다. 예상대로 세상은 유목 이동 마인드 시대가 되었다. 각계에서 유목 사회에 대한 연구들이 진행되었고, 그에 따라 많은 책들이 쏟아져 나오기도 했다. 또한 유목 이동 마인드와 유목 이동 문명이라는 용어가 대중에게 더 이상 생소한 용어도 아니게 되었고 더불어 몽골 여행 붐까지 일어났다. 나는 유목 이동 문명에 대한 대중적 관심이 세계 환경의 변화 때문이라고 생각한다. 속도와 정보가 지배하는 21세기 글로벌 사회는 더 이상 혈연, 지연 중심적으로 작동하는 폐쇄적이고 단절적인 정착 문명의 이상을 허용하지 않는다. 그러니 세계가 변했다면 우리도 변해야 한다.

여기서 『밀레니엄맨』의 수정이 요구되었다. 새로운 역사적 사실과 정보가 들어왔고, 그동안 유목 사회를 바라보던 나의 생각에도 조금씩 변화가 일어났기 때문이다. 세계는 항상 새로운 패러다임을 꿈꾼다. 칭기스칸은 800년 전에 자신의 세계를 꿈꿨고 그 꿈을 이뤘다. 이제 그것을 가능하게 했던 가치, 즉 속도와 이동과 수평 마인드로 이루어진 또 다른 패러다임이 필요할 때이다. 그것이 이 책의 개정판을 출간하게 된 이유이다. 개정판은 유목과 몽골에 관한 전문출판사인 〈도서출판 꿈엔들〉에서 출간하였다. 나의 안다(동지)인 이영산 사장을 비롯한 꿈엔들 식구들에게 감사드린다.

2005년 8월 김종래